대한제국의
양악 도입과 그 발자취

– 프란츠 에케르트와 군악대 중심으로 –

대한제국의
양악 도입과 그 발자취

— 프란츠 에커트와 군악대 중심으로 —

최창언 지음

글을 다시 내면서

이 글은 단일 논문으로 썼던 것을 2007년 5월 한국황실학회『황실학논총』8호「소민과 군주의 나라에서 부른 대한제국 애국가」와 11월 9호「대한제국 애국가와 시위군악대의 변천」으로 나누어 발표하였으나 비매품인 학회지다 보니 일반인들이 접할 수가 없었고 또 우리나라의 초기 서양음악 도입사이기도 해서 2009년 11월부터 2011년 3월까지『음악저널』「시위군악대와 대한제국 애국가」로 재연재를 하였다.

본문에 한문과 고문古文을 원문 그대로 인용한 것은 일부 도서에서 보이는 오기를 바로잡는 데 도움을 주고자 하였고 또 1차 사료는 사실상 찾기가 쉽지 않은 점을 고려한 것이다. 연구자가 아닌 일반 독자들이 보기에 다소 어려운 점이 있으리라 생각이 드나 차후에 사료를 접했을 때 도움이 되리라 생각한다.「Franz Eckert」를 '프란츠 에커트'로 표기한 것은 우리 선조들이 독일어 발음과 근사하게 계약서 등에 당시 이미 이렇게 표기했던 것이므로 그것을 따르고자 한 것이다.

이 글을 발표할 당시 우리 사회는 어디 본 데 없는 막말과 지난날들을 부정하는 말들이 난무하였는데 10년이 지난 지금 또다시 그런 일들이 되풀이되고 국가 위기마저 감도는데 이전 것을 부정하고 탓하는 것도 한두 번이지 오랜 지속으로 피곤해하고 지쳐 자포자기하는 모습도 주변에 보인다.

일제가 이 땅을 떠난 지도 어느덧 75년이 흘렀지만, 아직도 우리는 그 상처를 다 치유하지 못하고 시쳇말로 남이 하면 불륜이고 내가 하면 로맨스인 우를 범하기도 한다. 이제는 정신을 차리고 어디로 가야 할지 먼저 먼 곳을 한 번 보고 길을 나서도록 해야 할 것이다. 그래야만 바른길을 갈 수 있기 때문이다.

처음부터 프란츠 에커트 가족에 대해서도 다루었으나 늘 부족한 마음이 한구석에 남아 있었는데 최근 자료를 통하여 보완하였고 또 그동안 새로 발굴한 자료와 연구 성과를 반영하기 위하여 단행본으로 내기로 한 것이다. 밥 세 끼 먹는 데 도움은 되지 않겠지만 이 세상에 와서 의탁하여 살아가고 있는데 밥값은 해야지 하는 것과 조그마한 성과라도 축적을 해야 발전하지 않겠느냐는 생각에서 하는 것이다.

만날 글 쓴답시고 컴퓨터만 붙들고 앉아있는 것을 묵묵히 지켜봐

주고 출판에 물심양면으로 밀어준 마누라 서은희 마님과 한국학술
정보출판사에 감사를 드린다.

서울의 진산鎭山 삼각산 아랫동네에서
단기 4353년(2020년) 9월 1일
사운似雲 최 창 언

대한제국에 빠지다

　역사에 관한 관심은 고등학생 때로 거슬러 올라간다. 입시 공부로 방과 후 학교에 남아서 공부를 하면서 서산西山으로 저물어 가는 창밖의 저녁노을 바라보며 싹틔우기 시작하였다. 특히 고조선古朝鮮에 대한 관심이 깊어 일찍이 대종교에 입교하였으며 수십 년을 이어 오다가 1997년 가을부터 황실에 관심을 두게 된 것은 운현궁 앞에 근무처가 있어 자연스럽게 시작되었다.

　1997년 봄 운현궁에서 재현한 고종·명성황후 국혼례國婚禮를 회사 창 너머로 조금씩 보게 되었고 다시 가을에 재개된 국혼례를 제대로 보면서 그 격조 높은 의례와 장엄하고 화려한 의상 등에 매료되어 식이 끝난 후에도 그 감흥이 식지 않아 행사를 관리하던 문화재관리국 직원에게 다가가 "정말 우리도 왕이 있었으면 좋겠다." 라고 했더니 "민주주의 국가에서 어떻게 그럴 수가 있느냐?"라는 답변에 당시 그 말이 맞는 말인 줄 알고 더는 말을 잇지 못하였다. 그러나 관심은 점점 깊어져 황실에 관련 책을 찾게 되었고 책은 있었으나 나 자신도 워낙 근세사에 부정적으로 인식하고 있던 터라 책을 뒤져보고는 마음이 내키지 않아 사지 않고 돌아서곤 하였다. 그러기를 여러 차례 주저하던 끝에 『고종 시대의 재조명』이란 책을 보고서 새로운 사실들을 알게 되어 참으로 많은 인식의 변화를 일

으켜 대한제국에 빠지게 되었다. 예전에 우리는 비록 없이 살았어도 인정이 많았었고 예禮가 있었으나, 지금은 누구의 말도 위엄이 서지 않고 선대를 부끄러워하고 부정하며, 깐깐하고 경우에 없는 언행으로 삼는 것이 똑똑하고 힘이 있는 것인 양한 것은 근본이 없고 본 데가 없으며 나라에 어른이 없기 때문이다. 수백 년에 걸쳐 위엄을 지켜온 나라의 어른, 황실이 있다면 이렇지는 않았을 것이다. 그러나 황실은 우리의 의지와는 아무 상관도 없이 폐廢하여져 많은 것이 단절되어 구심점을 잃고 변하여 가고 있다. 본래 모습 즉 원형原形을 되찾자는 것이다. 황실은 민족의 자존이며 문화다. 그 지주며 정점이다. 지주가 있어야 군건히 버텨 서서 더욱더 발전할 것이다. 이러한 가운데 나라의 어른을 되찾는 대한황실재건회를 알게 되었고 이미 그런 생각을 하는 많은 사람이 있는 것에 참으로 반갑고 큰 기쁨이었다. 나는 자생 근황주의자이며 황실은 나의 종교며 신명을 받쳐 이 나라 황실을 보위하고 만세에 전하고 싶다.

대한제국 애국가大韓帝國愛國歌는 5년 전 『여명의 동서 음악』「애국가고」라는 문구로부터 출발하였으나 본업이 바빠 별 진전이 없이 지내다가 대한황실재건회에 참여한 가운데 서울윈드앙상블(Seoul Wind Ensemble)의 연주를 접하고부터 본격적으로 빠져들어 긴 여정에 들게 되었다. 대학원 졸업논문도 써야 하는데 도저히 거기서 헤어 나올 수 없어 전공 논문을 미루고 3년이란 세월을 빠져 살았다. 국립중앙도서관과 국회도서관을 찾는데 그것도 업무로 토요일 오후 늦게나 일요일에 틈틈이 찾다 보니 시간이 부족하여 여름철에는 짧은 거리도 걸어가면 땀에 젖어 식히려고 금방 책을 볼 수가 없기에 그 시간도 아끼려고 택시를 타고 가기도 하였다.

필자가 2004년 10월 29일 12시 50분경 외인묘지를 찾아 한국 최초로 군악대를 만든 프란츠 에커트(Franz Eckert)와 그의 사위인 에밀 마르텔(Emile Martel)의 묘소에 묵념을 올렸으나 막간을 이용하여 찾다 보니 꽃도 하나 준비를 못하고 급하게 방문하였다. 실로 에커트 사후 88년 만의 첫 만남이었다. 묘역은 오래되었고 강변 후면 쪽은 한창 정비공사 중이었다. 2006년 4월 5일 생일을 맞이하여 다시 찾아 묵념을 올렸고 사위인 에밀 마르텔과 그의 친한 친구였던 베델(Ernest Thomas Bethell)도 찾아보았다. 에커트의 탄생을 계산을 해보니 올해가 154주년이었다. 마침 교회 측에서 외인묘지 비석을 물청소하고 있어 에커트 영감님 묘비도 부탁하였더니 이미 했다고 했으며 내친김에 약력도 설명해주었다.

내 일생에 이렇게 밤낮으로 그렇게 빠져 보기는 처음이며 정말 눈도 나빠지고 몸도 약해지는 것 같았다. 나의 연구가 다음 연구자에게 조금이라도 보탬이 되었으면 좋겠고 지금은 연구하는 사람도 없는 것 같아 더는 희미해지기 전에 정리해야 하지 않는가 하는 소명 의식도 생긴다.

단기 4339년(2006년) 7월 12일

목 차

1부

'대한제국 애국가'의 시작을 찾아서

광무황제 폐하께서 광무光武 원년(1897년) 10월 12일 환구단圜丘壇1)에 나아가 황천상제皇天上帝와 황지기皇地祇에 고하는 제를 올리고 황제위에 올라2) 우리의 자주독립 의지를 온 세상에 천명하니 영광스러운 것이 만세에 감격하지 않을 수 없으며 이날을 14일자 독립신문 논설은 "광무 원년 시월 십이일은 죠션 스긔에 몃 만년을 지나드리도 뎨일 빗나고 영화로은 놀이 될지라"3)하였다.

"황제위에 오른 환구단"

1) 환구단 표기는 『독립신문』 광무 원년(1897년) 10월 12일 「이젼 남별궁 터뎐에 단을 모앗ᄂᆞ디 일홈은」 필두로 독립신문에서 많이 보이고 원구단은 『미일신문』 광무 2년(1898년) 9월 3일 「의정부 참졍 윤용션으로」 이하 매일신문에서 주로 보인다.; 『가정신문』 1946년 6월 19일 「서울의 고적 순례 25, 남별궁(二)」 윤백남, 여기서는 환구단이라 표기하고 있다.
2) 『고종실록』 권36 광무 원년(1897년) 10월 p10
3) 『독립신문』 광무 원년(1897년) 10월 14일 1면 논설.

이처럼 자주독립 국가라면 모든 나라는 국가國歌가 있을 것이다. 우리나라도 이미 110여 년 전에 애국가가 있었으나 널리 보급도 하지 못한 가운데 일제의 침탈로 배우지도 못하고 또 부르는 것을 금지당하였다. 일제의 탄압이 점점 더하여지자 많은 사람은 생존을 위해서 이 땅을 떠나야 했고 남아 있던 사람들도 고단한 삶으로 생각할 겨를조차 없었다. 그런 가운데서도 은밀히 조금씩 불렸으나 점차 세월의 망각 속으로 사라져 존재조차도 모른 채 살아왔었다. 그러나 선각자들이 그 흔적들을 찾아 연구하여 세상에 빛을 보게 하니 후생後生으로서 알게 되어 참으로 반갑고 기쁘지 않을 수가 없다. 이러한 어려운 연주 환경임에도 불구하고 서울윈드앙상블 (Seoul Wind Ensemble)[4]이 대한제국 애국가를 연주하여 깊은 잠에 빠진 우리를 일깨우고 있다.

19세기 말, 주변 열강들의 식민지 지배에 혈안이 되어 물밀 듯이 밀려오는 외세에 관민官民들 사이에 나라의 자주독립 의식이 일기 시작하여 건양建陽 원년(1896년) 4월 7일 독립신문 창간과 더불어 5월 9일 학부 주사 이필균이 '대조선 자주독립 애국하는 노래'[5]를 필두로 여러 가지의 독립애국류의 가사歌辭가 신문에 게재되기 시작하는데 애국가는 말 그대로 나라를 사랑하는 노래로 한 나라의 국가國歌는 그 민족을 상징하고 통일적 감동을 표현하는 것으로써 국가적 차원의 공식적인 노래를 의미하며 또한 국가의 표상이 되고 상징적인 위력을 발휘한다.

우리나라 최초의 공식 국가國歌인 대한제국 애국가는 대한제국

---

4) 1974년 3월 28일 현재 명동예술극장인 구 국립극장에서 상임 지휘자인 서현석 교수가 한국음악의 균형적인 발전과 관악의 지속적인 발전을 추구하여 창단하였다.

5) 『독립신문』 건양 원년(1896년) 5월 9일 2면 잡보.

에서 고빙雇聘을 하여 광무 5년(1901년) 2월 19일에 입국한 프로이센 왕립음악감독 지위를 받은 프란츠 에케르트(Franz Eckert 1852.4.5.~1916.8.6.)[6]에 의해서 작곡되어 9월 7일(음력 7월 25일) 광무황제 폐하의 생신인 만수성절萬壽聖節에 경운궁慶運宮(덕수궁) 경운당慶運堂[7]에서 황제 폐하께 각부 대신들과 각국 공·영사公領事 및 외국 신사들이 폐현陛見을 한 자리에서 연주를 하였으며[8] 광무 6년(1902년) 황궁의 신년하례에서 연주하였고[9] 3월 17일(음력 2월 8일) 저녁 9시 황태자(융희 1874.3.25.~1926.4.25.) 전하 보령寶齡 29세 천추경절千秋慶節의 외부外部 연회에서 각부 대신들과 주한 외교 사절들이 참석한 가운데 연주를 하였다.[10]

앨런(Horace N. Allen 1858.4.23.~1932.12.11.)의 저서

6) 『KOREA: FACT AND FANCY』BY Dr. HORACE N. ALLEN METHODIST PUBLISHING HOUSE 1904(국회도서관) Horace Allen Paper The New York Public Library 1984 MF005988 ~MF005996 PART Ⅱ "1901 Feb 19 Franz Eckert, (German) arrived to instruct Koreans in foreign music. He organized the Imperial Band." p214; 『The Korea Review』 Homer B Hulbert 경인발행사 1986 vol. 1 News Calendar p74; 『구한국외교문서』 권16 덕안(2) 고려대학교 아세아문제연구소 1966 p239

7) 경운당은 즉조당 옆 건물로 경운궁 중건 시 준명당(浚明堂)으로 새롭게 탄생하여 현존하지 않는다. 광무 4년(1900년) 선원전(璿源殿) 소실로 태조 어진(御眞)을 광무 5년(1901년) 2월 28일 정관헌(靜觀軒)으로 모시고 일시적으로 경운당(慶運堂)이라 불렸다고 하나 이견도 있다. 『덕수궁사』오다 쇼고(小田省吾) 저 이왕직 1938(소화 13) p47; 『덕수궁 정관헌』 문화재청 근대문화재과 편 문화재청 근대문화재과 2004 p46

8) 『황성신문』 광무 5년(1901년) 9월 11일 2면 "慶宴節次 陰曆 本月二十五日 萬壽聖節에 ★中和殿에서 上 表裡(裏의 오기: 신하가 황제의 탄신이나 진하에 바치던 옷감)를 親受ㅎ셧고 百官이 陳賀ㅎ얏고 景運堂(慶運堂의 異記)에서 各國 公領事가 陛見ㅎ얏고 叅賀 人員이 記念章을 佩ㅎ얏고 各府部院에 賜饌ㅎ셧고 其 翌에 咸寧殿에서 外宴 獻酬이 設行되얏는딕 勅奏判任 百官에게 賜花 賜床ㅎ셧고 敎坊司에서 習儀ㅎ 舞童 百餘名이 呈才ㅎ얏고 再翌에 咸寧殿에서 內宴 獻酬이 設行되얏는딕 內命婦 李載完 氏 夫人 外命婦 閔泳韶 氏 夫人 及 尙宮에게 賜花 賜床ㅎ셧고 妓女伶 六十餘名이 呈才ㅎ얏고 昨日에는 會酌이 設行되얏는딕 各府部院에 賜饌ㅎ셧고 從今으로 九次 會酌이 된다더라"

★중화전(中和殿)은 지금의 즉조당(卽祚堂)이며 지금의 중화전은 광무 5년(1901년) 8월 26일 (음력 7월 13일) 착공하여 광무 6년(1902년) 10월 19일(음력 9월 18일) 준공한다.; 『The Korea Review』 vol. 1 Homer B. Hulbert 경인발행사 1986 p412

9) 『고종의 독일인 의사 분쉬』 리하르트 분쉬(Richard Wunsch) 지음 김종대 옮김 학고재 1999. p44

10) op. cit. p171; 『The Korea Review』 vol. 2 Homer B. Hulbert 경인발행사 1986 p124, 125

『KOREA: FACT AND FANCY(한국의 진실과 허상)』에 "1902 July 1 Korean national hymn was published. An adaptation by Franz Eckert."[11]와 같이 프란츠 에커트가 작곡한 대한제국 애국가를 광무 6년(1902년) 7월 1일 서서西署 용산방龍山坊 탁지부 전환국 인쇄과에서 악보를 1천 부 발행[12]하여 국내뿐만 아니라 우리와 외교 관계를 맺고 있던 세계 십여 개국에 배포하고 입항하는 외국 선편으로도 널리 선전하였다.

대한제국 애국가 사료는 광복 후 6·25전쟁 전까지도 많이 남아 있었던 것으로 여러 곳에서 흔적들이 보이나 전쟁으로 인하여 대부분 사라져 버려 안타까운 일이 아닐 수 없으며 몇몇 문헌에서 대한제국 애국가를 다루고 있으나 단편적이거나 음악사의 한 장으로 다루고 있으며 또 관련 문헌도 고서는 쉽게 접근할 수 없는 것이 현실이다.

기존 연구서뿐만 아니라 방대한 문서의 보고인 규장각 문서 중에서 관보 일성록 각사등록 근대편과 조선왕실소장문서 등의 관련 자료들을 비교 검토하여 시위연대 군악대가 어떤 과정을 거쳐서 창설되었으며 또 대한제국 애국가가 작곡되어 어떻게 오늘날까지 이르렀는지를 밝히고 시위군악대侍衛軍樂隊와 제실음악대帝室音樂隊 이왕직 양악대李王職洋樂隊 경성악대京城樂隊의 연주 활동과 그 중심에 있었던 인물들을 살펴보고자 한다.

---

11) 『KOREA: FACT AND FANCY』 BY Dr. HORACE N. ALLEN METHODIST PUBLISHING HOUSE 1904. PART Ⅱ. p226

12) 『朝鮮の板本(조선의 판본)』 마에마 교사쿠(前間恭作) 저 마츠우라 서점(松浦書店) 1937 p113 1914년 1월 24일 우에노(上野) 도서관에서 열린 일본도서관협회의 회합 강연 내용에 주석을 보충하고 참조를 추가한 책이다.; 『동명』 동명사 1922(대정 11); 마이크로필름 No5(국회도서관)「조선 양악의 몽환적 내력」일기자(一記者) 제14호 p12 오사카(大阪)에 있는 어느 인쇄소에 위탁하였다 한다.

근대 국민국가로 나아가고자 한 대한제국의 애국가 연구로 대한
제국이 그렇게 간단한 나라가 아니었음을 알리고 최초로 대한제국
애국가를 연주하고 일제의 대한제국 군대해산[13])에 항일 무장투쟁에
나선 시위혼성여단侍衛混成旅團[14])과 시위군악대를 복원하여 국민에
게 획기적으로 인식을 확산시켜 국가와 민족의 통합과 문화 계승의
상징으로 대한제국의 굴절된 역사를 복원하는 데 그 목적이 있다.

---

13) 『순종실록』 권1 융희 원년(1907년) 8월 p489; 『관보』 호외 광무 11년(1907년) 8월 1일 궁정록사.
14) 대한제국군 중앙군으로서 최정예 부대인 시위혼성여단 제1연대 제1대대, 제2연대 제1대대가
   항일 무장투쟁의 선봉에 섰다.

2부

군악 교사의 초빙과 군악대 조직

2.1 이전의 나팔수와 군악대설치 노력

　대조선大朝鮮15)은 고종 18년(1881년) 5월 9일 신식 군대인 교련
병대敎鍊兵隊16)를 조직하고 외국의 선진 문물을 배워 국가를 근대화
시키려는 계획의 목적으로 인재를 뽑아 일본에 수신사修信使와 청국
에 영선사領選使로 유학을 보내는데 그해 10월 19일(음력 8월 27일)
부산에서 출발한 3차 수신사 조병호趙秉鎬를 따라간 장대용張大鏞
(1849~?) 신복모申福模(1859~1884.12.6.) 이은돌李殷乭(1855~?)
을 일본 외무성에 공식 서한으로 조회하자 외무성은 11월 4일 육군
성에 조회하여 협의 등이 끝나17) 이은돌은 육군교도단敎導團 보병

---

15) 『승정원일기』 2890책(탈초본 133책) 고종 18년(1881년) 9월 20일(윤7월 27일) 사알(司謁)을
　　통해 구전으로 하교하기를 "오늘부터 시작하여 신사가 가지고 가는 국서에는 이덕지보를 사용
　　하지 말고 대조선국보를 만들되 찍되 새로 만드는 절차는 본소로 하여금 호조에 분부하게 하
　　라." 하였다(以司謁口傳下敎曰, 自今爲始, 信使齎往國書, 而用以德之寶, 造成大朝鮮國寶安寶,
　　而新造之節, 令本所戶曹分付).; 『고종실록』 고종 18년 윤7월 27일. 1881년 9월 20일부터 국호
　　를 대조선국으로 하라는 하교에 따라 1881년부터 대조선으로 표기하였다.

16) 『군사』 제18호 국방부 전사편찬위원회 1989 「교련병대(속칭: 왜별기) 연구」 최병옥 p75~77;
　　『한말 군 근대화 연구』 국방부군사편찬연구소 2005 p71. "『한국통사』 박은식, 『풍운한말비사』
　　윤효정 등에서 별기군으로 기술되어 있으나 관찬 사료인 『승정원일기』『일성록』『고종실록』
　　『통리아문군무사기록』 등에는 교련병대, 기예병대라 하고 훈련장소를 교련소, 기예소로 기술
　　되어 있다."

17) 사료 고종 시대사 10〉 고종 18년(1881년) 10월 25일(양력 12월 16일)〉 일본 외무경 이노우
　　에 가오루(井上馨), 조선 수신사 일행의 소식을 경성공사관 소에다 다카시(副田節)에게 통지
　　함. 『일본외교문서』 14권 문서번호 137(十二月十六日 井上外務卿ヨリ在京城副田屬宛. 朝鮮修
　　信使一行ノ消息通知ノ件) 육군성과의 협의 등도 끝내고, 통역을 붙여 현재 각각 학습하고 있습
　　니다.(陸軍省ヘ打合等モ相濟通辯人差添現ニ夫々學習致居候).; 『도쿄니치니치신문東京日日新聞』
　　1881년 11월 21일 이번에 건너온 한인 이은돌 씨는 교도단에 들어가 보병과의 나팔을 배우고

나팔과에 편입하여 제2차 프랑스 군사고문단의 다그롱(Gustave Charles Dagron 1845.12.3.~1898.?)이 군악대 책임자로 있는 기본 군악대에서 코넷(Cornet)[18])과 신호나팔 악대교육과 군사교육을 받는데 빠른 습득과 노력으로[19]) 의외의 숙달로 1882년 6월 17일 도쿄니치니치신문東京日日新聞에 이은돌에 관한 기사가 나기도 하고 9월 하순에 전 과정을 마쳐 졸업하여[20]) 10월 22일 귀국길에 오른다.[21])

한편 우리나라 최초의 서양식 나팔수 편성은 고종 19년(1882년) 11월 청국군에 의하여 친군우영親軍右營에 4명의 동호수銅號手[22])

자 하는 뜻을 육군성에 표하여 허가를 득하였다.(今渡来航ノ韓人李銀突氏ハ教導団ヘ通学して歩兵科の喇叭を修行したき旨陸軍省ヘ願ひ出て許可を得られたり).

18) 모양과 음색이 트럼펫과 비슷하나 길이가 조금 짧으며 경쾌하게 조작할 수 있어 소리가 부드러우나 찬란함이 덜하여 클래식 음악에는 잘 사용되지 않는다.

19) 『도쿄니치니치신문(東京日日新聞)』 1882년(明治 15년) 1월 28일 조선인 이은돌 씨는 지금까지 매일 1인 특별 나팔 교수를 받아와 요즈음에 이르러 크게 능숙하여져 교도단 생도와 같은 시간에 연습하기도 한다.(朝鮮人李銀突氏は是まで日々一人特別に喇叭の教授を受居たるば当今に至ては其枝大に上達したれば教導団生徒と同時間に稽古するで゙なりたり).

20) op. cit. 1882년 6월 17일 한인 육군 악대를 졸업. 예정에 따라 육군 악대에서 오랫동안 군악 연습 중인 조선인 이은돌은 뜻밖의 숙달로 다가오는 8월 중에 전 과정을 졸업하게 된다고 한다.(韓人陸軍樂隊を卒業。豫て陸軍樂隊に永く軍樂稽古中なる朝鮮人李突氏は,意外の上達にて,來る八月中には全科を卒業なすべしと云ふ).; 9월 30일 육군교도단의 나팔 교원 우메자와 아리히사(梅澤有久) 씨의 최근 병사(病死)에 대해 그저께 제구료로 동성에서 50엔을 주었고 이단에 지원한 보병 나팔을 배운 조선인 이은돌은 증서를 받고 귀국했다.(陸軍教導団の喇叭教員梅澤有久氏は此程病死につき一昨日祭染料として同省より金五十円を賜せらるまた同団ヘ志願にて歩兵喇叭を通学せし朝鮮人李突は付き證状を授与せられたれば帰国したり).; アジア歴史資料センター(아시아역사자료센터)〉 건명: 10월3일外務卿代理 教導団於て喇叭戸山学校於て歩兵科修業朝鮮人両名卒業の件(10월 3일 외무경대리 교도단에서 나팔 토야마학교에서 보병과 수업받는 조선인 2명 졸업 건) 참조코드: C09120964200 公第八一號 九月二十一日附送 甲第三五八八號ヲ以テ教導団於テ喇叭戸山学校於テ歩兵科修業罷在候朝鮮人李銀突並申福模之両名卒業之儀二付…(공제 81호 9월 21일부 보낸 갑제3588호로 교도단에서 나팔 토야마학교에서 보병과 수업을 받는 조선인 이은돌과 신복모 2명이 졸업하는 데 대한 …)

21) 한국고전종합DB〉 해행총재』 『사화기략』 개국 491년(1882년) 9월 11일(양력 10월 22일)

22) 『서울학 연구』 Vol. 35 서울시립대학교 서울학연구소 2009 「대한제국 악제의 성립 배경과 성격」 이숙희 『연행기사 문견잡기』 이갑(李坤) 저 1777 p206 노부(鹵簿) 의장에 기수위(旗手衛) 좌우사가 맡은 것은 화각 24지, 대동호 8지, 소동호 8지, 금징 4면, 금 4면, 고 48면, 장고 4면, 적 10관이다(旗手衛左右司所掌° 畫角二十四枝 大銅號八枝 小銅號八枝 金鉦四面 金四面 鼓四十八面 杖鼓四面 笛十管). 청의 노부에 대동호 소동호가 편성되어 있어 양악기가 아니라 청의 전통 악기로 보는 이견도 있다.

양성을 시작으로 고종 20년(1883년) 4월 23일(음력 3월 17일) 광주부廣州府 유수 겸 수어사留守兼守禦使로 전임한 박영효朴泳孝(1861~1939) 휘하의 남한교련병대南漢敎鍊兵隊 600여 명을 육군 토야마학교 보병과와 쿄도단 소대 중대 대대학을 이수한 신복모와[23] 쿄도단에서 이수한 이은돌이 신식 군사훈련을 시키고 나팔수를 양성하는데[24] 10월 31일 병정 100명과 영솔領率 교사, 대장隊長 등 9명을 어영청으로 이속시켜 11월 22일 친군전영親軍前營으로 편성된다.[25] 이후 이은돌은 고종 21년(1884년) 12월 4일 갑신정변에 가담하여 실패하자 12월 11일 일본으로 망명하여 도쿄東京에서 사는데 미국에서 되돌아온 박영효와 잠시 같이 있다가 1886년 5월 17일 고베神戸로 이동하고 7월 25일 오전 2시 인천으로 직항하는 시마마루志摩丸 편으로 귀국길에 오른 후 체포되어 처형된 것 같다.[26]

군제가 변통되어 고종 28년(1891년) 4월 5일 통위영에서 분리 경리청經理廳을 재설치하여 취고수吹鼓手 38명을 편성하였고 동학군 토벌에 출전한 각진장졸성책各陣將卒成冊에 의하면 고종 31년

---

23) 신복모는 고종 20년(1883년) 5월 13일(음력 4월 7일) 무과 초시(初試)에 이은석(李銀石) 이창규(李昌奎) 등과 나란히 합격하여 한량(閑良)으로 명받고 고종 21년(1884) 8월 4일(음력 6월 14일) 수문장으로 초임을 맡는다. 『일성록』266책 고종 20년(1883년) 음력 4월 7일 41면; 281책 고종 21년(1884년) 음력 6월 14일 87면.

24) 『신민』제14호 신민사 1926「갑신정변」박영효 p42

25) 『고종실록』24책 20권 고종 20년(1883년) 10월 31일(음력 10월 1일) 敎曰 南漢敎鍊兵隊 移屬 御營廳 使之鍊習事分付 나머지 500명은 고종 21년(1884년) 9월 11일에 친군후영이 되었다.

26) 国立公文書館アジア歴史資料センター〉 건명 표제; 1. 韓人ニ関スル警視庁及兵庫県庁ヨリノ 報告／2 明治18年12月19日から明治19年9月18日 p23, 34 타카야마 하루키치(高山春吉)로 변성명하여 도쿄(東京)에서 박영효(야마자키 에이하루山崎永春)와 같이 있다가 고베(神戸)로 이동하여 1886년 5월 19일 효고현령(兵庫県令) 우츠미 타다카츠(内海忠勝)가 외무경 이노우에 가오루(井上馨)에게 보고를 하고 7월 24일 인천으로 직항하는 배를 탄 것이 탐지되어 내무대신 야마가타 아리토모(山縣有朋)에게 보고한다.; 『한국 근대음악사 1』 노동은 한길사 1995 p391. 1885년(고종 22년) 6월 1일 이은돌이 귀국 후 피살되었다고 한 것은 사실과 다르다.

(1894년) 11월 17일 친군통위영에 곡호병 4명이 편성되어 있고 교도소教導所 3소대 5분대에 곡호수曲號手 4명이 편성되어 있으며 11월 26일 친군장위영壯衛營에 십장 2명, 병정 14명, 화병火兵 1명으로 구성된 곡호대가 편성되어 있다.

개국開國 504년(1895년) 7월 17일(윤5월 25일) 칙령 제120호로 시위대侍衛隊가 설치되나 명성황후明成皇后(1851.11.17.~1895.10.8.) 폐하께서 붕서崩逝하시는 을미지변乙未之變을 당하여 훈련대와 충돌 교전하여 10월 10일(음력 8월 22일) 칙령 제157호에 의해 훈련대에 편입되어 폐지된다. 군악대의 설치는 개국 504년(1895년) 7월 26일(음력 6월 5일) 전 내취內吹를 왕의 시위악대인 경우에 사용되는 용어인 군악대로 이름을 바꾸고 38명씩 2패를 마련하여 시위대에 설치하고 군부에서 관할하는 건을 군부대신 신기선申箕善이 내각총리대신 박정양朴定陽에게 청의하여 7월 29일(음력 6월 8일) 각의 결정을 거쳐 상주上奏하여 대군주 폐하의 재가로 당일 지령을 내려 8월 2일(음력 6월 12일) 군부관방원 신태준申泰俊이 내각기록국장 박영두朴永斗에게 보낸 군부래첩軍部來牒 제5호[27])에 따라 8월 3일 관보에 게재된다.[28])

서양식 군악대설치 노력을 살펴보면 주한일본공사관이 정탐꾼으로부터 입수하여 건양 2년(1897년) 3월 31일 가토 마스오加藤增雄 변리공사가 일본 외무대신 오쿠마 시게노부大隈重信에게 보낸 기밀 제20호 문서에 첨부되어 있던 대조선 정부의 군부 및 외부와 러시아의 군사교관 1진의 사관과 하사 사이에 체결된 월수당 및 고용기

---

27) 『내첩존안』 규17749 제1책 문서81
28) 『관보』 내각기록국 관보과 개국 504년(1895년) 6월 13일 호외 휘보. p1024

한에 관한 계약서에 군악대관 1명이 포함되어 있고 고용기한은 1년으로 건양 원년(1896년) 10월 13일부터이며 월급은 양은洋銀 150원이며 여비와 비품비는 200원을 지급하는 것으로 되어있다.

별지2
러시아 장교와 부사관 계약서

1. 장교와 부사관 등을 조선에 1년 고용하는 건.
2. 본 계약에 속한 교관은 장교 2명, 군의 1명, 군악대관隊官 1명, 부사관 10명 건.
3. 장교와 군의와 군악대관의 봉급은 매월 각자 양은洋銀 150원씩 조선 정부에서 지급하되 거처와 땔감과 등기구는 본봉 외에 지급할 것.
4. 부사관의 월급은 매월 각자 양은 20원씩 조선 정부에서 지급하되 거처와 땔감과 등기구는 본봉 외에 지급할 것.
5. 우측에 소재한 장교와 군의와 군악대관의 봉급과 하사 월급은 서력 1896년 러시아력 10월 1일로 시작하여 다달이 미리 지급할 것.
6. 장교의 여비와 비품비는 400원으로 군의와 군악대관의 여비와 비품비는 200원으로 부사관의 여비와 비품비는 200원으로 지급하되 아울러 러시아 은화로 정산할 것, 이 항목 비는 계약 시 이미 지급

건양 2년(1897년) 1월 일
러시아력
대조선 군부
외부29)

역시 건양 2년(1897년) 3월에 입수하여 6월 24일에 보낸 기밀 제40호 문서에 첨부된 시위대 내규인 궁성에 배치하는 시위대 절제의 방략排置宮城侍衛隊節制之方畧의 내용에는 나아가 군악대장과 교사 등 기타 업무를 점검하는 하사도 당연히 러시아에서 초빙할 것而至於軍樂隊長及教師等及其他看檢役所下士則將自俄國招來事이라 하고 아래 설명3에서는 이 부대에는 반드시 의원醫院과 군악대를 두어야 하지만 후일에 자세한 규칙을 알맞도록 정한 뒤에 설치할 것, 이 양 조항의 조직 인원은 이상의 인원에서 제외함이라三. 該隊必有醫院及軍樂隊 然日後將妥定細則而設置事 該所載兩款組成人員數不在於以上人員之中也30) 하여 시위대에 군악대를 설치하고자 하였다.

건양 2년(1897년) 3월 8일 군부가 러시아 군악기 각종 구매비를

29) 『주한일본공사관기록』11권〉 5. 기밀본성왕신(機密本省往信) 1·2〉 (18) 노국사관 고입(雇入) 계약서 보고 건, 기밀 제20호 외무대신 백작 오쿠마 시게노부(大隈重信) 전 가토(加藤) 변리공사 명치 30년(1897년) 3월 31일
"別紙 二
俄國士官與下士合同書
一. 士官 及 下士 等이 朝鮮에 一年 雇用ᄒᆞᄂᆞ 事
一. 本約의 屬ᄒᆞᆫ 教官은 士官二員 軍醫一員 軍樂隊官一員 下士十名 事
一. 士官과 軍醫와 軍樂隊官의 薪金은 每個月 每名下에 洋銀 一百五十元式 自朝鮮政府로 支撥ᄒᆞ되 居處와 柴物과 燃燈具는 本俸 外에 給與ᄒᆞᆯ 事
一. 下士의 月銀은 每個月 每名下에 洋銀 二十元式 自朝鮮政府로 支撥ᄒᆞ되 居處와 柴物과 燃燈具는 本俸 外에 給與ᄒᆞᆯ 事
一. 右에 所載ᄒᆞᆫ 士官과 軍醫와 軍樂隊官의 薪金과 下士 月銀은 西曆 一千八百九十六年 俄曆 十月 一日로 始ᄒᆞ야 按月預撥ᄒᆞᆯ 事
一. 士官의 旅費와 俗品費는 四百元으로 軍醫와 軍樂隊官의 旅費와 俗品費는 二百元으로 下士의 旅費와 俗品費는 二百元으로 支給이되 並以俄銀으로 核計事, 此項 銀은 契約時已撥
　　　　　建陽二年一月 日
　　　　　　　俄曆
　　　　　　大朝鮮 軍部
　　　　　　　　外部"
30) 『주한일본공사관기록』12권〉 1. 기밀본성왕복(機密本省往復)〉 (4) 시위대절제방략서 송부의 건, 기밀 제40호 외무대신 백작 오쿠마 시게노부(大隈重信) 전 가토(加藤) 변리공사, 명치 30년(1897년) 6월 24일

예산외 지출 청의서 제20호를 탁지부로 조회하여 3월 11일 군부대신임시서리 겸 탁지부대신인 심상훈沈相薰은 의정부의정議政 김병시金炳始에게 제출하여 3월 16일 의정부 회의에서 참석자 전원의 찬성으로 대군주 폐하께 상주하여 제왈가制曰可로 3월 17일 지령을 내리고 3월 18일 관보에 게재한다.[31]

주奏 69
군부 소관 러시아 군악기 각종 구매비를 예산외 지출 청의서

이달 8일 군부대신 제20호 조회 내용에 각종 군악기를 이미 러시아로부터 계약 구매하여 드려온바 물건값과 운반하여 오는 데 드는 비용이 총 3,096원인데 현재 그 금액을 독촉하니 이것이 비록 많은 돈이나 갚지 않으면 안 되므로 폐부서 예산 내로 지출해야 마땅하나 돌려쓸 항목의 여유가 없어 3,096원을 예산외 지출해주시기를 이에 청구하오니 사정을 잘 살펴보신 후 신속히 의결하여 곧 지출케 함이 요지인 사실에 의한바 이를 근거로 해서 살펴본즉 이 금액은 지급하지 않으면 안 되므로 별지 조서를 붙여 예비금 중 지출을 위하여 회의에 제출합니다.
　　　　건양 2년(1897) 3월 11일
　　　　　　의정부 찬정 탁지부대신 심상훈
　　의정부 의정 김병시 합하　사조查照

---

31) 『고종실록』 권3 건양 2년(1897년) 3월 p620; 『관보』 의정부 총무국 관보과 건양 2년(1987년) 3월 18일 휘보 관청사항.

32) 『각부청의서존안』 규17715, 2책 문서 15, 34쪽 a면, b면; 『주본』 규17703, 5책 67면~73면 주

예비금 지출 조서

일금 3,096원 러시아 군악기 각종 구매가[32)

탁度 13호

귀부에서 의결 요구한 대구, 북청, 청주, 강화 4처 지방대비 59,179원 63전 2리와 만국우체공회 전권위원 파견비 1,000원과 러시아 각종 군악기 구매비 3,096원을 예비금 중 지출 건으로 회의를 거친 후 상주하여 제가 한다 하시어 이에 지령함.

건양 2년(1897) 3월 17일

의정부 참정 내부대신 남정철

탁지부대신 심상훈 각하[33)

본 제69호; 『주본존안』 규17704, 1책 81면 82면 주본 제69호

"奏六十九

軍部 所管 露國 軍樂器 各種 購買費를 預算外 支出請議書

本月八日 軍部大臣 第二十號 照會 內開 軍樂器 各種을 已自露國으로 契約購來이온바 物價與運來所入之費는 總共三千九十六元이온데 現今 督推該額이오니 此雖巨款이오나 不得不報償者 則當以敝部 預算內로 支出이로되 無由挪用之項ㅎ와 該金額 三千九十六元을 預算外 支出ㅎ시기를 玆에 請求ㅎ오니 照亮ㅎ신 後 迅辦請議ㅎ시와 俾卽支出케 ㅎ시믈 爲要 等因이온바 準此查ㅎ온즉 此額은 不得不支撥이기로 別紙 調書를 從ㅎ야 預備金 中 支出홈을 爲ㅎ야 會議에 提出事

建陽二年三月十一日

議政府贊政度支部大臣 沈相薰

議政府議政 金炳始 閣下 査照

預備金支出調書

一金三千九十六元　露國軍樂器各種購買價"

33) 『각부지령존안』 규17750의1, 1책 문서 18, 11쪽 b면, 12쪽 a면

"度十三號

貴部에서 請議ㅎ 大邱 北靑 淸州 江華 四處 地方隊費 五萬九千一百七十九元六十三戔二里와 萬國郵遞公會 全權委員派往費 一千元과 露國 軍樂器 各種 購買費 三千九十六元을 豫備金 中 支出事로 會議를 經ㅎ 後 上奏ㅎ야 制曰可라 ㅎ시엿기 玆에 指令홈.

建陽二年三月十七日

議政府叅政內部大臣 南廷哲

度支部大臣 沈相薰 閣下"

이로서 러시아로부터 운반비를 포함한 각종 악기를 이미 건양 원년(1896년) 8월 8일 3,000루블이 넘는 금액으로 구매한 것을 지출한다.[34] 건양 2년(1897년) 5월 5일 군악대장을 포함한 군사교관 2진 21명을 요청하는데 주한일본공사관이 5월 21일 일본 외무대신 오쿠마 시게노부大隈重信로부터 수신한 전문에 의하면 러시아 주재 일본 임시대리공사 모토노 이치로本野一郎가 5월 19일 러시아 외무대신 무라비요프(Mikhail Nikolayevich Muravyov 1845.4.19.~1900.6.21.)를 만났을 때 교관 17명과 3명의 군악대원의 고용협정이 체결되었지만, 일본 정부가 간섭하자 러시아는 신임 일본주재 러시아공사 로젠(Baron Roman Romanovich Rosen 1847.2.24.~1921.12.31.)과 일본 정부 간에 합의가 이루어질 때까지는 시행될 수 없다는 태도를 보이는 끝에 이루어진다.[35] 그러나 러시아 군사교관 2진이 7월 25일 인천에 입항하여 7월 29일 밤 11시에 서울에 온 인원은 사관 3명과 하사 10명 중 하사가 4명, 나팔수 2명, 기계공 2명, 피혁공 2명[36]으로서 폐하의 명령에 따라 9월 29일부터 시위 2대의 훈련에 들어가나 군악대는 장교가 없어 조직하지 못한다.

시위대와 달리 친위대의 곡호대曲號隊는 광무 2년(1898년) 7월 2일에는 칙령 제22호에 의하여 친위대를 3개 대대로 편성하고 1개 대대에 부교副校 1인 곡호수曲號手 10인 고수鼓手 10인의 곡호대

---

34) 3집 국역 윤치호 영문일기 3(한국사료 총서 번역서 3)〉 건양 원년(1896년) 8월 8일(토) "민(閔)은 군악대의 악기 일체를 샀다. 그 모두는 3,000루블이 넘었다.(Min had bought a complete set of the musical instruments of a military band. The whole thing costs over 3,000 Rs!").

35) 『주한일본공사관기록』 8권〉 5. 구문전보왕복공(歐文電報往復) 2〉 (72) [조선 정부의 러시아군 장교와 군악대원 고용에 관한 주로공사의 보고]

36) 『주한일본공사관기록』 12권〉 5. 기밀화문전신왕복공(機密和文電信往復)〉 (153) [노국사관 및 하사관 고용 건]〉 3) [상건 빙용사관의 대책에 대하여] 명치 30년(1897년) 7월 27일

를 편성, 전체 63명과 광무 4년(1900년) 12월 공병 중대 치중병대 輜重兵隊에 각각 나팔수 4명씩을 배치하고 진위대의 경우는 광무 3년(1899년) 1월 15일 칙령 제2호에 의해 진위대 지방대 편제를 개정하는 건으로 전주와 평양의 진위대와 14개 지방의 지방대의 곡호대는 1개 대대에 부교 1인 곡호수 4인 고수 4인의 곡호대를 편성, 전체 144명을 배치하였다가 광무 4년(1900년) 7월 지방대를 진위대로 편제를 바꾸고 9월에는 평양부에 1대대를 증설하고 12월 19일 제주목에 진위 1대대를 설치하여 전국 19개 대대에 21명의 곡호대를 편성, 총 399명이 된다. 그 당시 악기와 악보는 모두 러시아제를 사용하였고 광무 11년(1907년) 8월 1일 군대가 해산될 때까지 사용되었으며 광복 후 1945년 국방경비대 창군 때에도 사용하다가 폐지되었다 한다.

2.2 특명전권공사 민영환의 사행

건양 원년(1896년) 러시아의 니콜라이 2세(Tsar Nikolai II, Aleksandrovich 1868.5.18.~1918.7.17.) 황제 폐하 대관식에 대조선은 3월 11일 궁내부 특진관 민영환閔泳煥(1861.7.25.~1905.11.30.)을 특명전권공사로 임명하고 학부협판 윤치호尹致昊(1865~1945)를 수원隨員으로 2등 참서관 김득련金得鍊(1852~1930) 3등 참서관 김도일金道一을 수행원으로 하여 4월 1일 한성을 출발, 오류동에서 점심을 들고 제물포에 도착하여 대불大佛호텔37)에 투숙, 1박 한 후 4월 2일 인천을 출

---

37) 『개항과 양관력정』 최성연 경기문화사 1959 p105~108. 인천 지계(地界) 첫머리에 호리 큐타로(掘久太郞)가 1887년 착공하여 1888년 준공한 3층 벽돌조의 양식호텔로 광무 3년(1899년)

발, 상하이上海 요코하마橫濱 태평양을 건너 밴쿠버(Vancouver)에 입항, 미국 대륙을 철도로 횡단하여 뉴욕에 도착, 대서양을 건너 리버풀(Liverpool) 런던 네덜란드의 플리싱언(Vlissingen) 베를린 바르샤바(Warszawa)를 거쳐 5월 20일 오후 3시 모스크바에 도착하여 5월 26일 니콜라이 2세 황제 폐하 대관식에 참석하고 6월 8일 행궁이 있는 상트페테르부르크(Saint Petersburg)로 가, 두 달 이상을 머물면서 광무황제 폐하의 신변 보호와 군사교관 파견, 차관 제공 등을 요청하고 8월 19일 떠나[38] 하바롭스크(Khabarovsk)로 가, 러시아의 사행使行 임무를 수행하고 군사교관과 같이 포함 그레먀쉬(Гремящий)호로 10월 20일 제물포에 도착하여 10월 21일 복명하였다.[39]

"대한제국 육군부장 민영환"

고종실록 건양 원년(1896년) 10월 21일 기사

소견김見 러시아에 간 전권공사 민영환의 보고

9월 18일 경인철도의 개통으로 영업이 부진하자 아들 호리 리기타로(堀力太郞)가 1918, 9년도 경에 청국인 뢰문조(賴文藻)에게 매각하여 중화루로 바뀌었다가 1978년에 철거되었다.

38) 『군사』 제61호 국방부군사편찬연구소 2006 「러시아군사 교관단장 뿌짜따와 조선 군대」 김영수 p93

39) 『독립신문』 건양 원년(1896년) 5월 5일 잡보;『동양학』 32집 단국대학교 동양학연구소 2002 「한국의 영국 축하사절단 파견과 한·영 외교 관계」 김원모 p90;『군사』 제61호 국방부군사편찬연구소 2006 「러시아군사 교관단장 뿌짜따와 조선 군대」 김영수 p110

대군주: 대관식에 제날짜에 참례하였으며 잘 갔다 왔는가?

영환: 폐하께서 보살펴준 덕분에 무사히 다녀왔습니다.

대군주: 군제 배치 제반 절차가 과연 어떠하던가?

영환: 군제는 서양이 한가지인데 전국이 오로지 군무에만 힘을 써 강한 나라로 되었습니다. 또 남녀 각양 학교가 교육을 하여 길러내고 있었습니다. 색다른 풍속의 서양법을 비록 취할 수 없지만 군무학교 정치 전범에 관해서는 모방하여 행하지 않을 수 없겠습니다.[40)

그러나 군사교관의 고빙은 특명전권공사 민영환의 은밀한 교섭으로 그의 사행기인 해천추범海天秋帆에도 한마디 언급도 하지 않고 황제 폐하께 보고하는 자리에서 군무학교와 정치 전범에 관해서는 모방하여 행하지 않을 수 없다고 우회적으로 표현을 하면서 러시아 군사교관을 고빙雇聘하여 군사교육을 하고 정치제도의 도입을 시사하고 있다.

러시아의 군사교관 입국 관련 기록은 독립신문 건양 원년(1896년) 10월 24일 논설에 "공ᄉ가 아라샤 정부의 허락을 밧아 륙군교ᄉ를 엇어 오ᄂᆞᆫᄃᆡ 졍영正領(대령)이 ᄒᆞ나요 위관이 둘이요 군의가 ᄒᆞ나요 하ᄉ관이 열이라" 하고 건양 2년(1897년) 6월 10일 잡보에 "ᄉ관 둘과 의관醫官 ᄒᆞ나와 하ᄉ 십명을 다리고 죠선에 와셔 시위

---

40) 『고종실록』 권34 건양 원년(1896년) 10월 p605
  "召見 赴俄全權公使閔泳煥 復命也
  上曰 大冠禮趁期入叄 善爲往返乎
  泳煥曰 王靈攸曁 無事往返矣
  上曰 軍制排置 諸般等節 果何如
  泳煥曰 軍制一如泰西 而全國專力軍務 以致强域矣 且男女各樣學校教育作成 西法之殊風異俗 雖不可取之至於軍務學校 政治典範 不得不侔而行之矣"

딕를 비셜ㅎ엿ᄂ딕 …"[41)가 있고 앨런(Horace Newton Allen 1859.4.23.~1932.12.2.)의 기록은 "러시아의 뿌쨔따(Dmitrii Vassi levich Putiata 1855.3.8.~1915.2.16.) 대령[42)이 장교 3명과 군인 10명을 동반하고 한국 군대를 훈련시키기 위하여 도착했다."[43)라고 하고 있고 김윤식金允植(1835~1922)의 속음청사續陰晴史에 "러시 아 대사로 간 민영환이 육로로 귀국, 러시아인 2명을 대동하고 어 제 입성했다.赴俄大閔泳煥由陸回國, 帶俄人二名, 昨日入城云"[44)라 고 하고 있다.

건양 원년(1896년) 8월 12일 러시아 외무대신 로바노프 로스토 프스키(Aleksei Borisovich Loba'nov-Rostov'skii)가 베베르(Karl Ivanovich Waeber 위패韋貝 1841.6.17.~1910.1.8) 공사에게 보낸 비밀전문에 오늘 뿌쨔따 대령이 교관 문제로 한성에 출장 간다는 전문이 있었으나 조선의 군사 재정 상황을 파악하고자 고위 군사전 문가인 스트렐비츠키(Ivan Ivanovich Strel'bitskiy 1860~1914) 대 령과 재정전문가인 러청은행장인 포코틸로프(Dmitrii Dmitrievich Pokotilov)를 사전에 파견한다.[45) 11월 22일 뿌쨔따 대령이 베베르

---

41) 『독립신문』 건양 2년(1897년) 6월 10일 3면 잡보.

42) 『러시아 국립문서보관소 소장 한국 관련 문서 요약집』 편역 박종효 한국국제교류재단 2002. 1855년 2월 24일(양력 3월 8일)생으로 스몰렌스크주 귀족 출신으로 알렉산드르 사관학교를 우수하게 졸업하여 1874년 11월 26일(12월 8일) 육군 소위에 임관되고 니콜라이 군사 아카데 미를 졸업 1888년 8월 30일(9월 11일) 대령에 진급하고 1896년 7월 27일(8월 8일)에서 1897 년 7월 19일(31일)까시 조선 러시아 군사교관 난장으로 지냈으며 1905년 4월 17일(30일) 중 장에 진급하고 1915년 2월 3일(16일) 사망하였다.

43) 『KOREA: FACT AND FANCY』BY Dr. HORACE N. ALLEN METHODIST PUBLI SHING HOUSE 1904(국회도서관) Horace Allen Paper The New York Public Library 1984 MF005988~MF005996 PART Ⅱ. "1896 October 24 Col. Potiata, three officer and ten men from the Russian army arrived to drill Korea troops." p198

44) 『속음청사』 권8 김윤식 국사편찬위원회 1960 "開國 五百五年 建陽 元年 十月 二十三日,"

45) 『군사』 제44호 국방부군사편찬연구소 2001 「19세기 말 러시아 군사교관단의 활동과 역할」 이 민원 p294

공사에게 제출한 문서에 의하면 민영환이 귀국 중 하바롭스크
(Khabarovsk)에서 교관 초청 계약을 하였고 또 러시아의 군사교관
보고서에 의하면 제1진은 연아무르(沿Amur)군관주 소속의 아파나
씨예프 1세(Afanasiev I 아파라십俄波羅什) 중위, 식스텔(Sikstyel
식신부곡寔新部曲) 소위, 체르빈스끼(Chervinsky 처리변기妻里邊奇)
군의관과 하사 10명 교관단장에 페테르부르크 총참모본부 소속 뿌
쨔따 대령이다. 곧바로 그해 11월 4일부터 서울 주둔 친위대 5개
대대 중에서 총 821명을 선발하여 제1대대를 구성하고 교육대장에
아파나씨예프 1세 중위를 임명, 11월 13일부터 교육을 시작하여[46]
건양 2년(1897년) 3월 16일 시위대로 다시 설치하였다.[47]

제2진은 건양 2년(1897년) 5월 5일 대군주 폐하의 재가로 군부
대신 심상훈沈相勳(1854~?)이 러시아 공사에게 장교 3명, 하사 10
명, 유년(하사관)학교 교사 1명, 병기관 1명, 군악대 지휘관 1명, 군
악대원 3명, 간호장(위생병) 2명 총 21명의 군사교관을 요청하였으
나 7월 29일 그루진스끼(N. Grudzinskii 구루진십具樓眞什) 대위,
아파나씨예프 2세(Afanasiev II 제2아파라십第二俄波羅什) 중위, 나
다로프(Nadarov 라달로포羅達嚕佈) 소위를 비롯한 장교 3명과 하
사 10명이 도착하였다.

교관단장 뿌쨔따 대령은 시위 1대대가 6월 9일 대군주 폐하를 모

---

46) 『군사』 제48호 국방부군사편찬연구소 2003 「주한 러시아 군사교관단 활동보고서 해제」 심헌
   용 p366 12월 말경 또 한 명의 교관인 꾸지민(Kuzmin 구시민具始敏) 중위가 온다.;『군사』 제
   61호 국방부군사편찬연구소 2006 「러시아 군사교관 단장 뿌쨔따와 조선 군대」 김영수 p111

47) op. cit. 「러시아 군사교관 단장 뿌쨔따와 조선 군대」 김영수 p113 광무황제 폐하께서 3월 16
   일 친위 각 부대에서 뽑은 병사들을 시위대로 칭하고 그 편제와 예산을 군부와 탁지부에서 마
   련하라고 조칙을 내려 3월 17일 탁 14호, 군 15호 지령을 한다. 건양 2년(1897년) 3월 21일
   시위대대 대대장 중대장 중대장보 등을 발령 낸다. 『관보』 제592호 의정부 총무국 관보과 규
   17289, 21책 37b 건양 2년(1897년) 3월 24일 자

시고 거행된 사열식에서 열렬한 찬사를 받고 정상적으로 운영이 되자 8월 16일 귀국을 하며 제2진은 9월 27일 훈련병을 선발하라는 폐하의 명령이 하달되어 친위대의 남은 인원 중에서 991명을 선발하여 제2대대를 구성하고 훈련대장에 그루진스끼(N. Grudzinskii) 대위가 임명되어 9월 29일부터 훈련을 시작하여 광무 2년(1898년) 2월 13일까지 끝마치게 되어있으나 실질적인 프로그램에 따른 교육은 황제즉위식(음력 9월 17일) 명성황후明成皇后 폐하 국장國葬(음력 10월 28일) 등 경절慶節과 장식葬式에 군대가 동원되어 2월 19일 겨우 중대 교육으로 옮겨갈 수 있었다.[48]

그러나 러시아로부터 군사교관과 재정고문 고빙을 독립신문 주필인 서재필은 창간 취지인 조선의 자주독립을 망각한 채 일본의 조선 침략 기도를 간과하고 동조하여 이미 의미를 상실한 반청과 무엇보다도 군사력 증강이 절실한데 반러의 논조를 폈고 윤치호가 회장으로 있는 독립협회도 광무 2년(1898년) 3월 10일 종로에서 만민공동회를 개최하여 러시아의 군사교관과 재정고문을 고빙하여 시위대를 조직하고 궐 안의 시위侍衛 업무를 맡기는 일은 주권을 포기하는 것이고 재정 사무를 맡기는 일은 자주독립국으로서 부끄러운 일이라면서 친러정부를 공격하여 3월 17일 정부는 군사교관과 탁지부 고문관을 철수시킨다고 발표를 하고 3월 19일 정식 해고하여 3월 26일에는 여비와 1년 치 월급 기타 상여금을 지급하여 군사교관은 철수한다.[49]

---

48) 『군사』 제48호 국방부군사편찬연구소 2003 「주한 러시아 군사교관단 활동보고서 해제」 심헌용 p382; 『러시아 국립문서보관소 소장 한국 관련 문서 요약집』 편역 박종효 한국국제교류재단 2002. p93, 94, 366, 571, 572

49) 『독립신문』 1898년 3월 26일 3면 잡보 「대한 정부에서 아라샤 사관들을」

2.3 군악대설치 칙령 반포

건양 원년(1896년) 10월 러시아 군사교관 1진 때부터 군악대 장교 파견을 요청하고 또 건양 2년(1897년) 3월에는 악기도 도입하고 재차 군악대 장교와 군악대원들을 요청하였으나 뜻을 이루지 못한 가운데 광무 3년(1899년) 6월 8일 순양함 도이칠란트(Deutschland) 호로 프로이센 하인리히(Heinrich, Prinz von Preußen 1862.8.14.~ 1929.4.20.) 친왕親王이 방한 6월 9일 경운궁으로 황제 폐하를 폐현하여 10일 영빈관인 대관정으로 황제 폐하와 황태자 전하께서 답방하자 12명의 함대 군악대가 연주하였고 광무 4년(1900년) 3월 16일 방한한 러시아의 루리크(Rurik)호 나바린(Navarin)호를 대동한 순양함 러시아(Russia)호의 태평양 함대사령관 힐데브란트(Ad. Hildebrandt) 제독과 장교들이 3월 19일 오후 6시 폐현을 하고 40명의 함대 군악대 연주에 폐하께서 친감親鑑하였지만 그에 상응하는 의전을 할 수 없던 대한제국은 군악대설치에 따른 예산과 제반 문제를 검토하여 12월 원수부 군무국총장임시서리 육군 부장副將 (중장) 심상훈沈相薰이 포병 공병 치중병輜重兵(병참병) 군악대를 설치하는 청의서 제8호를 올려 12월 17일 의정부 회의를 거쳐 12월 19일 황제 폐하의 제왈가制曰可로 군악대 설치하는 칙령이 반포되어 시위군악대 2개 대를 편성하는 법적 근거를 마련하였다.

칙령 제59호

　군악대 설치하는 건

제1조 군악 2개 대를 설치하여 1개 대는 시위연대에 부속하고
　　　1개 대는 시위기병대에 부속할 사
제2조 군악대에 직원은 좌개 별표에 의할 것
제3조 군악대에 소속 직원 봉급은 개국 504년 칙령 제68호 무관
　　　과 상당관 관등 봉급령 제1조에 준하여 일반관리 관등 봉
　　　급령에 의할 것
제4조 본령은 반포일로부터 시행할 것

군악 1개 대 직원 별표		
관등	직명	인원
1등 군악장	대장	1인
2등 군악장(정교 상당)	부장	1인
부참교	1등 군악수	3인
상등병	2등 군악수	6인
병졸	악수	27인
	악공	12인
참교	서기	1인
계		51인

　　　　　광무 4년(1900년) 12월 19일
　어압　어새　봉
　　　　　칙　　　의정부 참정 조병식50)

---

50) 『각부청의서존안』 규17715 17책 문서55 105쪽 b, 110쪽 b~111쪽 b면 광무 4년 12월 ?일 砲

군악대의 설치를 조선일보는 1921년 3월 13일에 구한국 충정공忠正公 민영환이 유럽 6개국 공사로 건너가 문명을 시찰하고 귀국한 후 군대에는 반드시 군악대가 없을 수 없다 하여 황제 폐하의 재가를 받들어 가지게 되었다 하고[51] 1922년 11월 26일 시사주보『동명』은 민공閔公이 공사의 대명大命을 마치고 보고할 때 육·해군의 확장이 필요함을 말씀하는 길에 사기를 돋움에는 군악이 또한 필요함을 아뢰었더니 가납嘉納하셨다 하고 동아일보 1924년 3월 4일 자는 민충정공이 니콜라이 2세 대관식에 참석하여 러시아를 조사한 결과 나라를 부강케 하는 데는 육·해군이 필요하고 그 육·해군의 사기를 진작시키는 데는 군악대가 필요하다는 것을 깨닫고 황제 폐하께 아뢰었더니 가납하여 설립하게 되었다.[52] 라고 하였으며 1930년 4월 24일 중외일보는 악계 원로 고 백우용 씨 일생(1)에서 "민 씨는 갓다가 도라와서 고종태황뎨께 군대를 교련하는 나라에서 군악이 업슴은 씌업는 도포道袍와 마찬가지오니 군악대를 두도록 하여지이라고 상주하여"[53]라고 하였고 육당 최남선은『조선상식문답·조선상식 3』에서 각국을 돌아본즉 육·해군의 정비를 충실히 해야 국권이 신장

兵工兵輜重兵軍樂隊設置ㅎㄴ 請議書 第八號; 『주본』 규17703 49책 197~198면 광무 4년 12월 19일 奏本第二百三十四號 砲兵工兵輜重兵軍樂隊設寘事; 『주본』 규17703 49책 217~219면 광무 4년 12월 ?일 砲兵工兵輜重兵軍樂隊設寘ㅎㄴ 請議書 第八號, 勅令 第 號 軍樂隊設置ㅎㄴ 件; 『주본존안』 규17704 6책 118면 광무 4년 12월 19일 奏本 第二百三十四號 砲兵工兵輜重兵軍樂隊設寘事; 『일성록』 규12816 475책 광무 4년 (음력 10월 28일) 12월 19일 144, 145면 강 裁下軍樂設寘件 목 勅令五十九號…; 『고종실록』 권40 광무 4년(1900년) 12월 19일 勅令 第五十九號軍樂隊設寘件. p192; 『관보』 의정부 총무국 관보과 광무 4년 12월 22일 勅令五十九號軍樂隊設寘ㅎㄴ件 p1293; 『제국신문』 광무 4년 12월 24일 1면 별보 포병과 산포와 야포와 공병과 치중병과 군악뒤 설시ㅎㄴ 관제…

51) 『조선일보』 1921년 3월 13일 석(夕) 3면 「만천하 동포여 동정하라 경성악대에」

52) 『동아일보』 1924년 3월 4일 「경성악대 비운, 조선의 자랑인 경성악대가 유지 곤난으로 해산한다고 파란중첩한 기 역사!! 조선인은 음악천재 로시아공사의 격상한 말 파란 만튼 양악대의 력사// 오즉 비통뿐 무슨 말을 하오릿가, 백우용 씨 담」

53) 『중외일보』 1930년 4월 24일 2면 「구한국시대 군악대장 합방 후엔 예식과 악사장」

하며 또 사기를 고려함에는 양식 군악을 채용할 필요가 있음을 아뢰었더니 되었다[54]라고 하였다. 그러나 대조선은 러시아의 니콜라이 2세 황제 폐하 대관식에 참석하기 위하여 서양 제국諸國을 거치면서 살펴보기 전부터 나라를 강하게 하는 데는 육·해군을 육성하고 그 사기를 진작시키기 위해서는 군악대를 설치해야 한다는 것을 깨닫고 사행 중에 군악대 악기를 구매하게 된다.

2.4 군악 교사 에커트의 초빙

대한제국은 부국강병의 뜻을 품고 강력한 독일제국의 군제軍制에 주목하여 한성관립덕어학교를 설립하여 그 제도를 본받고자 하였으며[55] 또한, 그동안 군악대와 함께 외국 함대의 방한에 걸맞은 의전을 할 수 없었던 대한제국은 광무황제 폐하의 군악대설치 칙교勅敎에 따라 음악 교사의 고빙 업무를 궁내부 고문관 미국인 르젠드르(Charles W. LeGendre 이선득李善得 1830.8.26.~1899.9.1.)[56]의 사망 후임으로 당시 주한미국공사관 서기관을 사임하고 광무 3년(1899년) 11월 15일 궁내부 고문관 찬의관贊議官에 이어서 광무 4년(1900년) 2월 24일에는 외부 고문관 사무서리가 된 샌즈(William Franklin Sands 산도山島 1874.7.29.~1946)와 탁지부 고문관 겸 해

---

54) 『육당 최남선전집』 고려대학교 아세아문제연구소 육당전집편찬위원회 편 현암사 1973 「조선상식문답·조선상식 3」 p150

55) 『대한제국사 연구』 이화여자대학교 한국문화연구원 편 백산자료원 1999 「대한제국시대의 한독관계」 홍순호 p66

56) 르젠드르(Charles W. LeGendre) 프랑스계 미국인으로서 고종 27년(1890년) 2월 19일 내아문 협판을 제수 받고 개국 504년(1895년) 6월 7일부터 궁내부 고문관에 고용되어 근무를 시작하여 광무 3년(1899년) 9월 1일 사망한다.

관총세무사海關總稅務司인 영국인 맥리비 브라운(Sir John Mcleavy Brown 백탁안柏卓安 1835.11.27.~1926.4.6.)[57]에게 설계를 지시하여[58] 경비는 해관과 군부가 분담하되 해관은 교사의 봉급 지급과 악기를 담당하고 군부는 기타 제반 경비를 분담하기로 하여 재가를 얻어 브라운(Brown 백탁안柏卓安)이 독일영사 바이퍼트(Heinrich Weipert 와이벽瓦以壁 1855.6.12.~1905.4.4.)에게 의지하여 맡겨 프로이센의 프란츠 에커트(Franz Eckert)를 고빙하게 되었다.[59]

마침 민영찬閔泳瓚(1874.12.3.~1953.?)은 광무 2년(1898년) 6월 파리만국박람회(L' Exposition Universelle de 1900 à Paris)[60] 부원副員에 임명되어 파리박물대원으로 가기 위하여 사직 상소한 하답下答인 비지批旨도 받지 못한 채 인천으로 내려가 광무 4년(1900년) 1월 16일 출발하여[61] 프랑스 외부에 2월 28일 파리(Paris) 도착 예정일이 3월 3일에 보고된다.[62]

파리에 도착한 민영찬은 파리만국박람회 대한사무소[63] 업무를 보

57) 맥리비 브라운(Sir John Mcleavy Brown 백탁안柏卓安 1842~1926.4.6.) 영국인으로서 탁지부 고문관 겸 해관총세무사로 고용되어 고종 30년(1893년) 10월~광무 원년(1897년) 11월, 광무 2년(1898년) 3월~광무 9년(1905년) 11월까지 근무한다.;『매일신보』1926년 4월 8일 백탁안 박사 장서.

58)『육당 최남선전집』고려대학교 아세아문제연구소 육당전집편찬위원회 편 현암사 1973 「조선 상식문답 3」 p150, 「한국역사사전 12」 p475; 최영희 선생 회갑기념 『한국사학논총』 논총간행 위원 탐구당 1987 「에케르트 군악대와 대한제국 애국가」 김원모 p486, 487

59)『동명』동명사 1922(대정 11); 마이크로필름 No5(국회도서관) 「조선 양악의 몽환적 내력」 일 기자(一記者) 제13호 p9

60) 기간은 1900년 4월 15일부터 11월 12일까지며 위원장은 파리 주재 한국 총영사인 샤를 룰리나(M. Charles Roulina)며 명예위원장은 민영찬이다.

61)『황성신문』광무 4년(1900년) 1월 16일 2면 박물부원의 왕법(往法);『제국신문』광무 4년 1월 17일 2면 법국 박물부원 민영찬 씨가.

62) 한국근대사자료집성 4『한불관계자료』-주불 공사 파리박람회 홍종우- 국사편찬위원회 2001 「[33] 민영찬의 프랑스행 보고」 p206, 207

63)『제국신문』광무 4년(1900년) 3월 1일 3면 법국 서울 만국박남회에 …; 샹 드 마르스(le Champs de Mars) 서쪽 쉬프렌(Avenue de Suffren)가의 영국 제과관과 향수 부속관 사이에 있는 한국관은 1900년 1월 재정후원자 드 글레옹 남작(Baron Delort de Gléon)의 갑작스러운 사

던 중 5월 4일 농상공부로부터 훈령을 받아 7월 2일 서사국瑞士國
즉 스위스 베른(Bern)에서 열리는 만국우체연합체맹 창립 25주년
기념 임시총회에 임시위원 살타렐(Pierre Marie Saltarel 철태래撤泰
來)과 함께 참석한 후 1주일 뒤에 돌아와[64] 프란츠 에커트를 교섭
하러 독일로 들어가, 하인리히 바이퍼트 영사가 4월 1일부터 서울에
서 영사업무를 시작한 이후, 추진하여 온 협상을 직접 협의를 하여
8월 8일 서명을 끌어내고 곧바로 파리로 돌아온 민영찬은 8월 15일
제국신문의 보도와 같이 농상공부로 박람회 개회하는 잔치는 이달
25일에 열린다고 보고를 하고[65] 우리나라에 필요한 각색물화各色物
貨를 제조하는 서책을 수집하여 10월 10일경 농상공부로 보내고[66]
11월 12일 박람회가 폐막하자 하순쯤 귀국 길에 오른다.

프란츠 에커트도 시위군악대에 필요한 악기가 준비되는 대로 부
임하기로 하자 황성신문은 광무 4년(1900년) 12월 8일 "雇聘樂師
向日 我廷에서 德國樂師 에커스 氏를 雇聘ᄒ얏ᄂᆞᆯ 期限은 三個年
이오, 月俸은 三百元이니 同氏가 樂器를 携帶ᄒ고 德國으로셔 日前

망으로 공사가 중단될 위기에 처했으나 미므렐 백작(M. Le Comte Mimerel 미모래米毛來)이
새 재정후원자로 나서 규모를 줄여 으젠느 페레(M. E. Ferret 폐내樊乃)가 설계하였다. 전시품
은 악기 자개 공예품 그림 도자기 자수 의복 금은 제품 농산물 등 수백 점으로 '서울의 추억
(Souvenir de Séoul, Corée)' 팸플릿을 만들어 소개했다. 박람회가 끝난 뒤 돌아갈 수송비를
마련하지 못해 기메박물관과 국립기술직업전문학교 부설 기술직업박물관에 기증하였던 것 중
악기 17점이 여러 박물관을 거쳐 국립음악박물관(Musée du conservatoire national de
musique)으로 1931년에는 인류박물관으로 다시 음악박물관(Musée de la musique)으로 옮겨
졌는데 가야금 거문고 해금 대금 등 13점의 악기가 소장된 것이 2005년 9월 24일 동아일보에
의해 알려졌다.

64) 『구한국외교문서』 제21권 (의 비 서 해 하 서안) 고려대학교 아세아문제연구소 1971 p433;
『동아일보』 1927년 6월 21일 2면 「만국우편연합에 가입하든 한국 당시의 우체 상태」; 『제국
신문』 광무 4년(1900년) 5월 7일 2면 농상공부에서…

65) op. cit. 광무 4년(1900년) 8월 15일 "법국 파리경성 박람회부원으로 간 민영찬 씨가 농상공부
로 보고ᄒ기를 박람회에 긔회ᄒᄂᆞᆫ 잔치ᄂᆞᆫ 만국이 동연홀 일이라 규례를 가히 폐홀 슈 업ᄂᆞᆫ 고
로 본월 이십오일에 긔회ᄒᄂᆞᆫ 잔치를 설힝홀 터인딕…"

66) op. cit. 광무 4년(1900년) 10월 10일 "법국 파리경성 박람회 ᄉ무원 민영찬 씨가 본회에 상품
밧은 각식물화 졔죠ᄒᄂᆞᆫ 셔칙을 농샹공부로 보닛더라"

發程ㅎ야…"와 같이 보도를 하고 민영찬은 광무 5년(1901년) 1월 23일 귀국한다. 황성신문은 "閔氏 歸國 法京巴里博物副員 閔泳瓚 氏가 歸國ㅎ얏다고 向報에 記ㅎ얏더니 今에 更聞흔則 船便이 無ㅎ 야 上海에서 幾日 留連ㅎ다가 再昨日 釜港에 到泊ㅎ야 電報ㅎ되 今 日 仁港에 來到흘 터이라 ㅎ얏기로 其伯 閔泳煥 氏가 相逢次로 仁 港에 下去ㅎ얏더라"[67]고 보도한다.

프란츠 에커트(Franz Eckert 1852.4.5.~1916.8.6.)는 1852년 4월 5일 독일 프로이센(Preußen)의 슐레지엔(Schlesien)[68] 지방의 발덴 부르크(Waldenburg) 노이로데(Neurode) 키르헨스트라세(Kirchen straße)[69]에서 법원 서기의 아들로 태어나 어릴 때부터 음악의 재 능이 뛰어나 브레슬라우(Breslau)[70]와 드레스덴(Dresden) 음악학교 에서 오보에(Oboe)를 배우고 17세에 나이세(Neisse)의 육군군악대 사병으로 입대하여 보조 오보에 연주자로 복무하였고 1876년 빌헬 름스하펜(Wilhelmshaven)에 있는 해군군악대로 옮겨가 수석 오보 에 연주자로 복무하였다.

스물세 살이던 1875년 11월 17일 그로트카우(Grottkau)의 팔케 나우(Falkenau)[71] 출신 동갑내기 마틸데 후흐(Mathilde Huch 1852.7.4.~1934.10.25.)와 결혼하여 1876년 빌헬름스하펜(Wilhelm shaven)에서 아말리에(Amalie 1876.12.31.~1969.4.21.)를 낳고 1879

---

67) op. cit. 광무 5년(1901년) 1월 7일 3면; 『The Korea Review』 vol. 1 Homer B. Hulbert 경인 발행사 1986 p24; 『황성신문』 광무 5년 1월 23일 2면 「민 씨 귀국」

68) 현재 폴란드 루부스키에(Lubuskie) 돌노실롱스키에(Dolnoslaskie) 오폴스키에(Opolskie)주에 해당한다.

69) 지금의 폴란드 바우브지흐(Walbrzych) 노바루다(Nowa Ruda) 코치엘나(Kościelna)다.

70) 지금의 폴란드 브로츠와프(Wroclaw)다.

71) 『프란츠 에케르트』 한스 알렉산더 크나이더(Hans-Alexander Kneider) 연암서가 2017 p30 지 금의 폴란드 그라드코프(Grodków)이다.

년 장남 프란츠 에커트(Franz Eckert Jr 1879.9.23.~1959.12.13.)[72]를 임신 중이던 때 주일 도쿄 독일 명예영사 미카엘 마틴 베어(Michael Martin Baer 1841~1904)의 주선으로 독일 해군을 통해 초빙되어 1879년 2월 9일 마르세유(Marseille)를 출항하는 프랑스 우편선에 승선하여 3월 29일 단신으로 일본에 도착[73], 1869년 9월 영국 해병대 군악장 펜턴(John William Fenton 1828.3.12.~1890.4.28.)에 의해 창설된 해군군악대 교사로 부임하여 근무하던 중 1880년 7월 일본 국가제정 심의위원으로 참여, 기미가요君が代를 작곡하여[74] 1880년 11월 3일 메이지明治 일왕 탄생일 연회에서 첫 연주를 하고 1893년 8월 12일 관보에 고시 국가國歌로 된다.

1883년 3월 2일부터는 3년간 음악취조괘音樂取調掛의 교수를 겸임하고 해군군악대를 퇴직한 후 궁내성 아악과 교사를 지냈으며 그는 1892년부터 1894년 4월까지 육군군악대에서 근무했으며 1897년 3월부터 다시 해군군악대를 거쳐 1899년 3월 31일로 20년간 근무를 마치고 4월 19일 요코하마橫濱를 떠나 프로이센으로 돌아간다. 일본에서 1883년 안나 이렌느(Anna-Irene 1883.5.3.~?) 1887년 엘리자베트(Elisabeth 1887.9.23.~1977.9.19.) 두 딸과 1884년 칼(Karl 1884.8.14.~1959.7.26.) 1886년 게오르크(Georg 1886.2.3.~?) 두

---

72) 유니어(Junior)는 같은 이름의 부자(父子) 중 아들, 형제 중 동생을 가리키는데 부자의 경우는 보통 Jr. 또는 Jun. 등으로 단축하여 John Smith Jr.의 형태를 취하나 독일에서는 유니어(Junior)를 대화에 간혹 쓰기는 하나 표기는 잘 하지 않는다 한다. 손자의 이름도 'Franz Eckert'였다.

73) 『양악도입자의 궤적(洋樂導入者の軌跡)』 나까무라 리헤이(中村理平) 토스이쇼보(刀水書房) 1993 p241

74) 일본은 기미가요(君が代)를 프란츠 에커트 작곡을 부정하고 화성을 붙였다고 하나 일제의 기관지인 『경성일보』 1916년 8월 7일 3면에 「기미가요의 작곡자(君が代の作曲者)」로 분명히 표기하고 있다.; 『문헌보국』 조선총독부도서관 편 조선총독부도서관 1943(소화 18) Vol 제9권 3호 p3, 4 「국가 기미가요의 작곡과 독일인 프란츠 에케르트(國歌 君が代の作曲と獨逸人フランツ・エッケルト)」

아들을 더 두었다.[75]

　함부르크(Hamburg)를 거쳐 형이 사는 베를린(Berlin)에 도착한 그는 베를린 예술 아카데미로부터 프로이센 왕립 음악감독(Königlich Preußischer Musik-Direktor)이라는 지위를 받고 슐레지엔으로 간 다. 이곳에서 요양한 후 12월 8일 헤센(Hessen) 지방의 바드 조덴 알렌도르프(Bad Sooden-Allendorf)시의 휴양지 악대 지휘자로 채 용이 결정되어 1900년 5월부터 9월까지 근무를 하고 10월 베를린 을 방문한다.[76]

　그가 다시 대한제국으로부터 군악대 창설과 그 지도를 위한 초청 을 받고 3년 기한의 고빙雇聘을 수락한 것이다. 광무 4년(1900년) 12월 8일 자 황성신문에 "雇聘樂師… 到韓ᄒ 後 在京 各 隊에 軍樂 을 敎授홀 터이라 査ᄒ건되 氏가 日本에 在留ᄒ지 二十餘年이라 其 海陸軍의 軍樂을 敎授ᄒ얏ᄂ되 該國 三等勳章[77]을 受賜ᄒ얏고 今 方 解雇 歸國ᄒ 中이더라"라고 하였고 12월 19일 자 제국신문은 "덕국 풍악교수 에케스 씨를 삼 년 작정ᄒ고 월급은 미월 삼빅 원 식을 주고 고빙ᄒ기로 발셔 약됴ᄒ얏스미 동씨가 슈히 악긔를 가지 고 나와셔 각 군되를 교육홀 터이라더라" 하였다.

---

75) 『음악교육』 7월호 단행본 부록 세광출판사 1987 「개화기의 한국음악 -프란츠 에케르트를 중 심으로-」 남궁요열 p51; 「서양음악 도입과정 연구」 -개화초기와 F. Eckert를 중심으로- 강석남 연세대학교 교육대학원 1989 p45; 칼(Karl)과 게오르크(Georg)는 1894년 3월 19일 먼저 독일 로 돌아간다.; 『양악도입자의 궤적(洋樂導入者の軌跡)』 나카무라 리헤이(中村理平) 토스이쇼보 (刀水書房) 1993 p348

76) 『프란츠 에케르트』 한스 알렉산더 크나이더(Hans-Alexander Kneider) 연암서가 2017 p60, 62

77) 『낭만음악』 제10권 제1호(통권 37호) 낭만음악사 1997 겨울 p103 「번역 한국의 이왕조(李王 朝) 궁정 음악 교사 에케르트(Franz Eckert)」 나까무라 리헤이(中村理平) 민경찬 옮김 나까무 라 리헤이(中村理平)는 에케르가 일본에서 받은 훈장은 5등으로서 3등은 오보라고 하나 『경성 일보』 1916년 8월 8일 3면 「기미가요 작곡자 서거하다(君が代作曲者逝く)」에서는 역시 훈3등 욱일장(旭日章)을 달았다 한다.

에커트는 광무 4년(1900년) 12월 초 베를린을 떠나 함부르크를 출발, 광무 5년(1901년) 2월 19일 서울에 도착하자 이때 『The Korea Review (한국평론)』 2월호 뉴스일지(News Calendar)는 다음과 같이 기록하고 있다 "대한제국 정부는 서울에 시위군악대(Imperial Band)를 조직한 프로이센 왕립 음악 감독 프란츠 에커트의 공헌으로 견고히 하였다. 2월 19일에 내한한 에커트는 유사한 임무를 띠고 일본 정부에 20년간 고빙되어 있었고, 그의 동양에서의 오랜 경력은 한국인을 훈련하는 데 큰 가치가 될 것이다. 그 경력이 한국인의 음악적 재능과

"시위군악대 군악교사
프란츠 에커트.
한스-알렉산더 크나이더
교수님 제공"

합치면 훌륭한 군악대가 될 것이 의심의 여지가 없다."라고 했다.

에커트는 독일의 라이프치히(Leipzig)에 있는 치머만(Zimermann) 악기회사[78]에서 사 온 것으로 보이는 50인조 악기와 그 외에 보면대, 악기 부속, 소모품, 악보 등 몇 해 동안 쓸 수 있는 충분한 양을 현재 정부서울청사 자리인 시위 2대대 연병장에 포장을 풀어놓고 혼자 기념 촬영도 하였다. 이 당시 들여온 악기 종류를 살펴보면 다음과 같다.

"피콜로 1, 플루트 2, 오보에 2, 클라리넷 Bb 7, 클라리넷 Eb 1, 소프라노 색소른 1, 알토 클라리넷 1, 베이스 클라리넷 1, 바순 2, 트럼펫(Bb, G) 5, 코넷(Bb) 2, 혼(F, Eb) 4, 알토 혼 4, 유포니움 4, 트롬본(테너) 3, 트롬본(베이스) 1, 튜바 3, 수자폰 1, 큰 북 1, 작은

---

78) 『동명』 동명사 1922(대정 11) 마이크로필름 No5(국회도서관) 「조선 양악의 몽환적 내력」 제14호 일기자(一記者)는 오스트리아 빈(Wien 유야납維也納)이라고 하고 있다 p12

북 1, 심벌즈 1, 트라이앵글 1, 탬버린 1, 캐스터네츠 1, 벨 1"총 52 점이다.79) 이 악기들을 사는데 정부에서는 외화가 없어 운산 금 광산을 주고 들여왔다는 이야기가 있으나 그 수익금으로 들여온 것으로 생각된다.

한편『증보문헌비고增補文獻備考』권96 악고樂考 7. 악기 2에는 다음과 같이 우리말로 된 악기 이름들이 보인다. 대적大笛(플루트) 소적小笛(피콜로) 호적胡笛(오보에) 최고음생最高音笙(Eb 클라리넷) 고음생高音笙(Bb 클라리넷) 심음생深音笙(알토 클라리넷) 최고음나팔最高音喇叭(피콜로 트럼펫) 고음나팔高音喇叭(Bb 트럼펫) 보속음나팔保續音喇叭(호른) 최강음나팔最强音喇叭(프루겔 혼) 강음나팔强音喇叭(테너 색소른) 조심음나팔助深音喇叭(테너 트롬본) 반심음나팔半深音喇叭(알토 트롬본) 심음나팔深音喇叭(베이스 트롬본) 최심음나팔最深音喇叭(튜바) 삼각경三角磬(트라이 앵글) 철금鐵琴(글로캔시필) 소고小鼓(작은 북) 대고大鼓(큰 북) 영고鈴鼓(탬버린) 전조편囀調片(케스터네츠) 정음기正音器(소리굽쇠) 제금提金(심벌즈) 악보대樂譜臺(보면대)80)

도착 1주일 후 에커트는 광무황제 폐하를 폐현陛見하기 위하여 독일영사 바이퍼트(H. Weipert)가 외부로 조회照會를 한다.

---

79)『월간음악』 12월호 통권 27 월간음악사 1972「이 땅에 음악의 씨앗을 뿌려준 은인 프란츠 에케르트」남궁요열 p63;『음악교육』 7월호 단행본 부록 세광출판사 1987「개화기의 한국음악 -프란츠 에케르트를 중심으로-」남궁요열 p55.

80)『증보문헌비고』홍문관 찬집 융희 2년(1908년) 권96 악고(樂考) 7. 악기 2. p21

2369 군악 교사 에커트 폐현사(등23책)

[발]덕국영사 바이퍼트   광무 5년 2월 26일

[수]외부대신 박제순   서기 1901년

조회

  대독일 황명으로 출사한 한국영사관 바이퍼트(Heinrich Weipert) 조회합니다. 살피건대, 대한국 정부에서 초빙한 군악대 교사 프로이센(Preußen) 음악 교사 에커트(Franz Eckert)가 이달 19일 서울에 도착하여 본 영사가 그를 인솔하여 황제 폐하를 폐현하고자 이에 문서를 갖추어 조회하오니 번거로우시더라도 귀 대신께서는 잘 살펴보시고 상주하여 윤허를 받아 회답을 주시기 바랍니다. 조회가 반드시 도달하기 바랍니다.

  우 조회.

대한 외부대신 박재순 각하

    1901년 2월 26일[81]

  이때 2월 27일 제국신문은 "정부에셔 군악듸 교수를 덕국인으로 고빙ᄒ엿다 ᄒ더니 그 덕인이 일전에 나온지라 덕령ᄉ 와이벽 씨가

---

81) 『구한국외교문서』 권16 덕안(2) 고려대학교 아세아문제연구소 1966 p239(서고 659-10-16. c2) "2369 軍樂敎師 에커트 陛見事(謄 23冊)

  [發]德國領事 瓦以壁   光武 5年 2月 26日

  [授]外部大臣 朴齊純   西紀 1901年

照會

  大德欽命出使韓國領事官瓦以壁, 爲照會事, 照得, 大韓政府招聘之軍樂隊敎師 布國樂師 에커트(F. Eckert), 本月十九日到京, 而本領事擬引該員, 觀見天陛, 玆以備文照會, 請煩貴大臣査照, 轉奏蒙允, 示覆爲荷, 須至照會者

  右照會

大韓外部大臣 朴齊純 閣下

    一千九百一年 二月二十六日"

외부로 조회ᄒᆞ야 그 덕인과 ᄃᆡ동ᄒᆞ여 폐현ᄒᆞᆷ을 청ᄒᆞ엿더라" 하고 황성신문은 2월 28일 "樂師到京 元帥府에셔 雇聘ᄒᆞᆫ 軍樂隊 敎師가 日昨 漢城에 入ᄒᆞ얏ᄂᆞᄃᆡ 德領事 瓦爾壁(H. Weipert) 氏가 帶同 陛 見ᄒᆞ기를 請ᄒᆞ얏더라."[82]고 하였다.

3월 14일에는 "軍樂隊長 軍樂隊 敎師를 德國으로셔 雇聘ᄒᆞ얏슴 은 前報에 記ᄒᆞ얏거니와 陸軍副將 李允用 氏가 該隊長이 되야 現今 隊規를 組織ᄒᆞ더라"[83]하여 군악대 운영에 관한 규칙을 만들고 있었다.

외부에 조회한 에커트의 폐현에 대하여 외부는 3월 19일에 일정이 잡혔음을 18일에 조복照覆을 한다.

2386 군악 교사 에커트의 폐현사(등23책)

[발]외부대신 박제순 　　　　　광무 5년 3월 18일
[수]덕국영사 바이퍼트 　　　　서기 1901년
조복 제11호
대한 외부대신 박제순 조복합니다. 살피건대, 광무 5년(1901년) 2월 26일 받은 귀 조회 내용에 본 영사가 인솔한 군악대 교사 프로이센 음악 교사 에커트가 황제 폐하를 폐현하기를 청한 사실에 따라 대리 주청하여 이달 19일 하오 5시로 기일이 정해져 상응하는 문서를 갖추어 조복하오니 귀 영사께서는 번거로우시더라도 잘 살펴보시고 그를 대동하여 기한이 되면 입궁하시기

82) 『제국신문』 광무 5년(1901년) 2월 27일 3면 정부에서 군악대 교사를; 『황성신문』 광무 5년 2월 28일 2면 악사 도경(到京).

83) 『일신』 저자 미상 국사편찬위원회 1983. 辛丑(光武五年―一九○一)第十三冊 正月二十四日(양력 3월 14일) 軍樂隊敎師,以德國人雇聘,而陸軍副將,李允用爲該隊長,現今組織隊規也.

바랍니다. 조회가 반드시 도달하기를 바랍니다.

　우.

대독일 흠명출사 한국영사관 바이퍼트 각하

　　광무 5년(1901년) 3월 18일[84]

입국 후 한 달 만인 3월 19일 오후 5시에 바이퍼트 영사와 에커트는 광무황제 폐하를 폐현하였는데 3월 20일 황성신문은 "日俄使陛見 日昨에 俄日 兩公使가 外部에 陛見을 請ᄒ얏더니 昨日 下午 四時에 俄公使 巴禹路厚(Alexandre I. Pavlov) 氏가 俄艦長을 帶同 陛見ᄒ고 日公使 林權助 氏와 日前에 新到ᄒ 德國樂師도 同日 陛見ᄒ얏더라"[85]한다.

84) 『구한국외교문서』 권16 덕안(2) 고려대학교 아세아문제연구소 1966 p244(서고 659-10-16. c2)
　　"2386 軍樂教師 에커트의 陛見事(謄 23冊)

　　[發]外部大臣 朴齊純　　　　　　　　　　光武 5年 3月 18日
　　[授]德國領事 瓦以壁　　　　　　　　　　西紀 1901年
　照覆 第十一號
　　大韓外部大臣朴齊純, 爲照覆事, 照得, 光武五年二月二六日, 接到貴照會, 內開, 本領事擬引軍樂隊
　　教師布國樂師에커트, 請覲見天陛, 等因, 當經代奏, 以本月十九日下午五點鍾訂期, 相應備文照覆
　　貴領事, 請煩査照, 帶同該員, 屆期進宮可也, 須至照會者,
　　右.
　大德欽命出使韓國領事官 瓦以壁 閣下
　　光武五年三月十八日"

85) 『황성신문』 광무 5년(1901년) 3월 20일 일아사 폐현;『궁내부안』규17801. 8책 문서46 제
　　12호 조복에 일본공사는 오후 2시 러시아공사 및 함장 무관은 3시, 독일영사 및 군악대 교
　　사는 5시에 폐현한다.
　　照覆
　　貴 第十二号 十三号 十四号 十七号 十八号 照會를 鱗次 接准ᄒ와 已經 奏稟이온바 現伏承
　　聖旨ᄒ와 日本公使ᄂ 本月 十九日 下午 二時요 俄公使 及 艦長 武官은 同日 下午 三時요
　　德領事 及 軍樂隊教師 樂師 等은 同日 下午 五時로 幷爲訂期 陛見케 ᄒ라시괴로 玆庸佈覆
　　ᄒ오니 照亮ᄒ신 後 准此轉照 該三公館ᄒ시와 屆期進陛케 ᄒ시믈 爲要
　　光武 五年 三月 十七日
　　　議政府贊政 宮內府大臣臨時署理 太醫院卿 尹定求
　　　議政府贊政 外部大臣 朴齊純 閣下

2.5 프란츠 에커트와 계약

에커트는 입국 후 군악대원을 선발하여 교육을 시작하고 황제 폐하를 폐현한 후 고빙雇聘 계약에 임하는데 군부는 계약서 초본[86]을 여러 번 수정을 거쳐 광무 5년(1901년) 6월 10일 독일영사관과 계약을 체결해줄 것을 외부에 요청하자 외부는 6월 12일 조회 공문을 발송하는데 6월 13일 황성신문은 "樂師合同 德國人 軍樂敎師 익컷 氏를 我廷에서 雇聘흠은 前報에 已記호얏거니와 昨日에 合同을 調印호얏ᄂᆞᆫ᷉ 雇限은 三年이오 月給은 每朔 三百元이오 船車費ᄂᆞᆫ 六百元이더라" 하고 제국신문도 "樂師合同 일전에 고빙호야 나온 군악ᄃᆡ 교ᄉᆞ 덕인 이윽트 씨를 군부와 외부에서 방장 합동하는 중이라더라"[87]하고 있으나 이때 계약안을 제시한 것이었고 독일에 대한 외교문서인 덕안德案에 의하면 6월 14일 자로 독일 측이 조복을 한다.

---

86) 「대한국군부외부위정립합」 MF NO MF35-004655, 한국정신문화연구원, 청구기호 S03^14^0461. 한국학중앙연구원; 고도서〉 사부〉 조선왕실소장문서〉 1610;「대한 군부대신과 덕국인 포국 합동의정」 NO MF35-004656, 광무 5년, 한국정신문화연구원, 청구기호 S05^05^0703. 한국학 중앙연구원; 고도서〉 사부〉 조선왕실소장문서〉 1612;「시위군악대 교사 결약」 MF NO MF35-004656, 한국정신문화연구원, 청구기호 S05^06^0711, 한국학중앙연구원; 고도서〉 사부〉 조선왕실소장문서〉 2494.

87) 『제국신문』 광무 5년(1901년) 6월 13일 2면 잡보 악사합동 일전에 고빙하야;『황성신문』 광무 5년 6월 13일 2면 잡보 악사합동.

2446 군악교사 에커트 초빙에 관한 군부계약안의 송교사(등23
책)

[발]외부대신 박제순   광무 5년 6월 12일
[수]덕국영사 바이퍼트   서기 1901년
조회 제13호
대한 외부대신 박재순 조회합니다. 살피건대, 우리 군부대신으
로부터 받은 내문來問 내용에 시위연대 군악 교습을 위해서 독
일 프로이센 음악 교사 에커트를 초빙하여 군악 교사로 삼아 이
에 계약 초고를 보내 독일공관에 대신 교부하여 정정하도록 한
사실에 따라 이에 그 계약 초고 1건을 보내는 것 외에 상응하는
문서를 준비하여 조회하오니 귀 영사께서는 번거로우시더라도
잘 살펴보시고 회답을 주시기 바랍니다. 조회가 반드시 도달하
기를 바랍니다.
   우 조회.
대독일 흠명출사 한국영사관 바이퍼트 각하
   광무 5년(1901년) 6월 12일[88]

88)『구한국외교문서』권16 덕안(2) 고려대학교 아세아문제연구소 1966 p266(서고 659-10-16. c2)
"2446 軍樂敎師에커트 招聘에 關한 軍部契約案의 送交事(謄23冊)
   [發]外部大臣 朴齊純   光武 5年 6月 12日
   [授]德國領事 瓦以壁   西紀 1901年
照會 第三十號
   大韓外部大臣 朴齊純, 爲照會事, 照得, 接到我軍部大臣來文, 內開, 爲侍衛聯隊敎習軍樂, 擬邀聘德
   國紳士布國樂師에커트, 作爲軍樂敎師, 玆將該合同擬稿, 送請轉交德國公館, 以便訂定, 等因, 准
   此, 除將該合同擬稿一件送交外, 相應備文照會貴領事, 請煩査照見覆, 須至照會者,
   右照會.
大德欽命出使韓國領事官 瓦以壁 閣下
   光武五年六月十二日"

덕안2(광무 5년-1901-6월)
2447 에커트 초빙의 독측 정정계약안에 조인요망(등23책)

[밥]덕국영사 바이퍼트　　　　　광무 5년 6월 14일

[수]외부대신 박제순　　　　　　서기 1901년

조복

대독일 황명으로 출사한 한국영사관 바이퍼트 조복합니다. 살펴건대, 이달 12일 귀 조회에 의하면 고빙한 프로이센 음악 교사 에커트의 계약 초고를 빠짐없이 두루 읽고 음악 교사의 조건도 살펴 대한 해관海關 총세무사 브라운(Sir John Mcleavy Brown)이 폐하의 칙교勅教의 뜻을 받들어 본 영사를 거쳐 초빙을 한 것을 귀 대신도 이미 들어서 알 것으로 생각합니다.

그 빙용聘用조약에 따라 지난 작년 8월 8일 브라운 총세무사가 본 영사 서류에 명료하게 서명하여 이루어졌습니다. 그래서 본 영사는 이에 따라 계약 초안을 작성하여 브라운에게 보내 합의를 살핀 연후 금년 5월 2일 들어가 폐현 시 그 초안을 올려 어람御覽하시고 이어 명을 내려 민영찬에게 보내져 현재 계약 초본을 보기를 바라고 있습니다.

귀 대신도 마땅히 보고 군부에 초안을 보냈을 것으로 생각하는데 중요한 곳에 서로 맞지 않는 것이 많이 있었지만, 음악 교사는 이미 초빙을 받았습니다. 그 계약 조항은 마땅히 브라운이 진술한 것이며 드린 초안은 쉽게 고칠 수 없는 까닭에 본 영사가 귀 대신에게 청한 것입니다.

그래서 재차 정정하고 조인하여 드린 초고에 상응하는 문서를 준비하여 조복照覆하오니 번거로우시더라도 귀 대신께서는 잘 살펴보시고 조복을 해주시기를 희망합니다. 조복이 반드시 도달하기를 바랍니다.

우.
대한 외부대신 박제순 각하
　　　1901년 6월 14일

　에커트 초빙의 독일 측 정정계약안에 조인요망 덕안德安 원문은
다음과 같다.

德案2(光武 5年-1901-6月)
"2447 에커트 招聘의 獨側訂定契約案에 調印要望(謄23冊)

[發]德國領事 瓦以壁　　　　　　光武 5年 6月 14日
[授]外部大臣 朴齊純　　　　　　西紀 1901年
照覆
大德欽命出使韓國領事官瓦以壁, 爲照覆事, 照得, 本月十二日,
接准貴照會, 聘用布國樂師에커트之合同擬稿, 均經閱悉, 查該樂
師之因大韓海關總稅務司柏卓安奉承勅敎, 由本領事聘請者, 想貴
大臣已爲聞知, 而其聘用條約之如何, 向於上年八月八日, 柏總稅
務司致本領事書函中載明, 故本領事因此繕成合同擬稿, 當經遞與
柏卓安, 看閱合意, 然後于本年五月二日進見時, 呈上該稿乙覽, 仍
命遞與閔泳瓚矣, 現將該稿草本呈閱, 想貴大臣應見其軍部所送擬
稿, 於緊要處則多有不同矣, 該樂師已經受聘, 而其合同條款, 宜
不可更薄於柏卓安所陳及此呈擬稿耳, 所以本領事請貴大臣, 更以
此呈擬稿調印訂定, 相應備文照覆, 請煩貴大臣查照, 望卽見覆可
也, 須至照覆者.

右.

大韓外部大臣 朴齊純 閣下

　　一千九百一年六月十四日

附. 軍樂教師 에커트 招聘의 契約案(膽23冊)

　　合同

此 合同은 大韓 軍部大臣과 德國人 布國樂師 에커트와 互相 訂定ᄒ야 에커트를 大韓 軍部에서 雇聘ᄒ야 韓國 少年을 完備ᄒ 樂器로 見習ᄒ고 敎導케 홀 事.

一, 雇聘 年限은 光武 五年 二月 一日로 起ᄒ야 三年으로 定홀 事.

二, 에커트 所捧 薪金은 日本 金錢 或 紙幣 三百元을 海關으로 交給홀 事.

三, 軍部大臣은 에커트에게 居接홀 만ᄒ 房屋을 給ᄒ야 住居케 ᄒ되 可合ᄒ 房屋을 得지 못ᄒᄂ 境遇에는 每個月 日本 金錢 或 紙幣 三十元 屋貰錢을 代給홀 事.

四, 에커트는 軍部大臣셔 德國서 漢城에 到ᄒ 旅費金을 該員에 二個月 辛金만콤(六百元) 海關으로 由하야 受ᄒ고 該員의 家屬을 率來홀 터니면 三百元을 加給ᄒ야 該費用에 充케 홀 事.

五, 三年 限滿 後에 軍部에서 解雇를 홀랴던지 에커트가 退雇홀 境遇에ᄂ 各기 六個月 前期에 預先 通知홈이 可ᄒ니 만일 預告치 아니ᄒ면 此 合同을 繼續홈으로 知홀 事.

六, 合同 滿期 後에 軍部大臣은 에커트에게 二個月 辛金을 海關으로 由ᄒ야 加給ᄒ고 該員의 家屬이 有ᄒ면 三百元을 加給홀 事.

七, 每個年에 一個月식 平常 受由를 給ᄒ고 만일 該員이 有病홀

時에는 一個月을 給由ᄒᆞ딕 滿月俸을 給ᄒᆞ고 一個月이 過ᄒᆞ여
도 不愈ᄒᆞᄂᆞᆫ 時ᄂᆞᆫ 一個月을 加給ᄒᆞ딕 半月俸을 給ᄒᆞ고 又 一
個月이 過ᄒᆞ여도 不瘳ᄒᆞᄂᆞᆫ 時 又 一個月을 加給ᄒᆞ딕 月俸은
無ᄒᆞ고 만일 終乃 服務치 못홀 境遇에ᄂᆞᆫ 此 合同은 作爲廢止
홀 事.

八, 該員이 行爲가 不正ᄒᆞ던지 職務에 怠慢히 ᄒᆞᄂᆞᆫ 境遇에ᄂᆞᆫ 德
公使와 協議ᄒᆞ야 解雇홀 事.

九, 此 合同은 英文 韓文을 各 四件으로 成ᄒᆞ딕 意義ᄂᆞᆫ 同ᄒᆞᄂᆞ 日
後에 或 文辭分岐혼 處가 有ᄒᆞ면 英文으로 講解홀 事."[89]

이와 같은 조복에 6월 15일 외부는 계약 조건이 상이한 사항 즉
첫째 봉급을 해관에서 지급하는 것薪金以海關交給事, 둘째 가족들
의 귀국 비용을 더 지급하는 것家屬徃還費加給事, 셋째 해고 시 6
개월 전에 예고하는 것解雇時六個月前期預告事을 기안하여 군부에
통보하자 6월 27일 군부는 모든 것이 그런 예가 없는 고로 이전에
교부한 계약안으로 약정하는 게 좋겠다는 의견에 따라 외부는 독일
영사관에 이같이 조회하자 6월 29일 독일영사관이 각 조항은 애초
부터 정해진 것으로 아마도 오해가 있다며 재차 설명하여 7월 4일
군부는 수용하기가 어려우나 허락의 뜻이 이미 이전 조회의 안案에
있으므로 재차 거론할 필요가 없으니 일전에 교부한 계약안에 검인
鈐印을 찍어 증거로 정하자 하여 종결된다.

합의에 따라 이듬해 광무 6년(1902년) 4월 5일 군부는 외부에
군악대 교사를 연서聯署 청의 하자고 조회를 하여 '대한국 군부 외

---

89) op. cit. p266~268

부 위정립합동사'라는 이름의 계약서에 군부관방장官房長 한진창韓
鎭昌(1858.1.26.~1935.2.2.) 외부교섭국장 이응익李應翼 프란츠 에
커트(Franz Eckert) 사이에 전체 9개 조항의 독일어와 한문으로 작
성 체결하여 군부대신 신기선申箕善(1851~1909.2.12)과 외부대신
임시서리 철도원총재 유기환兪箕煥이 의정부 의정 윤용선尹容善
(1829~1904.12.21.)에게 영부另附 연서청의 한다.

시위군악대교사 고용계약 청의서 제1호

우는 시위 제1연대 소속 군악대에서 외국 군악을 배우고 익혀온
즉 외국 악사가 없이는 불가하여 독일신사 에커트를 군악 교사
로 고빙하기 위하여 그 계약서를 첨부하여 회의에 제출합니다.
　　　광무 6년(1902년) 4월 5일
　　　　의정부 찬정 군부대신 신기선
　　　　의정부 찬정 외부대신임시서리 철도원총재 유기환
의정부 의정 윤용선 합하

대한국 군부 외부 위정립합동사

군부에서 연빙延聘한 대독일국 신사 프로이센 음악 교사 에커
트를 시위연대 소관 군악대 교사로 의결하여 정한 계약을 좌에
적습니다.
제1조 그 교사 연빙 기한은 광무 5년(1901년) 2월 1일부터 3개
　　　년을 만기로 한다.
제2조 그 교사의 봉급은 금화 혹 지폐 300원을 다달이 해관을
　　　통해서 지급한다.

제3조 그 교사의 주거비는 금화 혹 지폐 30원을 다달이 지급하고 만약 일정한 액수에 해당하는 집을 얻어주면 주거비를 중복해서 지급할 필요는 없다.

제4조 그 교사가 독일에서 한국에 도착한 여비는 그 사람의 2개월 봉급에 준하는 금화 혹 지폐 600원을 지급한다.

제5조 그 교사가 만기가 되어 해고하려면 만기 6개월 전에 예고하고 만일 예고하지 않으면 계속 고용한다.

제6조 그 교사의 만기가 되어 해고하면 귀국 여비는 그 사람의 2개월에 준하는 봉급 금화 혹 지폐 600원을 지급한다.

제7조 그 교사의 매년 1개월의 평상 휴가 혹 병으로 인한 휴가를 청하면 처음 1개월은 봉급만큼 주고 재차 1개월은 반개월의 봉급을 주고 3차 1개월은 봉급을 정지하고 혹 3개월이 지나 끝내 치유가 안 되어 복무 가망이 없다면 이 계약을 폐기하여 물러나게 한다.

제8조 그 교사가 혹 부정한 행위를 하거나 직무에 태만하면 군부대신을 경유하여 외부에 견해를 내고 조회를 넘겨 독일공사와 협의하여 만기가 덜되었음에도 해고한다.

제9조 이 계약은 독일어 한문 각 4건으로 만들어 1부는 군부에 두고 1부는 외부 1부는 독일공관 1부는 그 교사께 두고 살펴본다.

후일에 만약의 경우 계약 문구가 상이한 곳이 있으면 독일어 문서를 읽고 해석한다.

광무 6년(1902년) 4월 5일

군부관방장　한창진(방장부두)

외부교섭국장 이응섭(외부교섭국장)

주랍인　　　　　프란츠 에커트

시위군악대 교사 고용계약 청의서 원문은 다음과 같다.

"侍衛軍樂隊教師 雇用合同 請議書 第一號

右는 侍衛第一聯隊에 所屬 軍樂隊에서 外國軍樂을 肄習ᄒ온즉
不可無外國樂師ᄒ기로 德國紳士 에커트를 聘爲軍樂敎師ᄒᆞᆸ기
該合同書를 另附ᄒᆞ야 會議에 提出事

　　光武六年四月五日

　　　　　　　議政府贊政軍部大臣 申箕善

　　　　　　　議政府贊政外部大臣臨時署理鐵道院總裁 兪箕煥

議政府議政 尹容善　　閣下

　　　　　軍部

大韓國 外部 爲訂立合同事

現由軍部延聘 大德國紳士 布國樂師 에커트 充當侍衛聯隊 所管
軍樂隊敎師 議定合同 開列于左

第一條 該敎師 延聘期限 由光武五年二月一日爲始 以三個年 爲
　　　　滿限之期事

第二條 該敎師 薪金 金貨或紙幣 三百元 按月由海關支給事

第三條 該敎師 居接費 金貨或紙幣 三十元 按月支給 若將相當屋
　　　　舍借與 該居接費 毋得疊撥事

第四條 該敎師 自德渡韓 旅費金 准該員 二個月 薪金 金貨或紙
　　　　幣 六百元 支給事

第五條 該敎師 限滿解雇 應於限滿 六個月前 預先聲明 倘不預先
　　　　聲明 卽作爲續聘事

第六條 該敎師 限滿解雇 該回國旅費 准該員 二個月 薪金 金貨
　　　　或紙幣 六百元 支給事

第七條 該敎師 每年一個月 平常休暇 或因病請暇之時 初次一個

月 准給薪金 再次一個月 只給半個 月薪金 三次一個月
薪金停撥 倘過三個月 終不痊愈 服務無望 此合同 作爲
銷廢 仍行解退事
第八條 該敎師 倘有行爲不正 慢於職務 應由軍部大臣 聲明于外
部 移照德國公使協議 不以未滿限期爲拘 卽行解雇事
第九條 此 合同 德文漢文 各繕四件 各盖印章 一眞軍部 一眞外
部 一眞德國公館 一眞該敎師 作爲存照事
日後 遇有合同文辭分歧處 卽將德文講解事
光武六年四月五日

　　　　　　軍部官房長　　韓鎭昌(房長副頭)
　　　　　　外部交涉局長 李應翼(外部交涉局章)
주랍인90)　　　　　　　　Franz Eckert"91)

"주한독일제국 영사관 인장"

---

90) KAISERLICH DEUTSCHES KONSULAT ☆ FÜR KOREA ☆ 계약서의 에커트 수결(手決)
앞에 붉은 밀랍에 독일제국 영사관이란 둥근 도장이 찍혀있다.

91)『각부청의서존안』규17715 20책 문서32 71쪽 b~73쪽 a면 광무 6년(1902년) 4월 5일 시위군
악대교사 고용합동청의서 제1호;『주본』규17703 58책 192~201면 광무 6년 4월 13일 주본
제50호 시위군악대교사 고용합동사;『주본존안』규17704 7책 106면 광무 6년 4월 13일 주본
제50호 시위군악대교사 고용합동사;『군악사합동』규23434 한진창 이응익 Eckert 공저 광무
6년(1902년), 4부 분류 사부 정법류 외교·통상 외교문서 독일, M/F번호 M/F80-103-132-O;
『군악사합동』규23435 광무 6년(1902년), 4부 분류 사부, 정법류 외교·통상 외교문서 독일,
M/F번호 M/F80-103-132-P;『대한국외부군부위정립합동』청구기호 k2-4857, 등록번호
41022848y01, 한국정신문화연, MF NO MF16-1425, 주제분류 사부, 정서류, 군정〉14

군부대신 신기선과 외부대신임시서리 철도원총재 유기환이 의정`
회의를 거쳐 황제 폐하께 상주하여 제왈가制曰可를 받아 4월 19일
지령 군부 제6호 및 외부 제7호를 내린다.

지령 외부 제7호
광무 6년(1902년) 4월 19일
　　　　　　　　총무국장　문서과장
　　　　　　　　비서과장　조사과장　　　과원
의정　참정　찬정　　참찬

좌개 안건에 결재하심을 바람
　　　군악대 교사 고용사
　　귀부와 외부에서 연서 청의한 시위군악대교사 고용계약 건으
로 본부(의정부) 회의를 거친 후 상주하여 재가한다 하시었기에
이에 지령합니다.
　　　　　　　의정부 의정 윤용선
의정부 찬정 군부대신 신기선 각하
의정부 찬정 외부대신임시서리 철도원총재 유기환 각하[92)]

---

92) 『기안』 규17746 5책 문서 51쪽 a, b면; 『의정부래거문』 규17793 9책 46a면 광무 6년 4월 19
　일 지령 제7호.
"指令 外部 第七號
光武六年四月十九日
　　　　　　　總務局長　文書課長
　　　　　　　祕書課長　調査課長　　　課員
議政　叅政　贊政　叅贊
左開案件에 決裁ᄒ시믈 望홈.
　　軍樂隊敎師雇用事
貴部와 外部에서 聯署 請議ᄒ 侍衛軍樂隊敎師 雇用合同事로 本府 會議믈 經ᄒ 後 上奏ᄒ야 制曰可
　라 ᄒ시엿기 玆에 指令홈.
　　　　　　　議政府議政 尹容善
議政府贊政軍部大臣 申箕善 閣下"

지령에 따라 4월 21일 군부는 외부에 독일공관과의 계약을 요청하자 외부는 4월 22일 독일공관에 외부와 군부가 조인한 계약서 4부를 보내 음악 교사가 날인 하여 1부는 교사의 증빙으로 하고 1부는 독일공관에 비치하고 2부는 돌려 보내주기를 요청한다. 이에 독일공관은 6월 18일 독일어 계약서 4부을 작성하여 일체 조인해주기를 청하면서 음악 교사가 서명하여 돌려보내는 한문과 독일어 계약서 각 2부는 비치할 문서라면서 해관海關의 지불양식 제2조에 다달이 봉급을 지급하는 단서를 제3조 제4조 제6조에 비록 쓰지 않았지만, 그 뜻이 포함되어 있으므로 고쳐 쓸 필요가 없다며 외부에 조복한다.

　　6월 20일 외부는 다시 이 사실을 군부에 조회하고 6월 26일 군부는 외부에 독일어 계약서 4건을 날장捺章하여 보내자 6월 27일 외부는 다시 독일공관에 보내고 6월 30일 음악 교사가 서명한 한문과 독일어 계약서 8부를 독일공관이 서명하고 각각 1부씩 독일공관과 음악 교사가 보관하고 그 외 각 2부를 외부로 보내자 외부는 군부로 한문과 독일어 계약서 각 1부씩 보낸다.

議政府贊政外部大臣臨時署理鐵道院摠裁 兪箕煥 閣下"

광무 6년(1902년) 6월 30일 기안

주임 교섭국 과장

대신서리   협판

조회 제5호

군악대 교사 에케트 계약 한문과 독일어 각 4건을 독일공관에
보내 조인하여 찾아와 그 계약 한문과 독일어 각 1건을 보내며
이에 조회하오니 살펴보고 받아 문서를 갖추기 바랍니다.

광무 6년(1902년) 6월 30일

의정부 찬정 외부대신서리외부협판 최영하

의정부 찬정 군부대신 신기선 각하[93]

2.6 군악 제2대의 설치

광무 6년(1902년) 2월 제1대의 교육이 마무리되고 대한제국 애
국가가 7월 1일부로 간행이 되자 광무 4년(1900년) 12월 19일 반
포한 칙령 제59호 제1조에 군악 2개 대를 설치하여 1개 대는 시위
연대에 부속하고 1개 대는 시위기병대에 부속할 事에 따라 에케
트는 광무 6년(1902년) 8월부터 제2대를 편성 교육에 착수하여 추

---

93) 『군부래거문』 규17803 제4책 문서56
"光武六年六月三十日 起案
主任 交涉局 課長
大臣署理   協辦
照會 第五号
軍樂隊教師 에케트 合同 韓德文 各 四件을 送致德館ᄒ야 調印 繳來이기로 該合同 韓德文 各 一件
을 送交ᄒ오며 玆에 照會ᄒ오니 査收儲檔ᄒ심을 爲要
光武六年六月三十日
議政府贊政外部大臣署理外部協辦　崔榮夏
議政府贊政軍部大臣 申箕善 閣下"

가 근무시간에 따른 가급합동加給合同을 8월 1일 군부는 외부에 의정부로 연서하여 청의하자고 한다.

송送 제8호
　　　　　　년　월　일 발
　과 제7호 6　8　1　　개 군악대 교사 신금...연서사
　　　　　　년　월　일 도
　조회
　폐부敝部 소관 군악대의 현재 방안은 증설이온바 군악 교사 독일인 에커트의 봉급 증액 1건을 현재 의정부 회의에 제출로 그 계약서 의결 요청서를 이같이 첨부하여 아뢰오니 사정을 살펴서 연서하여 보내시기 바랍니다.
　　　　광무 6년(1902년) 8월 1일
　　　　　　의정부 찬정 군부대신 신기선
　의정부친정 외부대신임시서리 궁내부특진관 유기환 각하[94]

광무 6년(1902년) 8월 2일 기안
　　　　　　주임 교섭국 과장
　대신　　협판
　　조복 제8호
　귀 제8호 조회에 의하면 군악대 교사 에커트 봉급 증액계약 청의서를 관서가 연서하여 돌려보내며 이에 조복하오니 잘 살피시기 바랍니다.
　　　광무 6년(1902년) 8월 2일
　　　　　의정부 찬정 외부대신임시서리 궁내부특진관 유기환
　의정부 찬정 군부대신 신기선 각하[95]

군부와 외부가 함께 의정부에 청의 하자 검토 후 시위 제1연대 제2대대 대대장인 장봉환 참령參領(소령)에게 청의서가 경유한다.

동년 9월 21일 돌려보냄

대신에 이어 참령 장봉환96)이 이상하여 가르쳐 돌려보냄97)

시위군악대교사 봉급 증액계약 청의서 제2호

우는 시위 제1연대 소속 군악대 교사 에커트 봉급이 이미 일정한 액수가 정해져 온바 군악 제2대를 현재 증설하여 온즉 그 교사의 교습 노력이 더함을 생각하지 아니할 수 없으므로 봉급을 더 지급하기로 계약서를 첨부하여 회의에 제출합니다.

광무 6년(1902년) 8월 1일

의정부 찬정 군부대신 신기선

---

94) op. cit. 제4책 문서60
"送 第八号
　　　　　　　　年　　　月　　　日 發
　課 第七号　六　八　一　　　槩 軍樂隊教師 薪金…聯署事
　　　　　　　　年　　　月　　　日 到
　　照會
敕部 所管 軍樂隊를 現方 增設이온바 該教師 德人 에커트의 薪金 增給一事를 今將提出于政府會議
　　故로 該請議書合同書를 幷此另附 仰佈ᄒ오니 照亮ᄒ오셔 聯署 以擲ᄒ심을 爲要
　　光武六年八月一日
　　　　　議政府贊政軍部大臣　申箕善
議政府贊政外部大臣臨時署理 宮內府特進官 兪箕煥 閣下"

95) op. cit. 제4책 문서61
"光武六年八月二日 起案
　　　　　　主任 交涉局 課長
　大臣　協辦
　　照覆 第八号
　貴 第八号 照會를 接准ᄒ와 軍樂隊教師 에케트 薪金 增給合同 請議書를 聯署 繳返ᄒ오며 茲에
　　照覆ᄒ오니 査照ᄒ심을 爲要
光武六年八月二日
　　　　議政府贊政外部大臣臨時署理 宮內府特進官 兪箕煥
議政府贊政軍部大臣　申箕善 閣下"

의정부 찬정 외부대신임시서리 궁내부특진관 유기환

의정부 의정 윤용선 합하

대한국 군부 외부 위정립합동사

현재 군부의 시위연대 소관 군악대 교사 대독일 신사 프로이센

음악 교사 에커트 봉급 증액계약을 좌에 열거합니다.

제1조 그 교사와 군부는 광무 6년(1902년) 4월 5일 정한 계약

연한 내 군악 제2대를 더 설치하기로 한 것에 따라 광무

6년 4월 5일 정한 계약 제2조 소정의 봉급 외에 금화 혹

지폐 150원을 광무 6년(1902년) 8월을 기하여 다달이 증

액하여 지급한다.

제2조 이 계약은 광무 6년 4월 5일 정한 계약 제7조에 의한다.

제3조 이 계약은 독일어 한문 각 4부를 만들어 각각 인장을 찍고

군부 외부 독일공관 해당 교사에 두고 보존하여 증거로

한다.

후일에 만일 계약 문구가 일치하지 않는 곳이 있으면 독일어를

읽고 해석한다.

광무 6년(1902년) 8월 1일

"同年 九月 卄一 徹還

大臣因 張叄領鳳煥 以奇有敎徹還

　侍衛軍樂隊敎師 薪金加給合同 講議書 第二號

右는 侍衛第一聯隊 所屬 軍樂隊敎師 에커트의 薪金이 已有定額

이온바 軍樂 第二隊를 現方 增設이온즉 該敎師의 敎習添勞홈을

不可不念ㅎ와 該薪金을 加數支給ㅎ옵기로 合同書를 別附ㅎ와

會議에 提出事

　光武六年八月一日

議政府贊政 軍部大臣 申箕善

議政府贊政 外部大臣臨時署理 宮內府特進官 兪箕煥

議政府議政 尹容善　　閣下

　　　　軍部

大韓國 外部 爲訂立合同事

　現由軍部 侍衛聯隊 所管 軍樂隊敎師 大德國紳士 布國樂師에

커트 薪金增給合同 開列于左

第一條 該敎師與軍部 光武六年四月五日 訂立合同年限內 加設

　　　　軍樂第二隊 故光武六年四月五日 訂立合同第二條 所定

　　　　薪金外 金貨或紙幣 一百五十元 由光武六年八月起 按月

　　　　增給事

第二條 此合同 依光武六年四月五日 證立合同第七條事

第三條 此合同 德文漢文 各繕四件 各盖印章分 眞軍部外部德公

　　　　館該敎師 作爲存照事

　　　日後 遇有合同文辭分歧處 卽將德文講解事

　　　　　光武六年八月一日"98)

---

96) 장봉환(張鳳煥 1869~1929)은 고종 25년(1888년) 육영공원(育英公院)에 입학하여 수학하고
고종 26년(1889년) 음력 8월 전라도 감시(監試)에 합격하여 고종 30년(1893년) 3월 11일(음력
1월 23일) 통리교섭통상사무아문 주사가 된다. 3월 20일(음력 2월 3일) 주차미국공사관 2등
서기관으로 시카고에서 열리는 콜롬비아 세계박람회(World's Columbian Exposition) 통역으로
3월 23일 이세마루(伊勢丸) 편으로 일본으로 가 요코하마(橫濱)에서 벨긱(S. S. Belgic)호 편으
로 출발하여 4월 23일 샌프란시스코에 도착한다. 5월 5일 워싱턴 공사관에 부임하여 근무하다
가 개국 504년(1895년) 6월 15일(음력 5월 23일) 면관(免官)이 되어 귀국하여 건양 원년(1896
년) 8월 15일 부위(副尉 중위)로 군부 군무국 외사과 과원(課員)이 된다.
고종 27년(1890년) 11월 23일 미국인 그레이트하우스(Greathouse, Clarence R. 구례具禮
1846.9.17.~1899.10.21.)를 내무협판에 임명하여 외국 관계 법률 사무를 자문케 하였던 그레
이트하우스가 사망하자 동거하던 어머니의 귀국에 장봉환을 동행시키기 위하여 광무 3년
(1899년) 11월 10일 탁지부는 파견 여비를 예산 외 지출 의결을 요구하고 출국시켜 11월 16
일 오전 6시 지나 고베마루(神戸丸)호로 나가사키(長崎)에 입항하고 17일 요코하마(橫濱)로 가
미국으로 출항하여 업무를 마친 후 샌프란시스코에서 아메리카마루(アメリカ丸)호를 타고 광
무 4년(1900년) 1월 9일 요코하마(橫濱)에 도착하여 10일 오후 11시 열차로 고베(神戸)의 산
노미야(三宮)역으로 가 해안가에 있는 니시무라야(西村屋)에 투숙하고 11일 정오 12시 나가토

이에 황성신문은 8월 4일 "增俸延期 軍樂隊 敎師를 法國人(德國人의 오기)으로 我廷에서 雇聘ᄒ야 樂隊를 侍衛二隊(一隊의 오기) 內에 設置ᄒ고 敎育 卒業ᄒ얏다더니 近聞ᄒᆫ 則 該敎師의 合同期限이 滿ᄒ얏기로 軍部에서 外部에 照會ᄒ고 合同期限은 三年으로 延期ᄒ고 一百五十元 月俸은 二百元으로 增加ᄒ얏다더라"[99]고 보도하나 의정부는 봉급 인상이 불가하다는 견해이어서 에커트는 이후 계약시간 외 매일 4시간씩 더 근무한 봉급을 받지 못하여 교육을 3개월 반 중단하였다가 광무 7년(1903년) 3월 다시 교육을 재개하여 7월 말로 교육이 끝나면서 7월 28일 제2대를 교습한 미지급된 봉급의 지급을 촉구하자 7월 31일 외부는 이처럼 증봉이 이루어지지 않은 내용을 군부에 조회하여 군부는 음악 교사의 근로가 가상한

마루(長門丸)호로 출항 귀국한다.
광무 4년(1900년) 2월 16일 평리원 검사가 되어 을미사변에 가담하였던 안경수(安駉壽)와 권형진(權瀅鎭)이 일본에서 돌아와 자수하자 기소하여 5월 28일 판결, 처형한다. 광무 5년(1901년) 6월 10일 참령(叅領 소령)으로 진급하고 11월 7일 친위 제1연대 제3대대 대대장에 보직을 받고 광무 6년(1902년) 8월 18일 시위 제1연대 제2대대 대대장에 보직을 받고 9월 12일 경운궁 중화전 영건(營建) 감동(監董)의 업무를 맡는다. 광무 7년(1903년) 7월 20일 친위 제1연대 제1대대 대대장에 보직을 받고 광무 8년(1904년) 2월 24일 시위 제1연대 제2대대 대대장에 보직을 받고 8월 12일 진위 제3연대 제1대대 대대장에 보직을 받고 광무 10년(1906년) 1월 31일 특별히 훈4등 팔괘장(八卦章)을 받고 7월 20일 부령(副領 중령)에 진급하고 광무 11년(1907년) 4월 30일 헌병대장에 보직을 받고 6월 7일 육군연성학교부(硏成學校附)에 보직을 받고 7월 4일 휴직 되어 융희 원년(1907년) 9월 3일 해관(解官)된다.
장봉환은 주차미국공사관 서기관으로 2년여 미국에서 근무하여 신사들이 즐겼을 연희물을 접했을 것으로 보여 그가 주문한 삼패도가(三牌都家)는 협률사(協律社)로 전환이 되어 그를 통한 수익금으로 군악대의 운영비를 마련하려고 했던 것으로 보인다. 『황성신문』 광무 6년(1902년) 8월 15일 2면 「희대교습」; 『대한매일신보』 광무 10년(1906년) 3월 8일 1면 「논협률사」; 『근대한국공연예술사 자료집 1』 개화기~1910년 단국대공연예술연구소 편 단국대출판부 1984 p174; 『근대 한미관계사』 이민식 백산자료원 2001 p392

97) 장봉환 참령(소령)이 '기이하여 가르쳐 돌려보냄(以奇有敎徵遷)'이라고 부기(附記)한 것이다.
98) 『시위군악대교사 신금가급합동청의서』 내용 주기 류별: 외교류, 5)조약장정 매수: 번호: 705, 청구기호 S05^05^0705, 한국정신문화연구원, MF NO MF35-004656, 주제분류 사부, 조선왕실소장문서〉 2495; 『대한국군부외부위정립합동사』 내용 주기 류별: 외교류, 6)고빙 매수: 번호: 715, 청구기호 S05^06^0715, 한국정신문화연구원, MF NO MF35-004656, 주제분류 사부, 조선왕실소장문서〉 1611.
99) 『황성신문』 광무 6년(1902년) 8월 4일 2면 증봉 연기; 『The Korea Review』 vol. 2 Homer B. Hulbert 경인발행사 1986 p365

것이 아닌 것은 아니나 더 지급하는 것은 불가하다는 회의에 의한 것이니 이러한 사정을 살펴서 잘 아시라고[100] 8월 10일 외부에 조복하자 8월 11일 독일공사 잘데른(Conrad von Saldern 사이전謝爾典 1847.1.3.~1908.6.8.)에게 이와 같은 사실을 조복한다.

제2대의 기록은 8월 11일 이후 더는 보이지 않으나[101] 융희隆熙 4년(1910년) 3월 1일 입안 3일 발송한 이유서에 봉급 인상을 내탕금內帑金에서 주다가 이어 해관에서 지급된 것이 보인다. 한편 2002년 8월 14일 백두현白斗鉉 교수가 발표한 대한군인 애국가[102]는 말머리가 그려져 있어 시위기병대에 부속된 제2대의 교육 기간에 대한제국 애국가의 반향反響으로 만들어져서 널리 불린 것으로 보인다.

2891. 군악 교사 에커트의 봉급 및 계약 갱신의 건(원7책)

[발]덕국변리공사 잘데른 　　　　광무 7년 7월 28일
[수]외부대신서리 이중하 　　　　서기 1903년

---

100) 『군부래거문』 규17803 제4책 문서95

101) 『외부일기』 규17841 3책 광무 7년(1903년) 7월 29일 交涉局. 德館照會 軍樂隊敎師埃巨多 合同滿限 在於明年 該隊之過去年間應俸條 必須赴早辦給 每朔四百五十元支撥 實爲妥協; 7월 31일 照會軍部 德使照稱 軍樂敎師埃巨多 過去年間應俸條 一千二百七十五元 須早給 自續合同日 幷敎習第二隊條 每朔合四百五十元支給 將往復閔副將謄本胎呈 等因 査照示復; 4책 광무 7년 8월 10일 軍部照覆 接貴照使照稱 軍樂敎師埃巨多 服務勤勞 原俸每朔四百五十元支給 實爲妥協 等因 査該樂師勤勞 非不嘉尙 薪金加撥 不可遵議; 8월 11일 照覆德館 軍樂敎師埃巨多 請加俸給一事照我軍部覆稱 勤勞非不嘉尙 薪金加撥 不可遵議.

102) 『조선일보』 2002년 8월 14일 23면 「대한제국 시기 '대한군인 애국가' 발굴」; 『중앙일보』 8월 15일 '대한군인 애국가' 첫 발굴; 『어문학』 제77집 한국어문학회 2002.9. 「최초로 발견된 '대한군인 애국가'에 대하여」 백두현 p423~432; 『독립운동사연구』 박성수 저 창작과비평사 1980 p77, 78. 저자가 성균관대학교 재직 시 부산이 고향인 사학과 제자 김동순(金東淳) 군이 제공한 군가다; 『암흑의 조선(暗黑なる朝鮮)』 우스다 잔운(薄田斬雲 개명 薄田貞敬) 저 일한서방 1908 p239 조선의 가요(朝鮮の歌謠) 중 군가(軍歌)로 유사한 노래가 수록되어 있고 『옛노래, 옛사람들의 내면 풍경』 임형택 소명출판 2005 p267 「8. 군가」가 있다.

【한역】 (등27책 · 원7책)

조회 제15호 역

　　대독일제국 황명으로 한성에 주재한 변리공사 대신 남작 잘데른 조회합니다. 살피건대, 군악대 교사 에커트 품청稟請에 따라 금년 6월 24일 민영환 부장副將(중장)의 서면 진술과 조복에 있는 안案을 접하고 이에 갈 조복에 등본을 동봉합니다. 이달 18일 폐현 때 또한 그 본안을 주품奏稟하여 황제의 명을 받들어 이 일을 이미 별지로 아뢴 사실에 따라 이후 이 일이 어떻게 귀결이 되었는지 다시는 들을 수 없었습니다.

　　에커트의 계약을 살펴보니 만기가 내년으로 되어있어 마땅히 1년 전에 미리 견해를 밝힙니다. 본 공사는 그 사람의 과거 연간 받을 봉급조로 1,275원이 반드시 일찌감치 지급되었어야 하며 신계약 계속일로부터 소급하여 아울러 제2대를 교습한 것을 합한 기본급 매월 450원을 지급하기로 타협이 이뤄져 그 사람이 새 악대를 편성하고 교습한 노력을 귀 대신도 아마 알 것입니다.

또 그 원 계약의 소정 시간 외에 매일 4시간씩 복무한 것도 알 것입니다. 항상 본 공사의 진술이 불합리하지는 않아 이에 상응하는 문서를 갖추어 조회하니 귀 대신께서는 번거로우시더라도 잘 살펴보시고 능히 타당하게 처리하여 조속히 회답을 볼 수 있기를 바랍니다. 조회가 반드시 도달하기를 바랍니다.

　　우 조회

대한 외부대신서리외부협판　이중하　각하

　　　　1903년 7월 28일

부1. 군악 교사 에커트의 가봉요청(등27책 원7책)

　　[발]덕국변리공사 잘데른　　　　　광무 7년 6월 24일

삼가 아룁니다. 이에 주제넘고 경솔하게 삼가 말씀을 드립니다. 각하께 청하는 까닭은 이 일은 각하의 직권 내에 있는 일이므로 깊은 믿음에 따라 속히 타당하게 처리해주시고 또 불필요하게 공사公事를 지루하게 교섭한 까닭으로 이에 가지고 있는 약정에 따라 군악 교사 에케르트는 제2대를 조직하고 가르쳐서 훈련시킨 일로 작년 8월부터 더 줘야 할 봉급 조로 매월 150원 지급에 아무런 소견이 없어 그는 3개월 반 교련을 정지하였다가 금년 3월 다시 교련을 시작하였습니다.

그에게 더 줘야 할 봉급 조로 7월 초까지 합계 1,125원입니다. 그가 말하기를 담당계는 장봉환 소령의 소관 책임이라 했습니다. 일이 잘되도록 여러 가지 방법으로 힘쓰는 것 같이 들리지 않아 이같이 삼가 번거롭게 합니다. 특별히 힘을 모아 꾀하는 까닭은 신속한 변급辨給 때문입니다. 이 소임이 잘되기를 바라며 이에 거듭 큰 복이 깃들기를 기원합니다.

　　　　　　　6월 24일　잘데른 돈

부2. 동상 회답(등27책원7책)

　　[발]부　　　　장　민영환　　　　광무 7년 6월 25일
　　[수]덕국변리공사　잘데른　　　　서기 1903년
민부장 답신

　삼가 아룁니다. 귀 서함에 의하면 모두가 하나 같이 옳으며 군악대 교사 에케르트의 증액 월급이 아직 미지급된 일 처리가 한탄스럽습니다. 이러한 사건은 군부 소관입니다. 귀 공사께 바라건대 해당 부에 이 서류를 보내는 일이 심히 타당하니 저 역시 이 주선을 따르는 것이 실효가 더 있는 계책이라 생각되오니 사정을 잘 헤아려 주시기 바라며 이렇게 조복합니다. 귀 공사관이

복되시길 기원합니다.
　　　6월 25일 민영환 돈

　군악 제2대를 조직하고 연장 근무한 인상분을 받지 못하여 오고 간 공문 원문은 다음과 같다.

　"2891. 軍樂教師 에커트의 俸給 및 契約更新의 件(原7冊)

　　[發]德國辦理公事 謝爾典　　　　光武　7年7月28日
　　[授]外部大臣署理 李重夏　　　　西紀1903年
　　　　　　　　　　　　　　Soeul, den 28. Juli 1903

KAISERLICH DEUSCHE
LEGATION, SOEUL
J.Nr. 610
(덕문 중략)
【漢譯】(謄27冊・原7冊)

照會 第十五號 譯

　　大德帝國欽命駐箚漢城辦理公使大臣男爵謝爾典, 爲照會事, 照得, 據軍樂隊教師埃巨多稟請, 于本年六月二十四日, 函陳閔(泳煥)副將, 并接該覆在案, 茲將該往覆謄本胎呈, 而本月十八日接見時, 又奏稟該本案, 而欽奉旨教, 以爲此事已爲商量者, 等因, 伊後不復聞此事之爲如何歸結也, 查埃巨多之合同滿限, 在於明年, 須於一年前期, 預爲聲明者, 則本使以爲該員之過去年間應俸條一千二百七十五元, 必須趁早辨給, 遂自新合同繼續之日, 並其教習第二隊條, 合原俸, 每朔四百五十元支給, 實爲妥協, 貴大臣若知該

員編成敎習新隊之勤勞, 且想其原合同所定時間外, 每日四時間服
務之事, 則想必不以本使所陳爲不合也. 爲此, 相應備文照會貴大
臣, 請煩査照, 望早見覆, 克臻妥辦, 須至照會者,

右照會.

大韓外部大臣署理外部協辦　李重夏　閣下
　　　一千九百三年七月二十八日

附 1. 軍樂敎師 에커트의 加俸要請(謄27冊・原7冊)

　　[發]德國辨理公事　謝爾典　　　　光武 7年 6月 24日
　　[授]副　　　將　閔泳煥　　　　　西紀1903年
　　敬啓者, 玆有仰陳事, 幸或恕之, 所以請于閣下者, 爲此事之在
閣下職權內, 以深信從速妥辦, 且不必以公事張皇交涉故也. 玆據
所有定約, 則軍樂師에커트, 以組織及敎鍊第二隊之事, 自昨年八
月應得之加俸條, 爲每朔一百五十元, 而無所見給, 故該員停共敎
鍊之事爲三朔半, 又於本年三月, 復始其事, 該員應得之加俸條,
至七月初, 洽爲一千一百二十五元也. 該員聲稱, 此係張叅領鳳煥
之所擔任之事, 而似不肯用力周旋云, 故如是仰煩, 幸另力圖所以
斯速辦給之地, 是所務禱, 爲此, 仍頌崇祉,

　　　　　六月二十四日　　　謝爾典　頓

附 2. 同上回答(謄27冊・原7冊)

　　[發]副　　　將　閔泳煥　　　　　光武 7年 6月 25日
　　[授]德國辨理公事　謝爾典　　　　西紀1903年
閔副將 覆函
敬啓者, 接准貴函, 恭悉一是, 軍樂隊敎師埃巨多之加給月俸, 尙
未支撥, 事涉歉歎, 而此等事件, 係於軍部所管, 幸望貴公使, 將此
轉函于該部, 事甚妥當, 僕亦從此斡(斡 誤)旋, 俾有實效爲計, 照

亮是荷, 爲此佈覆, 順頌署祺.
　　　六月二十五日　　　閔泳煥　頓'[103]

　군악대는 2차로 광무 8년(1904년) 3월 12일 칙령 제6호에 의거 2개 대를 군악 1개 중대로 편성하여 1개 소대는 교육대, 1개 소대는 연주대로 하여 시위 제1연대에 속하게 하였다.

칙령 제6호
군악 1개 중대 설치하는 건

제1조 군악 1개 대를 설치하여 시위 1연대에 부속할 것
제2조 군악 1개 대는 2개 소대로 편성할 것
제3조 군악 중대에 소속 직원 봉급은 개국開國 504년(1895년)
　　　칙령 제68호 무관과 상당관 관등 봉급령 제1조에 준하여
　　　일반관리 관등 봉급령에 의할 것
제4조 군악 1개 중대 직원은 좌개 별표에 의할 것
제5조 본령은 반포일로부터 시행할 것
제6조 광무 4년(1900년) 칙령 제59호 군악대설치 건은 본령 실
　　　시일로부터 폐지할 것

군악 1개 중대 직원 별표

관등	직명	인원
1등군악장	중대장	1인

---

103)『구한국외교문서』권16 덕안(2) 고려대학교 아세아문제연구소 1966 p506~508(서고 659-10-16. c2)

2, 3등 군악장	소대장	2인
정교		1인
부참교	1등 군악수	8인
상등병	2등 군악수	12인
병졸	악수	54인
	악공	24인
참교	서기	2인
	계	104인

광무 8년(1904년) 3월 12일

어압   어새   봉

칙   의정부 의정 이근명[104]

군악대원의 복무 연령은 개국 504년(1895년) 4월 27일 칙령 제 84호 군인현역정한년령조규軍人現役定限年齡條規가 광무 8년(1904 년) 9월 24일 개정이 되어 1등 군악장 만 51세, 2등 군악장 만 48 세, 군악대 하사 만 45세, 군악수 만 40세가 되었다.[105] 군악대의 하사 이하 보충에 관한 사항은 보병과에서 관장하고[106] 1등 군악수 의 군악장보軍樂長補 진급은 현역 정년 최하한이 2년이고 군악장 보의 군악장 진급은 현역 정년 5년이 지나고 공로가 특별히 뛰어난 자에게만 한한다.[107]

104) 『고종실록』권44 광무 8년(1904년) 3월 12일 勅令第六號軍樂隊設置件 p320; 『관보』의정부 총무국 관보과 광무 8년 3월 15일 勅令第六號 軍樂一個中隊設置ᄒᆞᄂᆞ 件 p245

105) 『증보문헌비고』권 112 병고 4. 법령 p13 八年定軍人現役定限年齡; 『일성록』규12816 522책 광무 8년(1904년) (음력 8월 18일) 9월 27일 104면 陸軍軍人現役定限年齡條規; 『고종실록』 광무 8년 9월 24일; 『관보』광무 8년 9월 27일 호외 궁정록사.

106) 『조칙 ①』의정부 편 규17708의 1 고종 32년(1895년)~광무 11년(1907) 19책 15권 23장 1 면, 광무 8년 9월 24일 군부관제 제13조

107) op. cit. 65장 2면, 광무 8년 9월 24일 육군무관진급령 제19조

광무 11년(1907년) 6월 19일 군악대는 칙령 제40호로 시위 제1
연대에서 군부로 소속되며 1개 중대에서 1개 대로 편제가 개정된다.

칙령 제40호
군악대 편제 중 개정 건

광무 8년(1904년) 칙령 제6호 군악 다음에 (1개 중) 세자 및 제
3조 군악 다음에 (중) 한자와 아래 직원표 악장 다음에 (중) 한자
를 같이 지우며 제1조 중 (시위 제1연대) 여섯 자는 (군부) 두 자
로 하며 아래 직원표 (소대장) 세자는 (부) 한자로 같이 개정함
광무 11년(1907년) 6월 19일
어압   어새   봉
칙
내각총리대신 훈2등 이완용
군부대신 육군부장 훈3등 이병무[108]

그 후 일제는 러일전쟁[109]의 승리로 국제정세가 유리하게 전개

108) 『주본』 규17703 117책 13~15면 광무 11년(1907년) 6월 14일 奏本 第三百二十九號 軍樂隊編
    制中改正件;『고종실록』 권48 광무 11년 6월 p466;『관보』 내각법제국 관보과 광무 11년 6
    월 21일 궁정록사 p559
"勅令 第四十號
  軍樂隊 編制中 改正件
光武八年 勅令 第六號 軍樂下에 (一個中)三字 及 第三條 軍樂下에 (中)一字와 同職員表 樂長下에
    (中)一字를 幷刪去ᄒ며 同 第一條中 (侍衛第一聯隊)六字는 (軍部)二字로며 同職員表 (小隊長)
    三字는 (附)一字로 幷改正 홈
    光武十一年 六月 十九日
        御押   御璽   奉
            勅
        內閣總理大臣 勳二等 李完用
        軍部大臣陸軍副將 勳三等 李秉武"
109) 1904년 2월 8일 일본함대가 뤼순(旅順)의 러시아 함대를 기습 공격함으로써 시작되어 1905

되자 대한제국을 침탈하기 위해 광무 9년(1905년) 11월 17일 을사늑약을 강제로 체결하고 통감부를 설치하여 조직적인 침략의 마수를 뻗쳐 외국인에게도 통제를 본격화하기 위하여 융희隆熙 3년(1909년) 6월 말 부로 내부를 통하여 일본인을 제외한 외국인을 조사하는데 청국인이 12,322명, 미국인이 464명, 프랑스인이 87명, 영국인이 53명, 독일인이 33명, 러시아인이 24명, 그리스인이 8명, 이탈리아인이 7명, 노르웨이(노웨, 낙위諾威)인이 5명이 되었다.[110]

융희 4년(1910년) 2월 14일 소위 통감부에서 광무 11년(1907년) 7월 24일 이전부터 한국정부에서 고용 중인 외국인의 이름 국적 관직 봉급 제 수당 용빙기한 용빙계약서 등을 사송寫送하라는 통첩에 따라 궁내부는 에커트에 대한 이유서를 융희 4년(1910년) 3월 1일 입안, 3일 발송한다.

음악대교사 독일인 에커트에 관한 이유서

1. 본부(궁내부) 소관 음악대교사 에커트는 원래 군부에서 초빙한 것임
2. 교사 봉급을 금화 혹 지폐로 300원을 해관에서 지급이 계약서에 실려 있음
3. 이후 교사의 300원 봉급으로는 생활 곤란을 면할 수 없는 고로 매월 150원씩 내탕금에서 더 지급한 것임

년 9월 5일 포츠머스 조약(Treaty of Portsmouth)으로 강화를 하게 된 러시아와 일본 간의 전쟁이다.

110) 『대한매일신보』 융희 3년(1909년) 9월 21일 잡보 외국인 수; 한글 『대한민일신보』 2면 잡보 외국인 수효 기사는 법국인이 빠졌고 아라사국인이 14명, 단국(丹國 덴마크)인이 1인 되어 있다.

4. 내탕금에서 더 지급하다가 해관에 거듭 단단히 지시해 해관
   에서 450원으로 매월 지급한 것임
5. 음악대가 본부(궁내부)에 이속한 후로 교사를 계속 고빙하는
   봉급 450원을 본부의 전례에 의하여 지급한 것임
6. 계속 고빙 이유는 군부에서 약정한 계약서 제5조에 의하여
   현재 시행한 것임[111]

   이어 궁내부는 시위기병대 소속 군악 2대 교육으로 더 근무한
시간에 따른 봉급 인상 내용을 고용 기간에 따른 봉급 인상으로 하
여 6월 22일 궁내부 차관 고미야 미호마쓰小宮三保松와 에커트 사
이에 계약서를 작성 28일 통감부로 발송한다.

              추가 계약서
   대한국 내부(궁내부) 고빙 음악대교사 독일인 에커트 봉급 증액
   계약을 의결하여 정해 좌에 적음.
   제1조 교사와 군부 간에 광무 6년(1902년) 4월 5일 약정한 계약
       제2조에 매월 받는 금 150원은 고빙 기간 봉급 증액으로

---

111) 『음악』 1-4권 6회 국민음악연구회 편 단기 4289년(1956년) 4월 「우리 양악계의 발자취」 장
    사훈 p35; 『한국음악사년표』 장사훈 청주대학출판부 1990 p212, 213
    "音樂隊教師 德國人 에커트에 관흔 理由書
    一. 本部 所管 音樂隊教師 에커트는 原來 自軍部로 延聘흔 事
    一. 該教師 薪金을 以金貨 或 紙幣 三百圓으로 自海關 支撥이 合同書에 載在흔 事
    一. 伊後 該教師 其 三百圓之薪金으로는 未免生活困難 故로 每個月에 百五十圓式 內帑에서
       加給흔 事
    一. 內帑에서 加給흐시다가 仍飭海關흐야 海關에서 以四百五十圓으로 每個月에 支給흔 事
    一. 音樂隊가 本府에 移屬흔 後로 該教師를 仍爲續聘 則薪金 四百五十圓을 本府에 前例를 依
       흐야 支給事
    一. 續聘 理由는 軍部에서 訂立흔 該合同書 第五條에 依흐야 現今 施行事"

하여 한국 현행화로서 매월 이를 지급함.

제2조 교사가 만기 해고된 경우에는 광무 6년(1902년) 4월 5일
　　　약정한 계약 제6조에 소정의 금액 외에 봉급 증액 2개월
　　　분 금 300원을 한국 현행화로서 지급함.

제3조 광무 6년(1902년) 4월 5일 약정한 계약 제7조에 소정의
　　　봉급에 준하여 지급하거나 지급을 중지하는 경우는 본
　　　계약에 소정의 봉급 증액에도 당연히 그 효력이 미치는
　　　것으로 함.

제4조 본 계약은 4건을 등본을 만들어 궁내부 차관과 교사가 기
　　　명 조인하여 궁내부와 교사와 독일 총영사관 및 통감부
　　　에 각 1건씩 문서를 보존함.

　　　　　　　융희 4년(1910년)　　월　　일
　　　　　　　　궁내부 차관
　　　　　　　　독일국인112)

---

112) 『음악』 1-4권 6회 국민음악연구회 편 단기 4289년(1956년) 4월 「우리 양악계의 발자취」 장
　　　사훈 p27; 7회 5월 「우리 양악계의 발자취」 장사훈 p32; 『한국음악사년표』 장사훈 청주대학
　　　출판부 1990 p212, 213; 『융희 4년 궁내부 서무 잡문서에 의거』
"追加 契約書
　　大韓國 內府 雇聘 音樂隊敎師 獨逸人 에커트 薪金 增給合同을 議定 立ᄒᆞ야 左에 開列ᄒᆞᆷ.
第一條 該敎師와 軍部間에 光武 六年 四月 五日 訂立ᄒᆞᆫ 合同 第二條에 每月 支給을 受ᄒᆞᄂᆞᆫ 金壹百
　　　五十圓은 雇聘期間 薪金 增給으로 ᄒᆞ야 韓國 現行貨로서 每月 此를 支給ᄒᆞᆷ.
第二條 該敎師가 限滿解雇의 境遇에ᄂᆞ 光武 六年 四月 五日 訂立ᄒᆞᆫ 合同 第六條에 所定의 金額 外
　　　에 薪金 增給 二個月分 金三百圓을 韓國 現行貨로서 支給ᄒᆞᆷ.
第三條 光武 六年 四月 五日 訂立ᄒᆞᆫ 合同 第七條에 所定의 薪金 准給 及 停廢의 境遇ᄂᆞ 本合同에
　　　所定의 薪給 增給額에도 當然히 其 效를 及ᄒᆞᆯ 者로 ᄒᆞᆷ.
第四條 本 合同은 四件을 繕本ᄒᆞ야 宮內府 次官과 該敎師가 記名 調印ᄒᆞ야 宮內府와 該敎師와 獨
　　　逸國 總領事館 及 統監府에서 各 一件을 存檔ᄒᆞᆷ.
　　　　　　　隆熙 四年　　月　　日
　　　　　　　　宮內府 次官
　　　　　　　　獨逸國人"

3부

시위군악대의 첫선과 대원들

3.1 교육 착수와 놀랄 만한 연주

광무 5년(1901년) 3월 서울에 주둔하고 있는 각 군대의 나팔수 중에서 병졸 50명을 선발하여 시위연대에 설치하고 민영찬閔泳瓚이 감독관이 되어 가르치기 시작하는데[1] 초창기 군악대 대원은 정사인鄭士仁(피콜로, 플루트) 김능창金能昌(오보에) 백우용白禹鏞(Eb 클라리넷) 이건호李健鎬(Bb클라리넷) 이동희李東熙(코넷) 정상옥鄭相玉(Eb색소른) 김봉환金鳳煥(Eb색소른 테너) 강흥준姜興俊(Eb색소른 테너) 임삼봉林三奉(Eb색소른 테너) 염학순廉學淳(Bb색소른 바리톤) 정백남鄭白男(Bb 테너 트럼본) 이순근李順根(Bb테너 트럼본) 서병희徐炳熙(G 베이스 트롬본) 유순근劉順根(소고) 편춘근片春根(소고) 박지엽朴枝葉(소고) 16명의 명단이 알려져 있다.

에커트는 처음에 독일 말도 모르고 서양 악보를 잘 이해하지 못하는 대원들을 일일이 가르치려고 하였으나 말이 통하지 않아 손짓 발짓으로 가르치는, 말할 수 없는 고충을 겪다가 한성관립덕어학교 교사 볼얀(Johannes Bolljahn 불야안佛耶安)에게 부탁하여 독일어

---

1) 『동명』 동명사 1922(대정 11); 마이크로필름 No5(국회도서관) 「조선 양악의 몽환적 내력」 일기자(一記者) 제13호 p8; 『궁내부안』 규17801 제8책 문서52 광무 5년(1901년) 3월 27일(음력 2월 8일) 천추경절에 외부에서 외빈을 초대, 경축연을 열려고 군악대를 요청한 통첩(通牒)을 3월 23일 궁내부로 보내 이미 교육이 진행되었음을 의미하며 『제국신문』 1902년 3월 8일 「잡보, 군악 졸업」 군악을 가르쳐 군악대가 졸업하였다 하고 3월 1일 김학수를 군악대장에 임명한 것을 유추하여 볼 때 3월 1일에 교육을 시작하였다.

를 우수한 성적으로 졸업한 백우용을 3월에 통역으로 뽑아2) 먼저 백우용을 가르치고 백우용이 다시 대원들을 가르치는 방법으로 교육을 시작하여 오전 9시부터 3시간은 악전과 독보법 시창을, 오후 3시간은 악기별로 주법훈련을 하는데 서양음악을 처음 배우는 대원들에게는 상당한 무리였으며 칠판에 5선을 그리고 음계를 독일명으로 한 음 한 음 선창하면 대원들이 따라서 외우게 하여 이렇게 3개월 동안 기초교육을 끝낸 다음, 성적이 우수한 자는 연주대로, 나머지는 교육대로 분리하여 7월 초에는 50명 중 32명을 행사부대로 편성하였다.3) 에케트 장녀 아말리에도 "일본에서 9개월 걸린 수준에 여기서는 3개월에 능히 달했지요. 한국 분들은 음악적 소질이 풍부한 것 같아요"라고 말하였다고 한다.

군악대의 기초교육이 이루어지자 복장을 갖추는데 건양 2년(1897년) 5월 15일 제정된 육군복장규칙에 따라 근대화되기 시작하여 광무 2년(1898년) 12월 30일 견장식肩章式을 개정하고 광무 4년(1900년) 7월 2일 대례견장제식 개정을 거치는데 광무 5년(1901년) 7월 31일 황성신문은 "樂隊服裝 軍樂隊 服裝을 新製ᄒ얏ᄂᆞᆫ뒤 上衣ᄂᆞᆫ 黑色 下衣ᄂᆞᆫ 紅色이오 肩裝은 長圓虛中이다더라" 하고 일신日新의 8월 1일(음력 6월 17일) 조에도 "新製軍樂隊服裝, 而上衣黑色, 下衣紅色, 肩裝長圓虛中"이라 한다.

9월 2일 관보 정오正誤에는 광무 4년(1900년) 7월 2일 육군장졸 복장제식 개정 조칙 중 제3 대례의大禮衣 수장차袖章次에 군악대

---

2) 『대한제국관원 이력서』 국사편찬위원회 1972 p718

3) 『월간음악』 2월호 통권 29 월간음악사 1973 「이 땅에 음악의 씨앗을 뿌려준 은인 프란츠 에케르트」 남궁요열 p78, 79; 『음악교육』 7월호 단행본 부록 세광출판사 1987 「개화기의 한국음악-프란츠 에케르트를 중심으로」 남궁요열 p63~65

의 구자釦子(배지badge)는 좌우 금합처襟合處(목깃)에 금사직金絲織 악기형 각 1개를 달고 상의의 수장袖章(소매 표장)은 상의常衣와 같고 모자의 모전비상帽前庇上에 입전모立前毛를 꽂고 모정개帽頂盖 및 상반부는 홍융질紅絨質이며 바지는 홍융질紅絨質로 검은색 봉장縫章을 단다 하고 있다.

디자인은 각국 군악대 복장을 참작하여 영국식으로 세련되었으며 프랑스에서 제복을 만들어 왔다 한다. 다시 광무 8년(1904년) 10월 13일 육군장졸복장제식을 개정하고 광무 10년(1906년) 12월 12일 칙령 제76호 개정에 이어 융희 2년(1908년) 3월 20일 포달布達 제176호에 의해 장례원 악사장 이하 복제를 개정한다.[4]

에커트는 6개월 동안 군악대를 교육하면서 만수성절萬壽聖節에 연주할 애국가를 작곡하기 위하여 거의 매일 백우용과 함께 교방사敎坊司[5]를 드나들며 아악雅樂의 음악적 요소를 파악하고 작곡하여 9월 7일(음력 7월 25일) 아침 경운궁慶運宮(덕수궁) 경운당慶運堂에서 각부 대신들과 각국 공·영사公領事 및 외국인들이 폐현한 후 대한제국 애국가와 기타 한 곡[6]을 초연하였다.

에커트 장녀 아말리에 마르텔(Amalie Martel)은 'Franz Eckert, mein Vater: Der Componist der japanischen National-Hymne 'Kimigayo'에서 "나의 아버지는 1901년 초두 본국을 출발하여 2월

---

4) 『순종실록』 권2 융희 2년 3월 p510; 『관보』 내각법제국 관보과 융희 2년 5월 13일 p491, 492; 융희 2년 5월 14일 p41~44

5) 광무 4년(1900년) 6월 19일 궁내부 장례원(掌禮院) 협률과(協律課)를 교방사(敎坊司)로 개칭하고 광무 9년(1905년) 3월 4일 예식원(禮式院) 장악과(掌樂課)로, 광무 10년(1906년) 8월 23일 장례원 장악과로, 융희 2년(1908년) 8월 24일 장례원 장악부로, 1911년 이왕직 아악대로 된다.

6) 『동명』 동명사 1922(대정 11); 마이크로필름 No5(국회도서관) 「조선 양악의 몽환적 내력」 일기 자(一記者) 제14호 p12. 동명(東明)에서는 이탈리아가곡 중에서 제일 간단한 것 한 곡과 독일행진곡 중에서 역시 한 곡을 택하여 연주하였다 한다.

19일 서울에 도착하였으며 파고다공원에다 음악학교를 설립하였다. 그리고 생도들 가운데서 선발하여 음악단을 조직하고 이태왕 탄신식장에서 처음으로 연주에 성공하였는데 그때 아버지의 작곡인 한국국가, 기타를 연주하였다. (중략) 이 악단은 그 후 6개월 만에 겨우 성립되었다.”7)하였다.

황성신문은 9월 9일 자의 보도에 “聖節慶宴 今番 萬壽聖節 進宴에 各國 公領事 及 紳士가 進叅ᄒᆞ얏는딕 新히 敎成ᄒᆞ 樂隊가 奏樂ᄒᆞ얏고…” 즉 ‘만수성절 진연에 새로 가르쳐 조직한 군악대가 연주하였다.’8)는 것이다. 또 당시 『THE KOREA REVIEW(한국평론)』 1901년 9월호 뉴스일지(News Calendar)에는 다음과 같이 기술하고 있다.

“7일 오전 황궁에서 황제 폐하께 경하를 드린 외국인들이 진연에서 가장 기억할 만한 것은 프란츠 에케트 박사 지도하에 있는 새 군악대의 첫 출연이었다. 27명의 대원으로 구성된 악대는 단지 4개월 연습으로 한국인이 서양 악기로 깜짝 놀랄 만한 곡이 연주될 수 있었던 것은 연주 모습이 아주 조화롭고 잘 다루었기 때문이었다.

---

7) 『음악』1-4권 9회 국민음악연구회 편 단기 4289년(1956년) 7, 8월 p27; 『한국양악백년사』이유선 음악춘추사 1985 p74에 재인용 출처를 동아세아협회회지 12월호라 하였으나 『낭만 음악』 제10권 제1호(통권 37호) 낭만음악사 1997 겨울, 번역 「한국의 이왕조 궁정 음악 교사 에케르트(Franz Eckert)」 나까무라 리헤이(中村理平), 민경찬 옮김 p106 나까무라 리헤이(中村理平)는 『독일 동아시아 박물학·민족학협회 회지』(1926년 12월) 해당 호와 회보 전체를 조사했지만 기고자 아말리에의 이름은 없다 하였다.; 『문헌보국』 조선총독부도서관 편 조선총독부도서관 1940(소화 15) Vol. 제6권 1호 p5, 6 「Franz Eckert, mein Vater Der Componist der japanischen National-Hymne "Kimigayo"」원문이 있고 1943(소화 18) Vol 제9권 2호 p9 「일본국가 기미가요 작곡자 부 프란츠 에케르트(日本國歌君が代作曲者父フランツ·エッケルト)」 아말리에 마르텔(アマリー·マーテル) 일어로 번역 재게재하였다.

8) 『일신』 저자 미상 국사편찬위원회 1983. 辛丑(光武五年 一九〇一)第十三冊 七月二十六日(양력 9월 8일) 今番萬壽聖節進宴,各國公領事及紳士進叅,而新敎成樂隊奏樂,日本商民等,以懸燈爆竹,表慶祝之誠,自各府部院,以歌樂慶宴一晝夜也.

가장 큰 영예는 에커트 박사와 군악대원들에게 돌려야 하고 이룬
결과는 지휘자의 끊임없는 노력과 대원들의 성실함과 근면으로 봐
야 한다. 단정한 제복에 빛이 나는 악기들, 정확한 박자, 부드러운
리듬과 하모니 이런 모든 것이 어울려 청중들에게 예기치 않게 아
주 많이 놀라게 하였다. 거듭되는 박수는 음악이 준 기쁨의 증거였
다. 이 정도면 서울은 극동에서 다른 악대에 비해 절대 뒤지지 않
는 악대를 곧 갖게 될 것이다."[9]

앨런의 『KOREA: FACT AND FANCY(한국의 진실과 허상)』의
외국과 외교 관련 중요하고 잘 알려진 일에 대한 간결한 연대순 색
인(Chronological Index)의 9월 7일 자는 "2월 19일 도착한 프란츠
에커트에 의해서 훈련을 받은 군악대원들은 만수성절 폐현에서 두
곡의 외국곡을 훌륭하게 연주했다"[10]라고 기술하고 있다.

1939년 4월 15일 조선일보 기사에 에밀 마르텔(Emile Martel 마
태을馬太乙 1874.12.4.~1949.9.19.)도 이 악대의 주악을 들었는데
그 능숙함에 서양인들이 모두 놀랐으며 에커트 선생 자신도 음악에
관하여 조선 사람의 청각이 예민하고 재조才操가 격별格別함을 격
찬하고 있었다 한다.[11] 아말리에(Amalie Martel)의 증언에 "이 악
단이 그 후 6개월 만에 겨우 성립되었다."라는 말은 광무 5년(1901

9) 『The Korea Review』 vol. 1 Homer B. Hulbert 경인발행사 1986 p412

10) 『KOREA: FACT AND FANCY』 BY Dr. HORACE N. ALLEN METHODIST
   PUBLISHING HOUSE 1904(국회도서관) Horace Allen Paper The New York Public Library
   1984 MF005988~MF005996 PART Ⅱ. "1901 Sept. 7 Korea band of musicians, trained by
   Franz Eckert, who arrived on February 19, played two pieces of foreign music creditably, at
   above celebration." p219

11) 『조선일보』 1939년 4월 15일 석(夕) 2, 5면 학예 「조선학의 외인부대⑥ 처녀지 조선에 초빙되
   어 왕실 양악대를 창설 지도」

년) 9월 7일 만수성절에 대외적으로 첫 연주를 하고 교육 기간이 1년으로써 이듬해 2월 말에 만료되었다는 것이다.

한편 이날 참석한 외교관들은 창설한 지 6개월밖에 안 된 군악대의 훌륭한 연주 실력에 깜짝 놀라 인기가 일기 시작하여 황궁 일대에 있는 외국 공·영사관은 토요일에 열리는 순회파티에 초청하여 연주를 듣는 것이 가장 즐거운 한때이고 인기가 대단하였다. 황궁도 접견소에서 외국인 초대나 중요한 행사가 있을 때는 반드시 군악대 연주 감상 시간이 정하여졌는데 광무 8년(1904년) 4월 14일 함녕전 대화재로 소실된 이후에는 동북쪽에 있는 정관헌에서 종종 연회 때 군악이 연주되었다.12)

이 당시 웃지 못할 일화가 있었는데 황제 폐하에 대한 예禮로 대한제국 애국가가 연주될 때 각국 외교관과 외국 귀빈들은 전원 기립 부동자세를 취하였는데 우리나라 관리들은 무슨 의미인지 알지 못하여 계속 앉아서 음식 듣기에 열중하여 각국 외교관들이 당황하였다고 한다. 그리고 어느 날 궁중연회에서 군악대의 연주를 듣고 일본공사 하야시 곤스케林權助(1860.3.2.~1939)가 러시아공사 파블로프(Alexandre I. Pavlov)를 보고 "한국 사람과 일본 사람을 비교하여 보면 누가 음악에 대한 재주가 있는가?" 하여 파블로프 공사는 "한국 사람은 동양에 제일이라 일본 사람과 비교할 바가 아니

---

12) 융희 2년(1908년) 4월 2일 "풍경궁(豊慶宮)의 태극전, 중화전에 안치한 어진(御眞)을 정관헌(靜觀軒)으로 옮겨 모실 것이다."라고 결정하고 11월 18일에 정관헌으로 어진을 모셔 연주(演奏)가 열릴 수 있었던 기간은 4년 7개월 정도였다.『일성록』융희 2년(1908년) 4월 2일 강 太極殿 重華殿奉安御眞命移奉于靜觀軒, 목 詔曰太極殿 重華殿奉安御眞 宮內府大臣 李允用 掌禮院卿 李重夏 奎章閣卿 趙同熙進去陪來靜觀軒移奉;『관보』내각법제국 관보과 융희 2년 4월 7일 宮廷錄事「御眞移奉 豊慶宮 太極殿 重華殿에 奉安ᄒ은 御眞을 宮內府大臣 李允用 掌禮院卿 李重夏 奎章閣卿 趙同熙 進去陪來ᄒ야 靜觀軒에 移奉ᄒ라신 듣롤 奉承홈이라 四月二日」;『순종실록』융희 2년 11월 18일 豊慶宮 太極殿 重華殿의 御眞을 靜觀軒으로 移奉할 時에 奎章閣卿 趙同熙 記注官 李龍九 典祀官 尹喜求 등으로 陪進할 것을 命하다;『관보』내각법제국 관보과 융희 2년 11월 19일 彙報 官廳事項.

다"라고 대답하였다 한다.

이런 군악대의 연주 실력에 고무되어 광무 5년(1901년) 9월 19
일 시위 1연대장 권섭權攝(임시 직무대리) 육군 부령副領(중령) 민
영찬은 군악대에 악기 중 화음 긴용지물緊用之物로 풍금 1대가 필
요하다고 보고하여 탁지부는 상하이上海에서 수입하는 풍금값 620
원 및 부비浮費(소모비) 80원 계 700원을 의정부로 예산 외 지출을
청의 한다.[13]

3.2 군악대 이전과 음악당

군악대의 악사樂舍는 처음에 경복궁 앞 지금의 정부서울청사 자
리인 시위 제2대대 건물 일부를 사용하다가 협소하여 경운궁 선원
전과 혼전魂殿 쪽의 문인 영성문永成門 앞 지금의 경기여고 터와
덕수초등학교 앞 골목에 있는 건물로 이전하였고 여기서도 협소하
여 탑골공원 왼쪽 남서쪽인 종로2가 37번지[14] 해관부속병원으로 개
축하여 두었던 양옥을 다시 군악대로 개축하여[15] 즉 전면 다섯 칸
측면 두 칸의 벽돌벽 팔작지붕에 가운데 출입문과 좌우 두 칸에 세
로로 긴 유리창이 있는 본 건물과 숙소 건물들이 있는 이곳으로 이
사하여 수리해 광무 6년(1902년) 12월 1일 황성신문은 "軍樂移所

---

13) 『각부청의서존안』 규17715 20책 문서26 58쪽 b~59쪽 b면 광무 5년(1901년) 10월 7일 軍部
　　所管軍樂隊費增額을 預算外支出請議書 第七十九號.

14) 『(경성부일필매)지형명세도』 카와이 신이치로(川合新一郞) 편 조선도시지형도간행회 1929 제
　　166호; 「경성시가도」 1926 경희대학교 혜정문화연구소.

15) 『동명』 동명사 1922(대정 11); 마이크로필름 No5(국회도서관) 「조선 양악의 몽환적 내력」 일
　　기자(一記者) 제14호 p12

軍樂隊 營門을 塔洞公園地 西邊 新建洋屋으로 移設홀 次로 方今 董役ᄒᆞ더라"16) 하고 『The Korea Review(한국평론)』 1902년 12월호 뉴스일지(News Calendar)는 "프란츠 에커트 교수의 지도 아래에 있는 한국 군악대는 파고다공원에 있는 병사兵舍가 주어졌다."17)라면서 광무 7년(1903년) 봄에 이전하여 이왕직 양악대로 1919년 9월 12일 해산될 때까지 이곳에 있었다.18)

시위군악대의 연주를 위한 음악당이 탑동공원에 세워지는데 광무 6년(1902년) 9월 총세무사 맥리비 브라운(Sir John Mcleavy Brown)은 궁내부로 경운궁의 양식전각洋式殿閣(석조전)과 탑골공원의 정자를 짓는데 필요한 강화석의 길이 넓이 부피 수효 등을 적은 청단淸單 2지紙를 보내 석장石匠 책임자 호문조胡文藻가 장인들을 데리고 강화도에 가서 돌을 채취할 수 있게 통행허가서인 집조執照를 발급하여 달라고 하여 9월 3일 궁내부대신서리협판 조정구趙鼎九는 내장원경 이용익李容翊(1854~1907)에게 조회하여 호

16) 『황성신문』 광무 6년(1902년) 12월 1일 2면 잡보 「군악이소」

17) 『The Korea Review』 vol. 2 Homer B. Hulbert 경인발행사 1986 p557 "The Korean Military Band which is under the direction of Prof. Franz Eckert has been given quarters at Pagoda Park."

18) 시위군악대의 악사(樂舍) 및 숙소 등은 후에 폐가처럼 방치되었다가 1921년 7월 1일부터 1주일간 경기도 위생과에서 위생전람회를 열고, 교토(京都)제국대학을 졸업하고 돌아온 이범승(李範昇)이 새로운 지식의 보급과 개발을 목적으로 조선총독부로부터 공원 부지 531평(1,756㎡)과 건물을 무료로 대여받아 시위군악대 건물을 본관으로, 가회동 1번지에 있는 취운정(翠雲亭)을 분관으로 하여 9월 10일부터 신문 잡지 열람실을 열고 9월 21일 재정립하여 12월 15일부터 정식 개관한 우리나라 근대 도서관인 경성도서관이 되었다. 1922년 분관을 폐관하고 휘문학교 설립자인 민영휘(閔泳徽)로부터 건축비 1만 원을 기부받아 가을에 착공하여 1923년 7월 28일 대지 1693㎡ 건평 878㎡의 열람석 302석, 열람실 신문실 서고 휴게실 등을 갖춘 석조건물을 준공하였다. 그러나 재정난으로 1926년 3월 25일 경성부(京城府)에 양도되어 경성부립도서관 종로 분관으로 개칭되었고 8.15 광복 후 1945년 12월 20일 서울시립 종로도서관으로 승격되고 1949년 8월 15일 서울특별시립 종로도서관으로 개칭하였으며 1967년 10월 2일 도시계획에 의해 참담하게 시위군악대 건물은 철거되고 파고다 아케이드가 신축된다.; 『동아일보』 1921년 6월 17일 「7월 1일부터 위생전람, 인사동 군악대 자리에서 일 주간」, 『종로도서관 60년사』 종로도서관편집위원 종로도서관 1980 p83, 135

문조에게 줄 집조를 보내주자 이를 첨부하여 빙표憑票를 발급해 달
라고 하고, 이어 9월 5일 조회를 한다.

접 무 6년 9월 5일

| 조회 | 수 제   15 호 |

바로 총세무사 브라운의 공문 내용에 의하여 경운궁(덕수궁)
양식 전각(석조전) 및 공원 석정(탑골공원 팔모정) 건축에 각각
쓰일 석재 채취의 통행허가증 발급에 응해 석공 책임자 호문조
가 강화에 가 채취할 것을 적은 편지를 보내와 이에 이미 작성
한 통행허가증에 모두 관인을 찍어 증명 발급하였으며 호문조
가 장인을 대동하여 강화에 가 각각의 석재 채취와 그밖에 쓸
특별히 적은 통행허가증 한 장이 전부인 편지를 올려 청원하여
귀 대신은 편지를 살펴 즉시 강화부윤에게 조회를 하여 그 효력
이 명료한 통행허가증을 거듭 발급을 부탁드려 호문조가 받아
갖고 있으나 장인들이 각기 석재 채취 상황이 더디고 어렵고 지
체되는 사실에 따라 통행허가증을 한 장을 덧붙여 아뢰오니 형
편이나 사정을 잘 살피신 후 여행증명서 발급에 편하게 판단하
시기를 바랍니다.

    광무 6년(1902년) 9월 5일
        의정부 찬정 궁내부대신서리 궁내부협판 조정구
내장원경 이용익 각하[19]

---

19) 『각부군래첩』 규19146 제5책 궁내부 내장원 편 광무 6년(1902년) 9월 5일
                               "接武六年九月五日
照會   受第 十五 号
卽據摠稅務司 柏卓安 公函 內開 建造慶運宮 洋式殿閣 及公園石亭 需用各石 應發執照給 工匠頭人
胡文藻 赴江華採取函達在案 玆已繕就執照蓋用印信除發給 該胡文藻帶工匠 赴江華採取各石 外
庸特照錄 該執照一紙 專函呈請貴大臣鑒照 卽行移文江華府尹 囑其驗明執照仍級胡文藻 收執准
該工匠等照採各石 勿涅留難阻滯爲妥 等因 准此 執照一張粘付 仰佈ᄒ오니 照亮後 發給憑票ᄒ

이후 광무 7년(1903년) 10월 30일 폴란드인 작가로 러시아 지리학회 탐사대 일원으로 온 바츠와프 시에로셰프스키(Wacław Sieroszewski 1858.8.24.~1945.4.20.)는 서울을 답사하고 쓴『Korea: Klucz Dalekiego Wschodu(극동의 열쇠 한국)』에서 공사용 가가假家가 있는 팔모정을 빙 둘러 비계飛階를 매고 기와를 잇고 있는 사진[20]을 남기면서 광장의 중앙에는 미래의 휴식과 오락의 싹이라도 되는 듯 '음악을 위한 정자'가 서 있다고 하였고 또 시사 주보『동명』도 "公園이라고는 말뿐이요 벽돌담을 놉직히 싸코 四方 門을 꼭 닷어 두엇섯스나 軍樂隊가 그 겨트로 옴겨온 뒤에 비롯오 公園 한복판에 純朝鮮式 八角亭으로 音樂堂을 新築하얏다."[21) 한다.

광무 6년(1902년) 광무황제 폐하의 보령망육순어극40년칭경기념寶齡望六旬御極四十年稱慶記念 즉 연세 51세에 기로소耆老所에 들고 즉위 40년의 경사를 기념하기 위하여 광무 7년(1903년) 6월 광화문 네거리에 있는 기념비전을 지은 도편수 최백현崔伯鉉 임배근 부친, 임배근林培根(1883~?) 등에 의하여 관민官民들을 위한 연주장소로 팔모정[22)이 지어진다.

광무 8년(1904년) 9월 30일 입국한 메가타 다네타로目賀田種太

야 俾便採用케 ᄒ심을 爲要
光武六年九月五日
　　　議政府贊政 宮內府大臣署理 宮內府協辦 趙鼎九
內藏院卿 李容翊　　　　　閣下"

20)『코레야 1903년 가을』바츨라프 세로셰프스키, 김진영, 안상훈, 안지영 역 개마고원 2006 p390

21)『동명』동명사 1922(대정 11) 12.3. 마이크로필름 No5(국회도서관) 제14호「조선 양악의 몽환적 래력」(2) 일기자(一記者) p12

22) 천원지방(天圓地方)의 원(圓)과 방(方)은 하늘과 땅을 뜻하며 팔각은 하늘과 땅 사이에서 하늘의 뜻을 전하는데 원형이나 팔각은 하늘과 소통하므로 그런 건물은 제후국에서 지을 수가 없다. 광무황제 폐하의 황명(皇命)에 의해 건축된 팔모정(八모亭)은 이러한 상징성과 영·정조의 위민(爲民)의 민국사(民國事) 즉 나라의 주체인 소민(小民)과 군주(君主)를 위한 정치를 실현하고자 한 건축물이다.

郎(1853.7.21.~1926.9.10.)23)는 10월 15일 탁지부 고문관에 고용되어 10월 27일 관제리정소官制釐正所 의정관議定官으로 임명이 되고 광무 9년(1905년) 일시 귀국하여 3월 14일 '재정통일방침' 10개 항의 각서를 받고 돌아와 7월 26일경 궁내부 관리와 군인의 봉급을 올려주고 군악대에도 8천 원이라는 거금을 들여 여러 종류의 악기를 사고 악졸들에게 매월 100원의 장상금奬賞金을 지급하는 동시에 탑동공원 시설을 확충하는데 북문 동쪽에 서남향으로 앉아 3개의 기둥으로 지붕을 받친, 무대 난간이 있는 동음향판인 호리존트(Horizont)가 없어져 팔모정에서 연주할 때 음향이 불량하다며 20평 넓이의 바가지 모양의 호자瓠子식 음악당 건립을 추진하였다.24) 이후 일제는 1916년 3월 호자식 음악당이 목재라서 낡아 헐어버리고 용산의 일본군 사령부에 있던 음악당을 이전하여 세워25) 사용하게 되었고 이 음악당은 1966년 대한 뉴스의 삼일절 행사까지 모습이 보였으나 1967년 파고다공원 단장 때 철거된다.

---

23) 『남작 목하전종태랑』 목하전남작전기편찬회 편 목하전남작전기편찬회 1938 p348, 363, 부록 p32

24) 『동명』 동명사 1922(대정 11); 마이크로필름 No5(국회도서관) 「조선 양악의 몽환적 내력」 일기자(一記者) 제15호 p12; 『조선풍속풍경 사진첩』 히노데쇼교(日之出商行) 편 간사자 미상 1914 권l p7. 석탑 우측에 있던 호리존트(Horizont)가 없어진 곳에 서남향의 둥근 지붕을 받친 2개의 기둥과 무대 난간이 있는 목재음악당 일부가 보이며 그 건축 시기는 광무 10년(1906년) 10월 6일 팔모정에서 열린 광무십년 기념연주회 사진에 음악당이 보이지 않아 광무 11년(1907년)으로 추정된다.

25) 『매일신보』 1916년 3월 17일 3면 「탑동공원의 춘광과 신성(新成)한 음악당」

3.3 군악대의 예산

탁지부 문서번호 주奏 52의 건양 2년(1897년)도 총예산청의서에 제2관 군사비 중 제6항 군악대비 4,608원을 의정부 회의에 제출하고 독립신문 광무 3년(1899년) 3월 17일 자 총예산표 제2관 군사비 8항 군악대비가 4,608원이 책정되어 있다. 광무 6년(1902년) 12월 31일 탁지부는 이달 25일에 군부 제215호 조회에 우시어청右侍御廳 군악대가 황제 폐하의 전좌교시殿座敎是 및 동가교시動駕敎是 때 시위배위侍衛陪衛 군악대원 76명의 황저黃苧 군복이 4년이 지나 낡아서 군복 및 제구비諸具費로 초립 205원 20전, 황저 509원 20전, 공작우孔雀羽 197원 60전, 호수虎鬚 45원 60전, 유삼油衫 45원 60전, 유삼전대油衫戰帶 13원 30전 합계 1,016원 50전을 예산외 지출을 의정부로 청의 한다.[26]

광무 7년(1903년)도 총예산표 군부 소관 제9항 군악대비 26,097원[27]이 광무 8년(1904년)도 예산표 제2관 제10항 군악대비 34,652원[28]이 책정되어 있으며 12월 26일 주본秦本에 광무 9년(1905년)도 세입세출 총예산표 제12관 군악대 34,720원으로 항목별 봉급 2,400원, 청비廳費 485원, 청사수리비 50원, 사졸급료 16,086원, 양식비 9,613원, 피복비 4,638원, 보속비保續費 300원, 연습비 36원, 목욕비 36원, 치료비 36원, 매장비 20원, 악기수리비 300원, 상여금 720원으로 구성되어 있다. 광무 10년(1906년) 세입세출 총예산 군부 소관 제6관 시위군악대 9,353원, 봉급 840원, 하사졸 급료

---

26) 『주본』 규17703 66책 57~65면 광무 7년 2월 28일 奏本 第二十八號 右侍御廳軍樂隊軍服諸具費.
27) 『황성신문』 광무 7년(1903년) 3월 13일 3면 잡보 광무 7년도 총예산표
28) op. cit. 광무 8년(1904년) 6월 11일 3면 잡보 광무 8년도 예산표

5,739원, 청비 411원, 잡급 및 잡비 370원, 양식비 1,843원, 병기비 150원으로 되어있다.[29]

광무 11년(1907년)도 세입세출 총예산 중 군부 소관 제9관 시위 군악대비 합계가 11,229원으로써 봉급 954원, 하사졸 급료 6,561원, 청비 813원, 잡급 및 잡비 670원, 양식비 2,081원, 병기비 150원으로 구성되어 있으나[30] 융희 원년(1907년) 10월 8일 자 황성신문에 군 해산에 따라 군악대가 군부에서 궁내부로 소속되면서 월급이 지급되지 않자 9월에서 12월까지 5,214원 28전을 청구하는데 연 예산이 12,700원 28전으로 증액되어 차이가 있다.[31]

군악대원의 대우는 당시 헌병과 원수부 병정과 같이 본봉 백동화 5원 50전에 50전을 더 주고 또 잘 먹어야 한다 하여 보통 병정보다 우대하였고 내장원에서 20만 원을 내려 그 이자로 찬 값으로 쓰게 하였다. 또 에커트는 군부와 교섭하여 악수樂手 장상금獎賞金 명목으로 매월 40원씩 지급게 하여 월말에 부지런함과 게으름에 따라 상금을 배분하여 열심히 장려하였다.[32]

3.4 군악대장 김학수와 백우용

최초의 군악대장은 남궁요열 저 『개화기의 한국음악 -프란츠 에

---

29) 『관보』 의정부 관보과 광무 9년(1905년) 12월 15일 38a 호외 1 p28 광무 10년도 세입세출 총예산
30) 『황성신문』 광무 10년(1906년) 12월 1일 3면 광무 11년도 세입세출 총예산
31) op. cit. 융희 원년(1907년) 10월 8일 2면 「악대비 청발」
32) 『동명』 동명사 1922(대정 11); 마이크로필름 No5(국회도서관) 「조선 양악의 몽환적 내력」 일기자(一記者) 제14호 p12.

케르트를 중심으로-』에 의하면 1947년 12월 당시 9명의 생존 대원들을 만났을 때 군악대장의 이름을 기억하는 사람은 한 사람도 없었으며 다만 김모 대위며 병사病死하자 백우용이 군악대장으로 승진했다는 정도로 알려져 있던 초대 군악대장인 김학수金學秀는 건양 2년(1897년) 3월 21일 3품에서 참위叅尉(소위)로 임관되어 시위대대 4중대 3소대장33)에 보직을 받고, 광무 2년(1898년) 3월 16일 부위副尉(중위)로 진급하여 시위 제1대대부附 보직을 받고, 7월 23일 시위 제1연대 제2대대부附에 보직을 받고, 광무 3년(1899년) 4월 8일 군부로부터 시위 제1연대 1대대부 참위 성문규成文奎 2대대부 참위 이흥균李興均과 같이 주번위관週番尉官을 섰으나 직무상 소홀함이 극히 놀랍고 한탄스럽다며 2주일 중근신에 처해진다.34)

광무 4년(1900년) 5월 27일 육군 정위正尉(대위)로 진급하여 평양 진위대대 중대장 보직을 받고, 7월 28일 진위 4연대 1대대 중대장 보직을 받고, 12월 2일 다시 평양 진위대대 중대장 보직을 받고, 광무 5년(1901년) 3월 1일 진위 4연대 2대대 중대장 보직을 받고, 3월 15일 육군 1등 군사軍司가 되어 시위 제1연대 제2대대 향관餉官35)으로 보직을 받는다.

광무 6년(1902년) 3월 1일 육군 정위로 시위 제1연대 군악대장으로 임명되었고36) 광무 8년(1904년) 5월 16일 김학수는 1등 군악

---

33) 『시위대대관안(侍衛大隊官案)』 시위대 편 광무 연간(1899년 6월 이후 편찬) p4
34) 『제국신문』 광무 3년(1899년) 4월 11일 2면 시위련대대 뎨일대대 참위 성문규 씨와; 『황성신문』 광무 3년(1899년) 4월 12일 2면 서임 급 사령
35) 회계 사무를 맡아보던 위관(尉官).
36) 『일성록』 규12816 490책 광무 6년 (음력 1월 22일) 3월 1일 75, 76면 강 依元帥府任免奏. 목侍衛第一聯隊第二大隊餉官金學秀職 以⋯金學秀任陸軍正尉補侍衛第一聯隊軍樂隊長; 『관보』 의 정부 총무국 관보과 광무 6년 3월 4일 任陸軍正尉陸軍一等軍司金學秀 補侍衛第一聯隊軍樂隊長陸軍正尉金學秀.

장이 되어 군악중대장으로, 백우용白禹鏞은 3등 군악장이 되어 군
악중대부軍樂中隊附가 되고[37] 광무 9년(1905년) 10월 14일 정3품
시위군악대장 정위 김학수와 6품 시위군악대 부위 백우용은 일본
국 훈5등 서보장瑞寶章을 받고[38] 광무 10년(1906) 4월 10일 육
군 정위正尉 김학수와 부위副尉 백우용은 같이 군악을 창정創定한
공로로 훈6등 팔괘장八卦章을 특별히 받는다.[39] 그러나 4월 30일
중대장 김학수는 군부로부터 중대 비용을 잘 정리하지 못한 불선정
리不善整理로 15일간 중근신重謹愼을 받으며[40] 이후 백우용이 광
무 11년(1907년) 3월 10일 군악중대장보軍樂中隊長補에서 26일 1
등 군악장 군악중대장이 된 때에 병사病死한 것으로 추정된다.

정산鼎山 백우용白禹鏞(1883.6.1.~1930.4.22.)은 아버지 백근배白
根培(1843.9.18.~1905.12.10.)[41]와 어머니 직산 최 씨(1843.7.21.~
1900.12.7.) 사이에 1남 2녀의 장남으로 고종 20년(1883년 계미癸
未) 6월 1일 태어나[42] 광무 2년(1898년) 9월 9일 한성관립덕어학교

37) 『일성록』 규12816 518책 광무 8년 (음력 4월 2일) 5월 16일 5, 6면 강 依元帥府任免奏. 목 以
金學秀任一等軍樂長白禹鏞任三等軍樂長…金學秀補軍樂中隊長白禹鏞補軍樂中隊附; 『관보』 의
정부 총무국 관보과 광무 8년 5월 21일 任一等軍樂長陸軍步兵正尉金學秀 任三等軍樂長 陸軍
步兵叅尉白禹鏞…補軍樂中隊長一等軍樂長金學秀 補軍樂中隊附三等軍樂長白禹鍾 以上 五月十
六日.

38) 『관보』 의정부 총무국 관보과 광무 9년 10월 14일 正三品侍衛軍樂隊長正尉金學秀와 六品侍衛
軍樂隊副尉白禹鏞은 日本國으로서 勳五等瑞寶章; 『황성신문』 광무 9년 10월 14일 휘보.

39) 『일성록』 규12816 541책 광무 10년 4월 10일(음력 3월 17일) 55면 강 敍李根澔等勳. 목 詔
曰…陸軍正尉金學秀 副尉白禹鏞俱有創定軍樂之勞幷特敍勳六等各賜八卦章; 『관보』 의정부 총
무국 관보과 광무 10년 4월 17일 陸軍正尉金學秀陸軍副尉白禹鏞俱有創定軍樂之勞幷特敍勳六
等各賜八卦章; 『대한제국시대 훈장제도』 이강철 백산출판사 1999 p43, 44

40) 『관보』 의정부 총무국 관보과 광무 10년 5월 2일 軍樂中隊長一等軍樂長 金學秀 右는 該員이
隊費를 不善整理홈이 有호기 十五個日 重謹愼에 處홍 事(以上 四月三十日 軍部)

41) 『관보』 규17289 125책 59b면 의정부 관보과 광무 10년(1906) 1월 31일 3. 휘보 ○관청사항
군악대 2등 군악장 백우용이가 광무 9년(1905년) 12월 10일에 부우(父憂)를 정(丁)흔 사(事),
군악대 2등 군악장 백우용이가 부우(父憂)를 정(丁)흔 후 복기(復期)가 과(過)ᄒᆞᆺ기 기복행공
(起復行公)를 피명사(被命事). 관보의 기록으로 족보의 사망 연월일 중 1906년은 틀리며 11월
14일은 음력이다.

에 입학하여 광무 4년(1900년) 6월 28일 황성신문에 "德校來賓 昨日 上午 九時에 德語學校에셔 夏期試驗을 行ᄒᆞᆫ딕 學部大臣 以下 諸官吏와 宮內府 顧問官 山島(William F. Sands) 氏와 德公使(領事의 오기)가 來會ᄒᆞ얏더라"면서 내빈이 참관한 가운데 하기夏期 시험을 치러 7월 3일 "德校施償 官立德語學校에셔 日昨 夏期試驗을 經ᄒᆞ얏ᄂᆞᆫ딕 一班 優等 白禹鏞 張錫駿 金時計 一個試, 二班 優等 金一濟 銀時計 一個, 三班 優等 洪鍾茂 烟嘴 一個오 其外 八人은 坐鍾 烟嘴 及 洋刀로 分賞ᄒᆞ얏더라"와 같이 성적이 우수하여 1반 우등으로 세창양행世昌洋行(Heinrich Constanti Edward & Meyer Co)에서 기증한 금시계를 받는다.

"시위군악대 2대 중대장 정위 백우용. 백성빈 씨 제공"

광무 5년(1901년) 1월 10일 한성관립덕어학교를 마치고 3월에 군악대의 통역 겸 조수로 간 백우용은 나이 19세로서 제일 어렸으며 키도 작았다. 분홍 두루마기에 초립을 쓰고 단정한 모습으로 갔는데 놀림으로 대원들의 통솔에 어려움이 있어 에커트는 군 상부와 교섭하여 광무 5년(1901년) 9월 10일 무관학교에 입학을 시켜 생도가 되

---

42) 『임천(林川) 백 씨 족보』 임천백씨족보편찬위원회 기종족보사 1993 p320 자(字)는 범구(範九)며 고종 20년(1883년 癸未) 출생으로 되어있고 이력서에도 개국 492년(1883년)생으로 되어있다.

어 준사관 대우를 받고, 광무 6년(1902년) 8월 9일 육군 보병 참위
參尉에 임관이 되고,43) 광무 8년(1904년) 5월 16일에 3등 군악장
군악중대부軍樂中隊附가 되고, 9월 23일에 2등 군악장이 되고,44)
광무 9년(1905년) 3월 2일 6품에 오르고, 무안務安 박 씨인 박옥자
朴玉子(1885.6.16.~1969.6.7.)와 결혼한다. 광무 10년(1906년) 4월
10일 훈6등 팔괘장八卦章을 받고, 광무 11년(1907년) 1월 27일 정
3품에 오르고, 3월 10일 2등 군악장으로 군악중대장보軍樂中隊長
補에, 3월 26일 1등 군악장 군악중대장이 되었다.45)

군대해산으로 융희 원년(1907년) 9월 3일 1등 군악장에서 해관解
官되었다가 11월 30일에는 장례원 악사장 주임관 4등 정3품에 임명
되고46) 12월 1일부로 3급 봉을 받는다. 융희 2년(1908년) 3월 28일
열릴 예정인 원유회 위원으로 백우용 등 4인이 음악위원으로 선정
되고 융희 3년(1909) 2월 5일 융희황제(1874.3.25.~1926.4.25.) 폐
하의 남서 순행에 있는 힘을 다하여 금측시계金側時計를 하사받
고47) 12월 25일 주임관 3등과 2급 봉에 오른다. 융희 4년(1910년)

43) 『일성록』규12816 496책 광무 6년 (음력 7월 6일) 8월 9일 29면 강 依元帥府敍任奏. 목 以白
   馬鏞任陸軍步兵參尉.
44) 『일성록』규12816 522책 광무 8년 (음력 8월 14일) 9월 23일 81면 강 依元帥府任免奏 목 … 白
   馬鏞任二等軍樂長 …;『관보』의정부 총무국 관보과 광무 8년(1904년) 10월 4일 任二等軍樂長三
   等軍樂長白馬鏞 … 以上九月二十三日;『대한매일신보』광무 8년 10월 11일 자 관보 제2948호.
45) 『주본』규17703 113책 191면 광무 11년 3월 26일 奏本第百五十一號 二等軍樂長白馬鏞 任一
   等軍樂長;『주본존안』규17704 32책 41면 광무 11년 3월 26일 奏本第百五十一號 二等軍樂長
   白馬鏞 任一等軍樂長;『일성록』규12816 553책 광무 11년 (음력 2월 13일) 3월 26일 35면 강
   依內部 軍部任免奏. 목 … 官免軍樂中隊長補白馬鏞職以李悳應為軍樂中隊長補 … 白馬鏞任一
   等軍樂長補軍樂中隊長;『관보』의정부 총무국 관보과 광무 11년 3월 29일 敍任及辭令 免本職
   軍樂中隊長補二等軍樂長白馬鏞 任一等軍樂長 二等軍樂長白馬鏞 補軍樂中隊長 一等軍樂長白馬
   鏞 以上三月二十六日
46) 『일성록』규12816 562책 융희 원년 (음력 10월 25일) 11월 30일 73면 강 依宮內府敍任奏 목
   … 李南熙為掌禮院國樂師長白馬鏞為掌禮院樂師長 …;『관보』내각법제국 관보과 융희 원년 12
   월 2일 敍任及辭令 任掌禮院樂師長敍奏任官四等正三品白馬鏞 以上十一月三十日
47) 掌禮院 樂師長 白馬鏞

8월 29일에는 그동안의 공적을 인정받아 장례원掌禮院 악사장 훈6
등에서 훈5등 팔괘장八卦章으로 특별히 승급 서훈되었다.[48]

처음에는 통역만 하다가 자신도 모르게 음악에 눈을 떠 열심히
공부하여 누구보다도 소질과 실력이 있어 화성학 대위법 작곡법 등
악리樂理와 지휘법을 배워 모든 행사 및 연주에 지휘를 담당하였고
그의 작품까지 연주되기도 하여 마침내 클라리넷 오보에의 연주, 작
곡, 편곡자로도 알려졌다. 융희황제 폐하의 계후繼后인 순정효황후
純貞孝皇后(윤 씨 1894.9.19.~1966.2.3.) 폐하께[49] 오르간(Organ)을
가르쳐 드렸으며 융희 4년(1910년) 4월 4일 사립보성중학교 제1회
졸업생 및 직원 일동 사진에 의하면 김인식金仁湜과 같이 음악을
담당하여 1916년 제7회까지 졸업기념 사진첩에 수록되어 있고[50]
1918년 말 연희전문학교 양악대의 강사講師[51]로 교편을 잡고 있었
으나 언제까지 근무했는지 알 수 없다.[52] 단성사 신축기념으로 관현
악단인 '단성사 악단'이 조직되어 지휘를 맡기도 하나 이왕직 양악
대의 해산으로 1919년 9월 12일 양악사장 면직 통보를 받는다.

1920년 12월 5일 수송동 각황사覺皇寺(현 조계사 자리)에서 조

皇帝 陛下 南西巡幸 時에 盡力不勘ㅎ니 特히 片硝子 金側時計 壹個를 下賜ㅎ심이라
隆熙 三年 二月 五日
宮內府

48) 『순종실록』권4 융희 4년 8월 p555; 『일성록』 규12816 33책 융희 4년 8월 29일 85면 강 敍韓
昌洙等勳 목 … 掌禮院樂師長勳六等白馬鏞特陞敍勳五等賜八卦章 …; 『관보』 내각법제국 관보
과 융희 4년 8월 29일 … 掌禮院樂師長勳六等白馬鏞 特陞敍勳五等賜八卦章; 『대한제국시대
훈장제도』이강철 백산출판사 1999 p43, 44, 209

49) 『중외일보』1930년 4월 25일 3면「구전심수(口傳心授) 튼 조선 아악 160여 곡 번안 편곡」일
제의 강점으로 황실 칭호가 격하되어 융희황제 폐하가 1926년 4월 25일 붕어(崩御)하자 일제는
황태자 이은(李垠)을 창덕궁 은(垠) 전하로 봉하여 순정효황후 폐하가 대비 전하 되는 것이다.

50) 『보성 80년사』보성80년사편찬위원회 편 보성중고등학교 1986 p94, 144~146

51) op. cit. p92 당시 교실을 강당(講堂)으로 교사를 강사(講師)로 불렀다.

52) 『연세대학교 백년사』1885-1985, (1) 연세통사(상) 연세대학교 1985 p191

선불교회 정기총회에서 임원으로 새로 선출되어 상무이사로 선임되고 1921년 2월 26일 서화협회의 임시총회에서 특별회원으로 추선推選되었고 1922년 4월 29일 제4회 조선불교회 총회서 의사장議事長이 된다. 1923년 6월 휘문학교는 이왕직 양악대 악기 72점을 민평식閔平植의 유산으로 기증받아 취주악대를 조직하고 8월에 백우용이 부임하여 악대를 지도하기 시작하여 1925년 문우회 학예지의 교사명단 기록을 보면 음악 담당교사로 재직하고 있다.[53] 조선 물산을 장려하고자 중앙번영회에서 1926년 8월 31일부터 9월 4일 사이에 조선물산장려데이를 만들고 새로운 계획을 세워 대외활동을 하는데 장려가심사위원에 11명 중 연악회硏樂會 홍영후, 경성악대의 백우용이 선임된다.

1927년 5월 말 지금의 묘동인 수은동授恩洞 단성사에서 백우용을 고문으로 고빙하여 6월 1일 밤부터 영화 '혜성 운무를 쑬코' 상영에 영화 반주 관현악단을 지휘하고 조선극장 악장으로 있던 첼로 명연주자인 임정화林晶華도 같이 입사하여 영화 사이사이에 명곡과 신곡을 연주하였다. 1928년 4월 30일 개교하여 1930년 4월 22일 돌아가실 때까지 동국대학교의 전신인 불교전수학교 음악 강사로도 있었다.[54]

1924년부터 이왕직 아악부에서 아악雅樂의 곡목 정리와 연구에 착수하여 진행하던 중 1927년 5월 23일 영친왕英親王 전하께서 유

---

53) 『휘문70년사』 휘문70년사편찬위원회 편 휘문중고등학교 1976 p196
54) 『일광』 제3호 중앙불교전문학교 교우회 1931.3 「三年(삼년)」 편집실 p82, p87; 창간호 1928 (소화 3).1 「양악과 조선악에 대한 소감」 백우용 p15 불교전수학교 위치는 북묘 자리로 숭1동 2번지다. 『(경성부일필매) 지형명세도』 카와이 신이치로(川合新一郞) 편 조선도시지형도간행회 1929 도제78호, 도제97호 지금의 서울과학고등학교 서남쪽의 운동장 및 주택지다. 명륜동 1가 1번지 하부, 2-2, 12~14, 17~21, 23, 39수, 42호

럽 순방에 올라 14개국을 순회하고 1928년 4월 10일 일본으로 돌아와 아악이 세계적으로 자랑할 만한 것이라는 것을 유의하시어 영구히 보존하기 위하여 양악보로 창정創定하라 명을 내려 이왕직 예식과에서 백우용을 촉탁으로 고용하여 3년간 계획으로 오선보로 번안에 착수 온 마음과 힘을 다하여 처음으로 승평만세지곡昇平萬歲之曲(여민락), 수연장지곡壽延長之曲을 1929년 7월 25일 완성하는데 이것이 악보 번안飜案의 시초이다.55)

또 그는 심제心齊 백두용白斗鏞(1872.8.2.~1935.8.23.)56)이 1913년 5월 말경 인사동길인 관훈동에 개업한 고서점 한남서림翰南書林의 개업 축하기념 시문詩文에 칠언율시를 전하는 글이 있다.

55) 『중외일보』1930년 4월 24일 2면 「구한국시대 군악대장 합방 후엔 례식과 악사장」악계원로고 백우용 씨 일생(1); 4월 25일 3면 「구전심수튼 조선아악 160여 곡 번안 편곡」악계 원로고 백우용 씨 일생(2); 『노을에 띄운 가락. 나의 인생관』성경린 휘문출판사 1978 p94, 95, 324~326; 『이왕직 아악부와 음악인들』국립국악원 국악연구실 국립국악원 1991 p122, 123, 139, 140; 『매일신보』1928년 7월 20일 2면 「아악 음보 작성 삼 년간 계획으로 진행」; 『동아일보』1933년 4월 3일 2면 「4년 만에 대비 어대면 금일 종묘알현」1937년 03월 29일 2면 「이왕 전하 어분부로 악보화한 조선 아악 백만팔천사백여 혈의 방대한 것 십 년간의 고심 완성」1921년부터 경성여자고등보통학교 교유로 있던 이시카와 기이치(石川義一)는 각지의 민요를 연구하고 이전부터 아악을 연구해오던 중 이왕직에서 고문으로 초빙하여 1928년 7월 6일과 1929년 7월 9일에 약 한 달 일정으로 와 백우용의 채보를 지원하고 백우용이 사망하자 1931년 전 경성사범학교 교유였던 이가라시 테이자부로(五十嵐悌三郎)와 이종태에게 맡겨졌고 잠시 귀국한 영친왕 전하께 1933년 4월 2일 수연장지곡 장춘불로지곡 우림령(雨淋鈴) 타령을 헌납하고 이후 아악부 소장 악사들이 가담하며 1935년 10월 24일 283곡 전부를 음록(音錄)하여 번안한 악보를 1937년 3월 26일 이왕직에 완납한다.

56) 백두용(白斗鏞)은 중추원 의관을 지낸 백희배(白禧培)의 차남으로 자(字)는 건칠(建七)이다. 2층의 꽤 큰 고서점인 한남서림을 통하여 일제 강점기에 귀한 책들을 많이 간행하여 사학과 문화발전에 이바지한다. 1932년에는 간송(澗松) 전형필(全鎣弼 1906.7.29.~1962)이 인수하여 고서적 등 귀중한 문화재를 많이 구하는데; 『임천(林川) 백 씨 족보』임천백씨족보편찬위원회 기증 족보사 1993 p254; 『동아일보』1962년 5월 7일 4면 「고서화 머물던 한남서림」종로구 관훈동 18번지로 지금의 명신당필방 자리다.

"白禹鏞 字範九 癸未生 官正尉

　　　風流文物逈超羣
　　　歷數吾門孰似君
　　　如今况有天倫樂
　　　且卜他年仍又孫
　　　慚愧已乏桓々質
　　　少小胡然忝戟門
　　　卽看書樓高百尺
　　　誰知宗武讓宗文
　　　　　從弟禹鏞謹書(禹鏞)"[57]

　국역하면 다음과 같다. 백우용의 자字는 범구範九 계미癸未생이
며 관등은 대위다.

　　　풍류와 문물이 출중하게 뛰어나니
　　　여러 대 내려온 우리 가문에 그대만 한 이 누가 있는가.
　　　지금은 더구나 천륜의 즐거움이 있으니
　　　이후에 분명 자손이 이어질 것이네
　　　부끄럽게도 자질이 매우 당당하지도 못한데
　　　젊어서 어떻게 귀한 집안에 장가들었는지
　　　서책 다락을 보니 높이가 백 척이니
　　　무관이 문관에 뒤진다고 누가 말하리오.

---

57) 『가장도서첩』 백인해 편 9책 p19(국회도서관)

종형제 우용 삼가 씀(우용)

○ 천륜락天倫樂: 하늘의 인연으로 정해진 일을 말하는데 여기서
는 혼사를 말하는 듯하다.

○ 극문戟門: 예전에 궁궐이나 3품 이상 고위 관원의 집 문 앞에
창을 세워 두었으므로 고관의 저택을 일컫는다. 이 시에서는
고위 무관의 집이라는 뜻으로 쓴 듯하다.[58]

그의 집은 처음 동부 연화방蓮花坊 우계右契 상사동想思洞 11통
7호인데 광무 7년(1903년) 봄에 시위군악대가 탑골공원 옆으로 이
전하자 가까운 공원의 동문이 바로 보이는 낙원동 한양탕 뒷골목에
거주하다가 1919년 5월 이전에 익선동 2번지로 이사하고 다시
1928년 6월 이전에 효제동 247-1번지로 이사를 하고 1930년 4월
22일 오전 6시 종로 6정목丁目 290번지에서 7남매를 두고 48세의
일기로 장서長逝하여 이왕직에서 사무에 특별히 힘을 쓴 공로로 상
여금 450원을 주었으며 27일 오전 8시 경성고등상업학교(고상교高
商校) 앞에서 영결식을 거행하고[59] 양주군 송산松山 즉 지금의 의
정부시 송산에 묘를 썼다.[60] 한양탕 뒷골목에서 살던 동네 사람들

---

58) 한국고전번역원에 의뢰하여 국역하였다.

59)『매일신보』1930년 4월 27일 1면「인사(人事)」경성고등상업학교 숭이(崇二)동은 지금의 명륜
2가 4번지로 명륜 아남아파트 자리다.

60)『중외일보』1930년 4월 23일 6면「아악의 세계적 소개자, 정산 백우용 씨 장서」「사업반도에
석사, 조선 악계의 유한」;『(경성부 일필매) 지형명세도』카와이 신이치로(川合新一郎) 편 조
선도시지형도간행회 1929 제35호; 종로 6정목 290번지는 동대문 쇼핑타운 왼쪽 외환은행 동
대문지점 앞쯤 되고 3남 4녀로 윤상(潤祥) 윤정(潤鼎) 윤성(潤聲) 옥희(玉姬) 옥순(玉順) 옥성
(玉星) 필녀(畢女)를 두었고 장손 백성빈(白成彬)에 의하면 송산에 교도소가 들어와 이장(移葬)
때 화장을 하여 근년에 다시 혼백을 모신 묘를 썼다.

은 그를 군악대장이라고 불렀으며61) 그의 친구였던 가남柯南 이병기李秉岐(1891.3.5.~1968.11.29.)는 정산鼎山 백우용이 해마다 여름이면 파고다공원에서 납량음악회를 열었던 것을 회상하면서 작고하였을 때 만사挽詞를 남겼다.

"納凉音樂會

꽃그림 自働車에 洋樂隊 뒤에 서서
지내는 거리거리 이리도 처량한가
보내며 눈물지는 이 나 홀로만 아니네
썩으다 九層塔아 너도 또한 모르느냐
으늑한 綠陰속에 흐르든 月光曲을
다시는 너로 더불어 내 못 들어 하노라"62)

또 1939년 8월 15일 발행 가람 시조집에는 앞장이 더 붙은 시조가 있다.

---

61) 『중앙일보』 1984년 8월 15일 11면 「남기고 싶은 이야기들, 30년대 문화계, 에케르트와 마텔 선생」 조용만, 탑골공원 동문(東門)이 바로 보이는 한양탕 목욕탕은 종로구 낙원동 173-1번지로 지금은 1층 음식점, 2층 노래방 등으로 변해 있다.

62) 『신민』 신민사 1930.8 p100 「납량음악회」 이병기

"鼎汕을 보내며 -故 白禹鏞 君-

벌서 가시는가 가면 다시 못 올 길을
살으시라 살으시라 빌어 오든 마음이야
南山의 솔 닢을 헤어 그보다도 더하오리

쉬 일어나실 줄만 나날히 믿은 마음
病席에 누우실 때 자조나 가 뵈올 걸
그 또한 후회가 되어 더욱 슳어 하노라

꽃숭이 靈柩車에 洋樂隊 뒤에 서서
지나는 거리거리 이리도 처량하리
보내며 눈물지는 이 나 홀로만 아니네

빠고다 九增塔(九層塔의 오기)탑아 너도 또한 모르느냐
으늑한 綠陰 속에 흐르든 月光曲을
다시는 너로 더불어 내 못 들어 하여라"63)

그는 용감하게 헌신한 잔 다르크(Jeanne d'Arc 1412∼1431) 같
은 애국자를 숭배하였으며 조선 청년들을 일깨우고 우리의 산천을
예찬하는 많은 노래를 작곡하는데 1922년 광문서시廣文書市 발행
해사海史 정경운鄭敬惲 저작 『이십세기청년여자창가』에 42곡64)을

---

63) 『가람 이병기의 국문학 연구와 시조 문학』 한국어문교육연구회·한국어문회 편 한국어문교육연
   구회·한국어문회 2001 부록 가람 시조집 p60, 61
64) 수록 곡명 제1장 서광 1. 새 거울 2. 새벽의 들, 제2장 비애 1. 인생의 생활 2. 생의 애(哀) 3.
   신부의 셔름 4. 나의 셔름 5. 수영(水影)의 황혼, 제3장 경계 1. 신구의 충돌 비극의 혼인 2.
   정조 3. 렬절(烈節) 4. 부부의 진애(眞愛) 5. 우리의 직분 6. 권고가 7. 권학가 8. 공부의 바다
   9. 급급개량(急急改良), 제4장 권고 1. 구습을 바려라 2. 인내성 3. 고향 형제의게 4. 쥬부의 책
   님(責任) 5. 상가승무노인곡(喪家僧舞老人哭), 제5장 희망 1. 신년가 2. 소생 3. 락화가 4. 타향

작곡하였고 6월 영창서관 발행『노라』책머리에 나혜석 작사에 작곡이 있고[65] 8월 조선고학생 기관지인『갈돕』에 최남선 작사의 '조선고학생갈돕회가'를 작곡한 것이 실려 있다.[66] 1925년 1월 월간지『불교』제7호에 퇴경退耕 권상노權相老(1879~1965.4.19.) 작사 찬불가 '봄마지'[67]를 작곡하고 광문서시 발행 정경운 저『조선지리경개창가』에 38편의 창가를 작곡하였으며[68] 1928년 최남선崔南善 작『조선 유람가』의 4쪽에 김영환金永煥 작곡 조선 유람가와 5쪽에 백우용 작곡의 조선유람별곡이 있다.[69]

3.5 정교 강흥준과 군악대원들

군악 중대 정교正校 강흥준姜興俊(1885.2.2.~?)은 광무 11년(1907년) 3월 10일 3등 군악장으로 군악중대부軍樂中隊附가 되었

고객(孤客) 5. 나의 소원, 제6장 전진 1. 봄이 옴 2. 나서라 3. 신녀자에게 4. 의무 5. 자립 6. 소년 소녀, 제7장 의절(儀節) 1. 락화암가 2. 촉석루경개 3. 련광뎡(練光亭)경개 4. 룽모가(陵母歌) 5. 서모가(徐母歌) 6. 라란(羅蘭 롤랑 Madame Roland 1754~1793)부인가 7. 쌴싹크(기1) 8. 쌴싹크(기2), 제8장 성공 1. 졸업식가 2. 답사가

65)『매일신보』1921년 4월 3일「각본 인형의 가(家) 제3막(19)」나혜석 작가 김영환 작곡의 악보가 있다.

66)『갈돕』최현 편 갈돕사 1922.8. 권두 후원사 광고 12, 13면에 악보가 있다(한국잡지정보관).

67)『불교』제7호 불교사 신문관 1925(대정 14) p3

68) 1925년경에 출판된『(조선지리)경개 창가』에 수록된 백우용이 작곡한 38편의 창가 1. 경성경개가, 2. 한강철교, 3. 우이동행진가, 4. 우이동경개가, 5. 우이동고별가, 6. 인천경개가, 7. 개성경개가, 8. 수원경개가, 9. 총석정경, 10. 경포대경, 11. 죽서루경, 12. 망양정경, 13. 공주경개가, 14. 계룡산의 철비, 15. 부여팔경, 16. 군산경개가, 17. 목포경개가, 18. 제주경개가, 19. 대구경개가, 20. 해인사경, 21. 통도사경, 22. 부산경개가, 23. 진주경개가, 24. 마산경개가, 25. 통영경개가, 26. 해주경개가, 27. 진남포경개가, 28. 강산루경, 29. 석왕사경, 30. 원산경개가, 31. 함흥경개가, 32. 청진경개가, 33. 석범(夕帆), 34. 석양의 호수, 35. 고학생의 신세 자탄가, 36. 고학생의 만주(饅頭)파는 소래, 37. 고학생의 서름, 38. ○○부형에게 비름;『우리 양악 100년』이강숙 김춘미 민경찬 현암사 2001 p109

69)『조선 유람가』최남선 작 동명사 1947 p5

고[70]) 융희 원년(1907년) 9월 3일 3등 군악장에서 해관되었다가 12월 1일 장례원掌禮院 악사 판임관判任官 3등 6급 봉에, 김창희金昌熙(1882.1.13.~?)는 판임관 4등에 8급 봉을 받게 된다. 김창희의 기록은 1926년 11월 4일 오늘 밤 라디오의 조선음악데이(朝鮮音曲デー) 프로그램에서 최동준과 플루트 합주[71])가 있으며 1927년 8월 12일부터 19일까지 시민위안 납량음악회 지휘 이후 보이지 않는다.

정사인鄭士仁(1882.12.7.~1958.7.26.)은 원적이 지금의 중구 광희동인 광희정光熙町 128번지로 광무 4년(1900년) 곡호대를 거쳐 광무 5년(1901년) 군악대에 들어가 계급이 정교正校(상사)로 플루트와 피콜로 연주자로 활약하였고 융희 4년(1910년) 8월 초 여가를 이용하여 경성고아학교에 창가 및 음악을 가르치고 예부터 전해 내려오는 여러 가곡歌曲을 서양악기로 몇 곡을 실험 연주하였다.[72])

1912년 이왕직 양악대를 사임하고 조선기독교청년회(YMCA) 중학부의 음악 교사로 있다가 광무 10년(1906년) 10월 3일 윤치호尹致昊에 의해 설립된 한영서원韓英書院(사립송도고등보통학교)에 1915년 음악 교사로 부임하여 1930년 정식 선생님으로 취임하였다.[73]) 선생의 자택은 학교 밑 모래언덕 공터에 있는 두 칸짜리 초가로, 방은 온통 헌 오선지로 도배를 하고 튜바(Tuba)를 잘라 만든

---

70) 『일성록』 규12816 552책 광무 11년 (음력 1월 26일) 3월 10일 79, 81, 82면 강 依軍部任免奏. 목 …姜興俊任三等軍樂長…白禹鏞補軍樂中隊長補 姜興俊補軍樂中隊附;『관보』의정부 총무국 관보과 광무 11년 3월 16일 敍任及辭令 任三等軍樂長軍樂中隊正校姜興俊… 補軍樂中隊長補二等軍樂長白禹鏞, 補軍樂中隊附三等軍樂長姜興俊以上三月十日

71) 『조선신문』 1926년 11월 5일 「今夜のラヂオ(오늘 밤의 라디오)」

72) 『황성신문』 융희 4년(1910년) 8월 3일 1면 잡보 「악사유인(樂師有人)」

73) 『동아일보』 1938년 5월 15일 「대성황이 예상되는 전 조선 현상 음악 개성 고려공론 주최」 이날 심사위원에 정사인 김관(金管) 전영철(全堊喆)이다.;『매일신보』 1941년 10월 7일 3면 「송중(松中) 35주년 기념식 ― 석, 정, 양 선생 표창식도 거행」 개성 송도중학교 근속 10주년 표창 기사로 보아 정사인은 아직 개성에 살고 있다.

굴뚝이 있어 나팔 굴뚝집으로 불렸다. 방과 후에는 브라스밴드를 교습하였고 영어 일어는 몰라, 악보의 속도 표정 주시注示를 못 읽어 기호를 마치 그림 그리듯 하였다 한다.

1916년 이른바 한영서원 창가집 사건으로 체포되었는데 한영서원 고등과를 졸업하고 소학과小學科 교사가 된 신영순申永淳 (1892.10.9.~1983.6.6.)과 서기 백남혁白南赫은 남감리회예수교 권사 이경중李敬重(1890~?)이 구해온 1913년 북간도 동명학교東明學校에서 발행한 창가와 일제가 천황에 대한 불경죄로 통제한 영웅의 모범, 애국가, 구주전란歐洲戰亂, 대한 혼과 같은 일본 통치를 배척하고 한국의 독립을 격려하는 애국적 창가와 경부철도, 한양가, 선죽교 등 그 밖의 여러 창가를 모아서 1914년 8월 이상춘 집에서 1차로 창가집 40부를 만들어 한영서원과 호수돈여숙好壽敦女塾 학생들에게 배포하고 1915년 7월 2일 한영서원 11월 동지회에서 주최한 전국 기독 학생 하령회夏令會(Summer Conference)에 참가한 학생들에게도 배포한다.

9월에는 2차로 첫 창가집에 100곡을 더하여 신영순 백남혁 오진세吳鎭世(1895~?)가 한영서원 보통과 사무실에서 등사하여 99부를 만들어 주로 한영서원과 남부예배당 학생들에게 배포하고 정사인은 1915년 9월경 최영복崔永福 외 9명으로 조직한 음악대에 강고한 정신으로 일치단결하여 한국은 한국민이 통치하게 하라는 대한 혼 창가를 가르쳐 교실에서나 전교생이 매월 성적발표로 남부예배당에 오갈 때와 운동회 등에서 힘차게 취주하여 처음에 가사 내용을 모르는 일본인도 함께 따라 부르기도 하였다 한다.

1916년 10월 이후 음악대 학생과 교사들 예배당 찬양대 신자들 11월 동지회의 이경중 신영순 백남혁 오진세 이상춘李常春 윤월석

尹月石 장용섭張容燮 정사인 오립아吳立娥 신공량申公良 이강래가 조사를 받고 이 중 이경중 신영순 백남혁 오진세 이상춘 윤월석 장용섭 정사인이 형법 출판법 보안법 조선형사령 위반으로 체포되어 경성지방법원 형사부 예심에서 이상춘 윤월석 장용섭은 증거 불충분으로 석방되고 1917년 9월 5일 나머지는 형을 받는데 정사인은 보안법 위반으로 징역 1년 형을 선고를 받고 옥고를 치러 1990년에 건국훈장 애족장을 추서 받는다.[74]

1921년 5월 남감리교회 선교백주년기념으로 가평 춘천 홍천 양양 양구 인제 화천 등 7개 처로 단장에 유한익, 악사 정사인, 여선교사 잭슨(Jackson, Carrie Una 차선車善), 여전도사 노마르다, 매서인賣書人 이용선이 강원지방 순행전도단으로 5개월간 다녀온다. 7월 1일 오후 8시 반 개성 남부예배당 내 여자 야학회 설립 목적의 음악회에 경성악대가 행진곡 기타 무도곡 조선 속가를 연주하고 최동준과 정사인의 플루트 합주와 김형준의 성악, 김영환의 풍금 독주, 김 니콜라이의 만돌린 바이올린 연주가 있었다.

1923년 5월 12일 저녁 고려여자관에서 개성송고학생기독청년회 주최로 사립호수돈여자고등보통학교 음악 교사 맥메킨(McMakin, Alice 맥매균麥梅鈞) 양의 피아노 독주, 정사인의 플루트 독주, 최동준의 만돌린과 테라소프(Tarasov)[75]의 러시아 노래, 임정렬 여사

---

74) 『한국기독교역사연구소 소식』 제64호 「1910년대 학교 교회의 음악상황」 노동은 2004; 『독립유공자 공훈록』 제6권 국가보훈처 편 국가보훈처 1988 p667; 국가기록원〉 독립운동 관련 판결문〉 형사판결 원본.

75) 『동아일보』 1923년 5월 17일 4면 「송고 학생음악회」; 『The Tarasov Saga: From Russia through China to Australia』 Gary Nash(게리 내쉬) 저 Rosenberg Publishing(로젠버그) 2002. 백계 러시아군 대령 출신인 테라소프는 1923년 원산 구세관 구내 러시아인 난민 수용소(Russian Refugee camp, Genzan, Korea, 1923)에 있었다. 음악회는 자선연예단 일원으로 참여한 것 같다.

의 피아노 독주, 황귀경 양의 독창, 방계환 군의 바이올린 독주로 음악회가 열렸다.

정사인은 바이올린의 방정환方定煥(1899.11.13.~1931.7.23.) 만돌린의 동료 선생인 나비 박사 석주명石宙明(1908.11.13.~1950.10. 6)[76]과 함께 개성에서 처음으로 3중주단을 결성, 심플 아뷰(Simple Aveu)를 초연하였고 1932년 6월 4일 밤 8시 반 개성 중앙회관 강당에서 송도고보 동창회 주최 동아일보 개성지국 후원 안병소安柄玿 독창회에 부츠(Florence S. Boots) 부인, 송도고보악대, 메리엔 스나이더, 버지니어스 터너(Virginius R. Turner 천어天御 1878~?)[77], 캐서린 스나이더[78], 정사인 등이 특별 조연하였다.

1932년에서 34년 연희전문학교 주최 동아일보사 후원 전조선남녀중등교 현상음악대회 제1회에서 송도고등보통학교 관악부가 선생이 작곡한 추풍秋風을 연주하여 1등을 하고 연이어 3회까지 강호 배재, 중동, 경신을 물리치고 우승을 하여 개성 귀환 때 역 앞의 환영인파는 마치 개선장군을 맞는 것 같았고 온 시내가 떠들썩하였다.[79] 4회는 선천宣川의 신성信聖이 1등을 하고 송도고보는 2등을

---

76) 『매일신보』 1941년 10월 7일 3면 「송중(松中) 35주년 기념식 - 석, 정, 양 선생 표창식도 거행」 개성 송도중학교를 거쳐 일본 가고시마(鹿兒島)고등농림학교를 졸업하고 함흥고보에서 교편을 잡고 있다가 1931년 송도중학교로 부임하여 일본 학술진흥회와 조선 자연과학연구회로부터 장학금을 받아가면서 나비의 조사 연구를 꾸준히 하여 일본 동물학회와 조선 박물학회의 회원으로 있었다.

77) 기사의 아르다 터너는 아더 터너(Arthur Beresford Turner 단아덕端雅德 1862.8.29.~1910.10.28.) 주교로 건양 원년(1896년) 12월 2일 영국성공회 선교사로 내한하여 서울 대성당에서 광무 8년(1904년) 7월 코프(Corfe) 주교가 사임하여 제2대 한국 주교로 1905년 1월 25일 웨스트민스터 성당에서 서품되었다. YMCA 초대 이사, 체육위원회 위원장, 황성기독청년회 회장 등으로 활동하다가 1910년 10월 28일 세상을 떠나 착오이다.

78) 스나이더(Snyder, Lloyd H. 신애도申愛道 1886.9.9.~1954.11.14.)가 융희 3년(1909년) 10월에 내한한 로우(Elsie Lowe) 양과 1921년 결혼하여 낳은 딸이며 메리엔 스나이더도 그의 딸인 것 같다.

79) 『동아일보』 1934년 6월 20일 3면 「일등 탄 송고 개성에 개선 중등현상음악대회에 연 3차의 일등 번잡한 역두의 출영」

하였다. 선생의 별명은 고무신인데 개성제일공립보통학교 대운동회
에 초청되어 연주하고 있는데 엔도 카즈토시히코遠藤萬年彦 교감이
와서 선생님의 귀에다 대고 코신쿄쿠行進曲 하면서 행진곡으로 불
어 달라 했는데 선생님은 일본말을 몰라 당황해하면서 학생에게
"한철아 고무신이 뭐지?" 하고 물어봐 그렇게 되었다 한다.

1933년 7월 18일 송도 중앙회관에서 동아, 중앙, 조선일보 지국
의 후원 아래 송도악우회 창립 제1회 연주회를 개최하여 정사인을
비롯하여 피아노에 박순덕朴順德, 소프라노 솔로에 임성숙林城淑,
바이올린에 방계환方啓煥의 독주로 성황을 이루었고 황해도와 강원
도 순회공연의 목적으로 7월 21일 황해도 남천南川에서 열렸고 7
월 26일 오후 8시 반부터 11시 반까지 안악 안신보통학교 대강당
에서 연주회가 열려 대성황을 이루었다.[80]

이후 난파蘭坡 홍영후洪永厚(1899.4.10.~1941.8.30.)가 지휘하는
경성방송관현악단에 최고령으로 플루트 주자로 참여하며 홍영후가
사망하자 임시로 계정식桂貞植(1904~1977)[81]이 지휘를 맡는데 단
원들은 후임 지휘자로 계정식 영입을 요구하였으나 방송국에서는
이와 반하여 나까가와 에이조中川榮三[82]를 영입하여 1941년 10월

---

80) 『조선중앙일보』 1933년 7월 13일 4면 「송도악우 창립음악회개최 중앙회관에서」; 7월 23일 4
면 「송도악우회 연주 성황」; 8월 1일 4면 「대성황에 종료한 송도악우 음악대 본보 지국후원으
로」; 『동아일보』 7월 30일 3면 「송도 음악 성황」

81) 『매일신보』 1936년 4월 2일 1면 「인사(人事)」, 1943년 4월 1일 2면 「악단 인사」 1936년 4월
2일 오후 4시 가회동에서 윤치호의 주례로 김성철 양과 결혼하였으나 1942년 사별하고 1943
년 3월 31일 오후 3시 백천호텔에서 이영애 양과 재혼한다.

82) 『매일신보』 1941년 10월 30일 4면 「경성방송관현악장 나까가와 에이조(中川榮三) 씨 내사」
약력은 빈(Wien) 노이에스 콘서바토리움(Neues Konservatorium)의 지휘법 본과(악장과)를 졸
업하고 다카라즈카(寶塚)음악가극학교 교수 및 동 가극단 악장, 다카라즈카(寶塚)교향악극단에
서 지휘자로 있다가 퇴직 후 법정대학 관현악단 지휘, 신흥영화 동경촬영소 음악 고문, 일본방
송교향악단의 지휘 등에 종사, 중일전쟁에 펜 부대(ペン部隊 관민협력 종군작가)로 해군반 남
중국방면의 작전에 종사하였다.

전속단원 10여 명을 제외한 모든 단원이 사퇴한다.[83] 그 후 아들이 교통국[84]에 취직하여 1944년경 서울에 올라와 친구인 김형준金亨俊(1884~1950)의 권유로 경기공립공업학교 교사로 취주악대를 지도하였으며 오전에는 전매국 관악대를 지도하였다. 이후 6·25전쟁이 나자 대구로 피난하였다가 돌아와 용산 용문동 철도관사에서 1958년 7월 26일 돌아가셨다.

그의 작품인 추색秋色은 1916년 홍영후가 편찬한 통속창가집을 통하여 발표되어[85] 한때 구슬픈 장송곡으로도 연주되고 독립군가로도 불리기도 하는데 1925년 11월 이화여자전문학교 음악과 조교인 안기영安基永(1900~1980)이 일축조선소리판에[86] 취입하여 유행을 탄 최초의 창작가요가 되었고 원래의 제목보다 '내 고향을 리별하고(Farewell to Home)'라는 노래로 더 많이 알려졌다. 송도고보 재직 시기인 1920~30년대 초에 작곡한 것으로 추정되는 행진곡 추풍, 돌진突進은 한국 최초의 기악곡인 동시에 브라스밴드(Brass Band) 곡이며 유행가로는 '넷터를 차저서' '달에 기약期約'[87]이 있고 신민요의 효시인 태평연太平宴도 강남월江南月 작사, 정사인 작곡이다.[88]

---

83) op. cit. 1942년 10월 24일 2면 「라디오」 이후 나까가와 에이조(中川榮三) 기록은 보이지 않는다.

84) 『매일신보』 1943년 12월 1일 1면 「교통국」 12월 1일부로 철도국이 폐지되고 교통국이 신설되었다.

85) 『(통속)창가집』 홍영후 편 박문서관 단기 4250년(1917년) p15(12)

86) 일축(日蓄) K548-A 남성 독창 내 고향을 리별하고(Farewell to Home) 안기영, 피아노 반주 아팬쟬라아. 일축 K548-B 남성 독창 제비들은 강남에 When the Swallows Homeward Fly 안기영, 피아노 반주 아팬쟬라아.

87) 『매일신보』 1935년 8월 4일 3면 「라듸오」, 9월 17일 3면 「JODK」; 9월 18일 3면 「17일 야간」

88) 『동아일보』 1932년 6월 13일 「남녀학생 현상 음악에 예기 이상의 큰 수확, 뺀드는 송도고보에서 일등, 녀자합창은 호…」; 1933년 6월 12일 2면 「중등교 현상음악대회 희유 성황리에 개막」; 1934년 6월 17일 2면 「피아노 바요링은 일고, 독창은 신흥 호수돈에, 합창은 배화, 관악은 송고가 일등, 남녀현…」; 1935년 6월 15일; 「영예입상자 9명, 황홀한 선율 속에 묘기를 경연한 연전

유순근劉順根(1884~1963)[89])은 고종 21년(1884년) 다동茶洞 예전에 반도호텔이 있었던 지금의 롯데호텔 자리에서 태어나 13세가 되던 건양 원년(1896년)에 매동梅洞관립보통학교에 들어갔는데 학생이 7명이었다 한다. 3학년 졸업 후 광무 2년(1898년) 부모님 몰래 군에 들어가 나팔수 교육을 받고 시위연대 3대대 4중대 상등병으로 있었으며 광무 5년(1901년) 3월 시위군악대 조직 때 보통 반주 나팔이라고 하는 코넷(Cornet)을 담당하였다.

영친왕(1897.10.21.~1970.5.1.) 전하께서 그의 나팔 소리를 좋아하여 그 덕에 영친왕 배위장陪衛長이 되어 친왕親王의 푸른 군복 바지[90])를 입혀주고 가끔은 업고 한 손으로 나팔을 불면서 경운궁 이곳저곳을 돌아다니기도 하고 잠든 것을 보고서야 창신동 집으로 퇴근하여 새벽 일찍 궁으로 출근하는 등 영친왕을 정성으로 보필하여 광무 6년(1902년) 19세에 참봉 벼슬에 올랐다. 그 후 시위군악대의 부교副校(중사)로 지내다가 군대해산 이후 무관학교 조교로도 있었으며 일제의 강점으로 조선보병대로 배속이 되어 1913년 소위로 창덕궁에 배치되어 근무하였다.[91])

이후 우미관 활동사진 반주악대 악장으로 12년을 근무하다가 토키(Talkie)의 등장으로 밀려 나왔다. 1924년 다시 군에 입대하여 특

(延專) 주최 현상음악회[사]」『신동아』 60호 동아일보사 1969.8.「양악의 개척자 정사인 선생」 유한철 p222~225; 『신동아』 144호 동아일보사 1976.8. 「한국의 초창기 음악가들」 이혜구 p244;『음악교육』 7월호 단행본 부록 세광출판사 1987「개화기의 한국음악-프란츠 에케르트를 중심으로」 남궁요열 p137~139;『독립유공자 공훈록』 제6권 독립유공자 공훈록편찬위원회 국가보훈처 1988 p667;『한국기독교역사연구소 소식』 제64호 「1910년대 학교 교회의 음악상황」 노동은 2004.

89)『객석』 4월호 (주)예음 1984「한국의 서양음악 100년」 이상만 p97

90) 경복궁 국립고궁박물관에 소장되어 있다.

91)『실화』 1956년 9월호 「구한말 왕실에서 일했던 생존자들」 정지원;『경향신문』 1958년 11월 2 일 「인간 온실(2) 구 황실의 수위장」

별지원병 훈련소 교관으로 12년을 복무하고 1939년 종로경찰서의 지휘 감독을 받는 경방단警防團[92] 단장으로 있다가 1940년 양정고 등보통학교 음악교관을 지냈다. 또 광복 전 종로 우미관 기도를 보기도 했다. 1946년 1월 경기도 경찰부 보안과 경위로 특채되어 근무를 시작하여 9월 17일 수도관구 경찰청이 발족되어 취주악대[93]가 조직되자 교관이 되었고 1952년 서울특별시 경찰국 수도특별경비대 경위였으며[94] 1953년 9월 70세에 경감 고령자로 공무원으로는 최초로 감원으로 물러나서 1957년 구 황실 사무총국 촉탁 창덕궁 수위장으로 근무하다 여생을 마쳤다.

정상옥鄭相玉은 광무 8년(1904년) 19세의 나이로 입대, 군악대 2소대에 배치되어 1년간 교육을 받고 클라리넷 명연주자가 되었다. 일제 강점 시 해임되어 지금의 을지로 외환은행 본점 옆자리인 황금정의 경성고등연예관 악대에 들어가 이끌기도 하고 청년단 음악대, 조선극장 영화음악 반주나 선전대 음악을 맡기도 했다. 광복 후 영등포에서 살았다.

김재호金載鎬(1893~1948.12.14.)는 이왕직 양악대로서 1915년 2월 말 명단에 등장하여 플루트 주자로 있었으며 1919년 9월 12일 해산된 후 학교 취주악대에 있었다. 1920년 6월 12일 종로 청년회관에서 정동예배당 유년 주일학교 주최 주일학교음악회에서 만돌린의 최동준과 플루트 합주를 하였다. 1928년 2월 2일 라디오 방송에

---

92) 1939년 7월 3일 조선총독부령 제104호에 의하여 방호단(防護團) 소방조(消防組) 수방단(水防團)을 통합하여 경방단규칙(警防團規則)을 공포하고 10월부터 시행하였는데 관설 소방기관원을 특별소방부원으로 편입하여 경찰보조기관으로 활동하게 하였다.

93) 1946년 3월 9일 지금의 롯데백화점 영플라자 명동점으로 전 쵸지야(丁子屋)백화점인 중앙백화점 2층으로 이전하기 전 후암동 경기도 경찰부에서 남궁요열이 경찰악대를 조직하였으나 서울특별시 발족으로 9월 17일 수도경찰청이 되자 악대를 해산하고 나팔대를 조직하였으며 1948년 5월 16일 취주악대를 강화하기 위하여 김형래(金炯來)를 경위로 악대장에 취임시킨다.

94) 『직원록』 총무처 감수 대한출판문화사 1952

서 플루트를 연주하고 1933년 11월 23일 오후 2시 경성제국대학 법문학부 대강당에서 학우회주최 제8회 관현악연주회에 상법 제1강좌 담당의 다께이 렌竹井廉 교수 부인 다께이 하루코竹井春子, 스투데니(Joseph B. Studený),[95] 후스(Joseph F. Huss), 김재호, 최호영崔虎永이 출연한다.

1934년 9월 21일 오후 8시 경성공회당에서 동아일보 주최 제4회 계몽대원개선식에 김영의金永義 반주에 이화여전 전임강사 채선엽蔡善葉의 성악과 테너 안보승安輔承의 독창, 김영애 반주에 윤성덕 지휘로 이전梨專 글리클럽(Glee Club)[96]의 합창, 연전延專 관현악단의 연주, 이종태와 김재호의 지도를 받는 경성관현악단의 연주, 기타(Guitar) 연주의 김호룡金浩龍 무용에 조택원趙澤元이 출연하고 최성두崔聖斗 피아노 반주에 윤낙순尹樂淳이 바이올린을 연주한다.

1935년 2월 24일 일요일 오후 8시 매일신보 내청각來靑閣에서 1933년 9월에 창단된 경성관현악단 제1회 공연에 플루트를 독주[97]하였고 11월 16일 오후 9시 경성방송국(JODK) 라디오 프로 기타와 플루트에서 줄리아 작곡 3악장의 세레나데(Serenade) 소스테누토(Sostenuto) 미뉴에트(Minuet) 론도(Rondo), 헤류팅賀綠汀 작곡의 목동의 피리牧童短笛, 클레멘티(Clementi, Muzio) 작곡의 서서풍瑞

---

95) 1914년 7월 28일 제1차 세계대전이 발발하자 일본은 동아시아에서의 지위를 높이기 위해 영일동맹에 따라 연합군으로 참전, 독일 조차지인 칭다오(靑島) 교주만을 점령하여 독일군으로 있던 체코슬로바키아인 성악가이며 피아니스트인 스투데니(Joseph B. Studený)와 독일인 바이올리니스트인 요셉 후스(Joseph F. Huss)는 포로가 되어 일본을 경유 1922년경 조선에 와서 조선호텔 악사로 근무하던 중 1925년 3월 사임하고 스투데니(서소문정 55)는 개인 음악교습소를 운영하였으며 1939년 7월 2일 피아노 반주 이후 기록이 보이지 않고 후스는 경성제대 교수를 역임하다가 칼스바트(Karlsbad 현 체코 카를로비 바리 Karlovy Vary)에 있는 모친이 위독하여 1937년 6월 27일 시베리아 철도편으로 떠났다가 돌아와 1938년 5월 22일 장곡천공회당에서 스투데니·후스의 음악회를 열었으며 『문헌보국』 제7권 제9호 1941 「한국에 대한 나의 인상(Meine Eindrücke von Korea)」 기고한 글이 1941년 9, 10월호에 보인다.

96) 주로 미국 등지의 대학 또는 고등학교에서 고전적인 합창곡이나 학생가를 부르는 합창단

97) 『매일신보』 1935년 2월 22일 2면 「경성관현악원 24일에 첫 공연 본사 누상 내청각에서 개최」

西風(스위스풍) 소곡을 다까하시 이사오高橋功의 기타 반주로 플루트를 독주한다.98)

조선호텔의 연주자로 있으면서 1936년 8월 16일 오후 9시 경성방송국(JODK) 라디오 프로에 플루트와 만돌린의 합주를 하고99) 8월 20일 오후 9시 30분 실내악 연주에 플루트에 김재호, 바이올린에 이영세李永世, 피아노에 아사하라 토시코淺原敏子, 첼로에 모토타레 노부미츠本管伸光가 담당한다.100) 1937년 8월 2일부터 4일까지 부민관에서 매일신보 주최로 이른바 일제의 황군 위문과 국방헌금을 위한 공연이 열리는데 4일 테너에 현제명 안기영, 소프라노에 임상희任祥姬(미무라 요시코三村祥子) 박경희朴景嬉 김성악金聖樂, 바이올린에 계정식 홍성유洪盛裕, 피아노에 김원복金元福 김신복金信福 고봉경高鳳京 김준영金駿泳, 첼로에 김인수金仁洙, 플루트에 김재호가 참여하고 무용에 조택원趙澤元이 특별 출연한다.101)

1938년 3월 3일 오후 7시 반 부민관에서 이화여자전문학교 주최 동아일보사 학예부 후원 임상희 여사 독창회에 김메리 여사 반주와 김재호의 플루트 조주助奏가 있었고 1941년 2월 25일부터 28일까지 부민관에서 매일신보 주최 조선교향악단의 지휘에 박경호 작곡 및 편곡에 김성태가 담당한 처녀연주에 단원으로 플루트에 김재호, 송희선宋熙善이 참여한다.102) 조선호텔의 3중주 단원으로 광복 후에는 관현악부 책임자까지 되었다.

1945년 12월 11일 조선국군준비대에서 군악대를 설립하고자 대

98) op. cit. 1935년 11월 16일 「DK」; 11월 17일 「DK」

99) op. cit. 1936년 8월 16일 「JODK 라디오」; 8월 17일 「JODK 라디오」

100) op. cit. 1936년 8월 19일 「JODK 라디오」; 8월 21일 「JODK 라디오」

101) op. cit. 1939년 7월 29일 3면 「총후(銃後: 후방)의 성원(聲援)」

102) op. cit. 1941년 2월 21일 3면 「조선교향악단 멤버- 지휘 박경호 작곡 편곡 김성태」

장에 박태현朴泰鉉(1907~1993.11.6.) 교관에 이유성, 김재호, 박용구, 왕홍경王弘慶, 김형로金炯魯, 최희남崔熙南 외 5명이 취임을 하고 1946년 1월 1일부터 15일까지 약 50명의 대원모집 원서를 받는다고 한다. 1947년 8월에 철도경찰 취주악대 초대 지휘관으로 취임하였으며[103] 인격과 교양이 높은 분으로 한국 플루트 교육에 많은 공헌을 하였으나 1948년 12월 14일 뇌졸중으로 돌아가셨다.

이건호李健鎬는 군악대 클라리넷 주자였다. 해산 후에도 음악 생활을 계속하여 1941년 11월 21일 오후 7시 부민관에서 경성음악전문학원의 교수와 관계 음악가들 중심으로 음악대연주회를 열어 제1부는 안기영의 지휘로 악전합창단의 합창, 한갑수의 바리톤 독창, 피아노 독주에 조옥윤趙玉潤, 테너 독창에 은하수殷何守, 3중창에 이관옥李觀玉 최창은崔昌殷 한갑수가 출연하고 제2부의 3중주에 피아노에 이흥열李興烈, 클라리넷에 이건호, 바이올린에 안성교安聖教가 담당하였다.[104] 철도경찰악대[105] 지휘자로 경위로 6·25전쟁 때 돌아가셨다.[106]

---

103) 『공업신문사』 1947년 8월 20일 2면 「철도경찰 취주악대 편성」

104) 『매일신보』 1941년 11월 17일 4면 「경성음악전문학원 -음악대연주회- 21일」

105) 군정청 운수국 철도 경찰부로 1946년 1월 25일 설치하여 1949년 4월 26일 내무부 치안국 철도경찰대로 신설되었다가 1953년 10월 15에 폐지하였다.

106) 『음악교육』 7월호 단행본 부록 세광출판사 1987(국회도서관)「개화기의 한국음악-프란츠 에케르트를 중심으로」 남궁요열 p134~137

4부

대한제국 애국가

4.1 애국가 찬진을 명하다

대한제국 애국가 제정은 고종실록 광무 6년(1902년) 1월 27일 조詔에 "사람의 마음을 감동하게 해 움직이고 선비의 기개를 가다듬어 충의를 위해 떨쳐 일어나고 애국하는 데에는 국가의 악곡과 노래보다 더한 것이 없으니 마땅히 제정할 터이니 문관이 지어 바치라詔曰 感發人心 淬勵士氣 以之奮忠 以之愛國 未有過於聲樂國歌之節奏 宜有制定 令文任撰進"[1]와 같이 국가國歌 찬진 조령詔令에 따라 에커트의 곡에 문관文官이 작사를 하고 그 밑에 독일어 가사를 붙인 후 민영환이 발문跋文을 써 광무 6년(1902년) 7월 1일 발행한다.[2] 이어 애국가 악보를 세계 각국에 배포하는데 미국의 경우 7월 4일 민영환이 앨런(Horace N. Allen) 공사에게 편지와 함께 악보 5부를 보내고[3] 또 독일의 하인리히 바이퍼트(H. Weipert) 영사가 미

---

1) 『고종실록』권42 광무 6년(1902년) 1월 p239

2) 『KOREA: FACT AND FANCY』BY Dr. HORACE N. ALLEN METHODIST PUBLISHING HOUSE 1904(국회도서관) Horace Allen Paper The New York Public Library 1984 MF005988~MF005996 PART Ⅱ. "1902 July 1 Korean national hymn was published. An adaptation by Franz Eckert."p226

3) 국립중앙도서관〉 해외수집기록물〉 RG84 Records of the Foreign Service Posts of the Department of States, 1788-1964〉 3 United States Legation in Korea, Miscellaneous Correspondence 1882-1905〉 16 Miscellaneous Received, 1902〉 p194, 195 letter to H. N. Allen 1902. 7. 4 "敬啓者 我國軍樂ㄴ譜今已構成故該樂譜五件玆送交 査收爲荷順頌 大安 閔泳煥 頓 七月四日
July 4, 1902

국 고든 패독(Gordon Paddock 파덕巴德) 총영사에게 가사를 설명한 편지와 함께 악보를 보낸다.[4] 일본은 서울주재 영사가 악보를 일본 외무성으로 보낸 것을 7월 30일 다시 육군성으로 보낸 것이 보인다.[5] 러시아의 경우는 8월 13일 공사대리 2등 서기관 쉬떼인(Evgenii Fedorovich Stein 수태인須泰仁)이 외무성에 보낸 보고서에 '대한제국 정부에서 출판한 국가國歌 2부를 동봉한다.'[6]라고 하고 있다. 한편 정부는 8월 14일 의정부 의정 윤용선尹容善이 원수부 군무국총장과 궁내부대신임시서리에게 국가찬진國歌撰進 조회 공문을 보내 조복照覆을 받아 15일 관보에 게재한다.

His Excellency
H. N. Allen
US Minister
Dear Sir:
I beg to laud you herewith accompanied 5 books of Korean Military Band of Songs for Nation which has been just written.

Yours very respectfully
Min Yung Hwan.
Chief of Accountant Bureau
in the Board of General."

4) 국립중앙도서관〉 해외수집기록물〉 RG84 Records of the Foreign Service Posts of the Department of States, 1788-1964〉 4 United Sates Legation in Korea, Miscellaneous Papers 1882-1905〉 14 Miscellaneous Papers, 1902〉 p141-151 letter to Paddock 1902. 7. 4

5) アジア歴史資料センター(아시아 역사자료센터)〉 건명 표제「韓国愛国歌と題する楽譜の件(한국 애국가라는 제목의 악보 건)」, 참조코드: C04013838100, 육군성·壹大日記-M35-8-10(방위성 방위연구소)

6) 『러시아 국립문서보관소 소장 한국 관련 문서 요약집』 편역 박종효 한국국제교류재단 2002. p33, 176 "1902년 9월 27일(양력 10월 10일) 외상 람즈도르프 백작이 니콜라이 2세에게 상주한 문서: 대한제국 황실 소속 군 합창단을 지휘하는 독일인 에케르트가 한민족 고유의 가락으로 창작한 국가를 대한제국 정부가 출판했다고 서울주재 공사가 전해 왔다(니콜라이 2세 황제는 1902년 10월 1일(양력 14일) 크림반도 리바디아(Livadia)궁에서 친필로 위 상주서(上奏書) 상단에 '흥미 있다.'라고 써 놓았다)."

조회 제30호

광무 6년(1902년) 8월 14일

　　　　총무국장　　문서과장

　　　　　　비서과장　조사과장　　과원

의정 참정 찬정　　　참찬

좌개 안건에 결재하심을 바람

　　국가 찬진사

금년 1월 27일에

조령을 내리시기를 "사람의 마음을 감동하게 해 움직이고 선비
의 기개를 가다듬어 충의를 위해 떨쳐 일어나고 나라를 사랑하
게 하는 데에는 국가의 악곡과 노래보다 더한 것이 없으니 마땅
히 제정할 터이니 문관이 지어 바치라." 하시였기 이에 조회하
오니 사정을 살펴 잘 알아 황명을 받들어 좇아 궁내부에 돌려
보시어 문관이 지어 바치기 바랍니다.

　　　　의정부 의정 윤용선

원수부 군무국총장 이종건 각하

의정부찬정 궁내부대신임시서리의정부찬정 윤정구 각하7)

---

7) 『기안』 규17746 5책 문서81 104쪽 a, b면 광무 6년(1902년) 8월 14일 照會 第三十號 國歌撰
　　進事
"照會 第三十號
光武六年八月十四日
　　　　　　總務局長　　文書課長
　　　　　　秘書課長　　調査課長　　　課員
議政 叅政 贊政　　　叅贊
左開案件에 決裁ᄒ시믈 望홈.
　　國歌撰進事.
本年一月二十七日에
詔曰 感發人心 淬勵士氣 以之奮忠 以之愛國 未有過於聲樂國歌之節奏 宜有制定 令文任撰進ᄒ라 ᄒ
　　시엿기 玆에 照會ᄒ오니 照亮 欽遵ᄒ으셔 轉照于宮內府ᄒ시와 令文任撰進케 ᄒ심을 爲要.
　　　　　　議政府議政 尹容善
元帥府軍務局摠長 李鍾健 閣下
議政府贊政 宮內部大臣臨時署理議政府贊政 尹定求 閣下"

시중 일간지도 관보에 맞춰 8월 15일 자 제국신문은 "樂歌制定 쳐분이 나리시기를 사룸의 마음을 감발ᄒ고 션비의 긔운을 가다듬 어 츙분ᄒ고 이국ᄒ는 것이 풍악과 노릐에서 지남이 업ᄂᆞᆫ지라 맛당 이 졔명ᄒᆞᆯ 터이니 문관이 그 졀쥬를 지어 밧치라 ᄒᆞ옵셧다더라"8) 하고 황성신문도 "撰樂製章 頒旗 聖諭 再昨日 皇上 陛下ᄭᅴ옵셔 詔 勅을 下ᄒᆞ셧ᄂᆞᆫᄃᆡ 音樂을 文臣 中으로 ᄒᆞ야곰 撰定ᄒᆞ라 ᄒᆞ셧고…"라 고 하고 있다.9) 에커트는 황명에 따라 작곡한 애국가가 국가國歌로 제정되어 광무 6년(1902년) 12월 20일에는 광무황제 폐하로부터 '대한제국 애국가 작곡과 진심으로 교육을 한 공로有審定節奏 實心 敎習之勞'로 특별히 훈3등 태극장10)을 받고 이에 대해 독일제국은 광무 7년(1903년) 1월 6일 감사 조복을 한다.

2816. 군악 교사 에커트에 대한 서훈사(등26책)

[발]외부대신 조병식 　　　　　광무 6년 12월 29일

[수]덕국영사 바이퍼트 　　　　서기 1902년

조회 제61호

대한 외부대신 조병식 조회합니다. 방금 접한 표훈원 총제의 공문 내용에 이달 20일 조서에 이르기를 독일인 음악 교사 에커

---

8) 『제국신문』 광무 6년(1902년) 8월 15일 2면 잡보 「악가 제정」

9) 『관보』 의정부 총무국 관보과 광무 6년(1902년) 8월 15일 궁정록사; 『제국신문』 광무 6년(1902 년) 8월 15일 악가 제정; 『일신』 저자 미상 국사편찬위원회 1983 壬寅(光武六年 一九○二)七月 十四日 詔; 『대한계년사』 6권 정교, 변주승 역주 한국학술진흥재단 소명출판 2004 高宗皇帝 光 武六年壬寅 國歌撰定 八月 詔撰國歌 p84

10) 『고종실록』 권42 광무 6년 12월 p274; 『일성록』 규12816 500책 광무 6년 (음력 11월 21일)12 월 20일 115면 강 特敍醫學校長池錫永德國人에커트比國人貴實禮勳. 목 詔曰樂師德國人에커트 有審定節奏實心敎習之勞特敍勳三等賜太極章; 『관보』 의정부 총무국 관보과 광무 6년 12월 23 일 宮廷錄事; 『대한제국시대 훈장제도』 이강철 백산출판사 1999 p36, 37, 118

트가 국가를 작곡하고 진심으로 교습한 공로로 훈3등 태극장을 특별히 서훈하라는 황명을 받들어 훈기장 각 1건을 청하여 전하여 줄 것에 따라 훈기장 1건 보내는 것 외에 상응하는 문서를 갖춰 조회하니 귀 영사께서는 번거로우시더라도 살펴보시고 그에게 보내 받아 달도록 해주시기를 바랍니다. 조회가 반드시 도달하기를 바랍니다.

　　우.

대독일 황명으로 출사한 한국영사관 바이퍼트 각하
　　　　광무 6년(1902년) 12월 29일[11]

4.2 대한제국 애국가 해설

대한제국 애국가 악보는 남궁요열南宮堯悅(1912.5.12.~2002.8.20.)이 1949년 1월 경복궁 동쪽 중학천中學川 변에 살고 있던 마르텔 부부를 찾았을 때 최초로 발견하여 2월 22일 양화진 외인묘지에

---

11) 『고종실록』권42 광무 6년(1902년) 12월 20일 又詔曰 樂師德國人 에궤르트 有審定節奏 實心教習之勞 特敍勳三等 賜太極章 p274; 『일성록』규12816 500책 광무 6년 (음력 11월 21일)12월 20일 115면 강 特敍醫學校長池錫永德國人에커트比國人貴賓禮勳, 목 詔曰樂師德國人에케르트 有審定節奏實心敎習之勞特敍勳三等賜太極章; 『구한국외교문서』권16 덕안(2) 고려대학교 아세아문제연구소 1966 p459(서고 659-10-16. c2)

"2816 軍樂敎師 에케트에 對한 敍勳事 (謄26冊)
[發]外部大臣 趙秉式　　　　　　　　　光武 6년 12月 29日
[授]德國領事 瓦以壁　　　　　　　　　西紀 1902年
照會 第六十一号
　大韓外部大臣 趙秉式 爲照會事 茲接表勳院總裁文開, 今月二十日照曰, 樂師德國人에케트, 有審定節奏, 實心敎習之勞, 特敍勳三等賜太極章, 欽此 將勳記勳章各一件呈請轉交, 等因, 准此, 除將該勳記勳章各一件送交外, 相應備文照會, 貴領事請煩査照, 妥致該員, 以便祇領珮帶可也, 須至照會者
　　右.
大德欽命出使韓國領事官 瓦以壁 閣下
　　光武六年十二月二十九日"

있는 에커트의 묘에서 군목 정달빈 대위, 남궁요열 소위, 해군군악대, 마르텔 부부와 외손자들, 쉬르바움(Schirbaum, Paul Henri Theodor 1874.11.14.~1965.10.20.)이 참석하여 추념식을 하는 자리에서 대한제국 애국가를 광복 후 최초로 연주하였고 1950년 4월 22일, 23일 이틀 동안 해군군악학교에서 창립 1주년 기념식을 하고 구 군악대 자료, 3.1운동 선언서, 대한제국 애국가 진본 및 일제의 탄압 사진들을 전시하였다.

또 광무 5년(1901년) 주한미국 전권공사가 되었다가 광무 9년(1905년) 11월 17일 을사늑약이 체결되자 철수한 앨런(Horace Newton Allen 안련安連 1859.4.23.~1932.12.2.)의 문서 중에 대한제국 애국가가 뉴욕시립도서관(The New York Public Library)에 소장된 것을 1958년경 음악평론가 이상만李相萬 씨가 알고 16달러를 보내 마이크로필름으로 복사해 와서 1959년 KBS를 통해 방송했고 그 후 고종 30년(1893년) 2월 시카고에서 열린 콜롬비아 세계박람회(World's Columbian Exposition) 출품 사무대원으로 참가했던 정경원鄭敬源(1841~1898)의 후손 정우택鄭禹澤의 의뢰로 국립중앙박물관장 김재원金載元(1909.3.13.~1990.4.12.) 박사에 의해서 1968년 8월 7일 일간지 신문에 공개되어 널리 알려지게 되었고 국가기록원에 영상자료가 보존되어 있다.

다시 고병익高柄翊(1924.3.5.~2004.5.19.) 박사가 일러주어 1970년 이상만 씨는 앨런 문서에서 찾는다. 1981년 12월 초에는 중앙일보 취재팀 채흥모蔡興模 사진기자가 도서관 319호 고문서과에 있는 대한제국 애국가를 촬영해 왔고 1985년 11월 30일 일본에서 입수한 독일어식 음역본音譯本을 보도하고[12] 1987년에는 김원모金源

模 교수가 마이크로필름으로 찍어 소장하고 있다.

대한제국 애국가는 가로 23.5
cm 세로 30.8cm 크기로 두꺼운
고급 모조지에 동판 인쇄로 색도
5도로 표지를 포함한 10면으로
되어있고 태극과 같은 청홍색의
각각 여섯 가닥 실끈으로 묶어
호화롭게 만들어져 있다. 표지에
는 「大韓帝國愛國歌대한제국애국
가」 밑에 태극 주위에 네 송이
채색 무궁화를 배치하여 금박을
둘렀는데 이는 대한제국의 훈장
인 자응장紫鷹章과 매우 흡사하

"대한제국 애국가 표지"

다. 그 밑에 프로이센 왕립 음악감독 프란츠 에커트가 한국적 모티브
(Motive)로 작곡한 대한제국 애국가(Kaiserlich Koreanische National
hymne Nach Koreanischen Motiben von Fanz Eckert, Königlich
Preussischem Musikdirektor.) 1902년이라고 되어있다.

2면은 빈 면, 3면은 애국가 제정의 경위를 밝힌 원수부 회계국총
장 육군부장 민영환이 쓴 발문跋文이며 4면은 궁체의 한글 가사와
밑에 독일어 가사가 있고 5면에서 8면까지는 당시 군악대 악기 편
성에 의한 총보總譜로 플루트 피콜로 오보에 클라리넷 등 18가지
악기에 의한 18단 3/4박자 34마디로 되어있다. 제1소절에서 제16

12) 『중앙일보』 1985년 11월 30일 7면 「구한말 독일인 작곡한 애국가 악보 일서 발견」

소절까지는 Andante(느리게) MM ♩= 112, 제17소절에서 제25소절
까지는 Allegretto(조금 빠르게) MM ♩= 64, 제26소절부터는 a
tempo(원래의 빠르기로), 제30 소절부터 rit(점점 느리게), 제32 소
절부터는 dim(점점 여리게)으로 되어있다. 9면과 10면은 뒤표지로
빈 면이며 앞표지와 붙어 있다.13)

3면 발문

"夫聲樂者感動人心有非言語文字之可及我國之有軍樂盖已久
矣洪惟我
皇14)帝陛下中恢大業百度維新尤拳ᆞ於戎政至於軍樂亦　命㴽
互各國聲樂輯爲新譜令　德國敎師譽啓擴明於聲律者
審定宮徵被之以愛　國之歌八音以譜八風以行凡我軍人詠其
歌而知其義其聲壯廣則思奮勇敵愾其聲雍容則思礪行和
衆擧踴躍鼓舞不知其忠愛之心油然而生聲樂之道有如是夫泳
煥初不習於附注又不學於操縵而以冒㴽軍啁預聞是事譜旣成
繡梓記其事而弁其卷
　　　　元帥府會計局摠長陸軍副將正一品勳一等閔泳煥"15)

(국역)

무릇 음악은 사람의 마음을 감동하게 하는데 언어와 문자는
비할 바가 못 되며 우리나라에 군악이 있은 지는 아마도 이미
오래되었다. 삼가 생각해보면 우리

---

13) 『여명의 동서 음악』 장사훈 저 세광음악출판사 1991 장사훈 교수는 대한제국 애국가 차례를
1면 표지 2면은 한글과 독일어 가사, 3면에서 6면까지는 총보(總譜)이며 7면 8면은 간지(間
紙), 9면은 민영환이 쓴 발문(跋文)으로 소개하고 있다.

14) 황제를 가리키는 글자가 오면 반드시 줄바꾸기(改行)를 하고 글자를 올려서 쓰는데 이를 대두
(擡頭)라 하고 중간에 글자를 비우고 쓰는 것을 공두(空頭)라 한다.

15) 『대한제국 애국가』 대한제국 편 탁지부 전환국 인쇄과 광무 6년(1902년)

황제 폐하께서는 대업을 이루시고 온갖 제도를 유신하셨으며
한층 더 융정戎政에 마음을 쓰셨으며 군악에도 역시 그러했다.
신보新譜를 위해 각국의 성악집을 서로 살피도록 명을 내려
성률聲律에 밝은 독일 교사 에커트(예계터譽啓攄)는 애국가를
담아낼 궁치宮徵를 자세히 살펴 정해 팔음八音으로써 작곡하
여 팔풍八風으로 행하니 무릇 우리 군인들이 노래를 부르면
그 의로움을 능히 알고 굳세고 씩씩한 그 소리가 용감하게 떨

夫聲樂者感動人心有非言語文字之可及我國之有軍樂蓋已久
矣洪惟我
皇帝陛下中恢大業百度維新无拳~於戎政至於軍樂亦　命泰
立各國聲樂彙為新譜令　德國教師噐啓攄明於聲律者
審定宮徵被之以愛　國之歌八音以譜八風以行仈我軍人詠其
歌而知其義其聲壯則思奮多敵愾其聲雍容則忠行仁
衆奉踴躍鼓舞不知其忠愛之心油然而生聲樂之道有如是夫永
煥初不習於附注又不學於操縵竊以冒在軍御預闋是事譜既成續
梓記其事而弁其卷
元帥府會計局德文陸軍副將正一品勳一等閔泳煥

"발문"

쳐 일어나 적과 싸우려는 의기를 품게 하고 온화하고 의젓한 그 소리가 행실을 가다듬어 화합할 생각을 하고 모두 다 기세가 오르게 용기를 북돋워 알지 못하는 사이에 충군애국심忠君愛國心이 뭉클뭉클 생기게 하는 음악의 도가 이처럼 있다. 무릇 영환은 처음부터 악보를 보는 것을 익히지 못하였고 또 악기 연주를 배우지 못한 것을 무릅쓰고 군에 참여하여 직함을 맡겨 이 일을 알게 되었다. 악보가 이미 완성되어 간행하여 그 일을 기록하여 책에 서문을 쓴다.

원수부 회계국총장 육군부장 정1품 훈1등 민영환

○ 유신維新: 모든 일을 새롭게 고침, 낡은 제도의 폐습을 고쳐 혁신함.

○ 융정戎政: 군사에 관한 정치.

○ 성률聲律: 성聲은 궁宮 상商 각角 치徵 우羽의 5음을 말하고 율律은 12율을 뜻하여 음계音階와 음률音律을 합한 말.

○ 궁치宮徵: 한국 전통음악에서 한 옥타브 안에 쓰인 기본적인 5 음률로 궁, 상, 각, 치, 우의 음률.

○ 팔음八音: 여덟 가지 다른 재료에 의해서 만들어진 여덟 종류의 국악기에서 나는 그 음. 그 재료는 금金 석石 사絲 죽竹 포匏(바가지) 토土 혁革 목木 등이며 이러한 재료에 따른 악기의 분류방법은 『증보문헌비고』에 기록되어 있다.

○ 팔풍八風: '바람이 불어도 움직이지 않는다.'와 같은 뜻을 지닌 것으로 '팔풍이 불어도 움직이지 않는다.'라는 구절이 있다. 이 구절은 『선림류취禪林類聚』 권 제2[16])와 『종용록從容錄』 제33 칙[17]) 게송偈頌에 나온다. '팔풍'은 이利 쇠衰 훼毁

16) 『선림류취』 권 제2 석도태(釋道泰) 등 편 만치(萬治) 2년(1695년) 「불조(佛祖)」 p61

예譽 칭稱 기譏 고苦 낙樂으로써 왕성함과 쇠퇴利衰, 깎아 내림과 기림毁譽, 칭찬과 비난稱譏, 괴로움과 즐거움苦樂의 여덟 가지를 말한다. 이 여덟 가지는 애증을 통해 인심을 뒤흔들기 때문에 바람에 비유한 것이다. 이처럼 인심을 뒤흔드는 바람이 우리 주변에 끊임없이 불어도 정법에 안주하여 절대 흔들리지 않는 것 이것이 '팔풍이 불어도 움직이지 않는다.'이다. 『보등록普燈錄』18)에 이 구절은 어떤 경우에도 흔들리지 않는 확고한 신념을 나타내고 있다.

○ 적개敵愾: 적에 대하여 품는 의분義憤, 적과 싸우려는 의기義氣

4면 대한제국 애국가 가사

"상뎨는 우리 황뎨를 도으스
셩슈무강ᄒᆞᄉᆞ
히옥듀를 산갓치 ᄲᅡᄋᆞ시고
위권이 환영에 쓸치스
오 쳔만셰에 복녹이
일신케 ᄒᆞ소셔
상뎨는 우리 황뎨를 도으소셔

___

17) 『종용록』 권3 만송행수(萬松行秀) 편저 가정(嘉定) 16년(1223년) 제33칙 「삼성의 금빛 잉어 (三聖金鱗)」 홀로 우뚝 서서 팔풍이 불어도 흔들리지 않네(介立八風吹不動).

18) 『보등록』 권 제16 정수(正受) 편 가태(嘉泰) 4년(1204년) 남악南嶽 제15세(임제臨濟11세, 양기 楊岐4세)〉 용문불안청원선사법사龍門佛眼清遠禪師法嗣〉 온주용상죽암사규선사溫州龍翔竹庵 士珪禪師〉 p112 눈이 무거워도 계곡 아래의 소나무를 꺾기는 어렵고, 바람이 불어도 하늘의 달은 흔들리지 않는다(雪壓難摧澗底松 風吹不動天邊月).

Gott beschütze unsern Kaiser,

Dass sich seine Jahre mehren

Zahllos wie der Sand am Strande,

Der sich hoch zur Düne häufet,

Dass sein Ruhm sich leuchtend breite

Weithin über alle Welten,

Und das Glück des Herrscherhauses

Tausendmal zehntausend Jahre

Neu mit jedem Tag erblühe.

Gott beschütze unsern Kaiser."

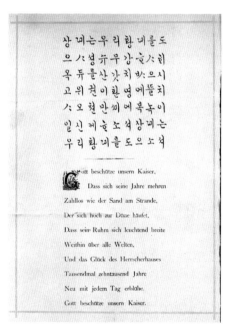

"한글과 독일어 가사"

7행으로 된 애국가 가사를 정리하면 다음과 같다.

○ 상뎨上帝: 하늘을 다스리는 신, 하느님 God.

○ 셩슈무강聖壽無疆: 성수聖壽는 황제 폐하의 나이, 수명, 황제 폐하께서 오래 사시기를 바라는 말. Long life of His Majesty.

○ 히옥듀海屋籌: 해옥주첨海屋籌添[19] 장수를 송축할 때 쓰는 말. 신선이 산다는 해옥은 선학仙鶴이 매년 한 개씩 물고 온 대오리로 지었다는 설화가 있는 큰 수명壽命의 수數.[20]

○ 위권威權: 위세와 권력, 위광威光과 권력. Dignity and authority.

○ 환영寰瀛: 천하, 세계 또는 강역疆域의 뜻으로 쓰임.

○ 오於: 감탄사로 감탄하는 소리로 아, 오.

○ 천만세千萬歲: 천만년으로 아주 오랜 세월.

○ 복록福祿: 타고난 복과 녹, 삶에서 누리는 기쁨과 즐거움.

○ 일신日新: 날로 새로워짐.

○ 삣으시고: 삣자는 고종실록 권46 광무 9년(1905년) 7월 19일 조에 '신정국문실시건新訂國文實施件 제왈가制曰可로 한글 중성重聲을 새로 정리하여 바로잡아 밝힌다.新訂國文重聲釐正辨.' 하여 한문에 같은 자가 겹칠 때 쓰는 첩자疊字 々를 준거하여 쓰는 것은 맞지 않음으로 ㅅ에 ㅂ을 붙여 쓰는 것을 폐지하기 전에 쓰던 철자법이다.[21]

독일어 가사의 국역은 다음과 같다.

---

19) 함녕전(咸寧殿) 외진연(外進宴)에서 폐하가 잔을 잡고 재신(宰臣)이 부복(俯伏)하면 등가(登歌)에서 해옥첨주지곡(海屋添籌之曲)이 연주되고 무동(舞童)이 들어와 몽금척(夢金尺) 원무곡을 춘다.(陛下執爵 宰臣俯伏 登歌作海屋添籌之曲 舞童入作夢金尺)

20) 『교학 대한한사전』 감수 이가원 안병주 (주)교학사 2004.

21) 『고종실록』 권46 광무 9년(1905년) 7월 신정국문실시건(新訂國文實施件) p389; 『관보』 의정부 관보과 광무 9년 7월 25일 궁정록사 p50; 『아세아연구』 제6권 제1호(통권 제11호.) 고려대학교 아세아문제연구소 1963 「신정 국문에 관한 연구」 김민수.

"하느님 우리 황제를 보호하소서.

사구砂丘에 높이 쌓인

해안의 모래처럼 헤아릴 수 없이 만세소서.

멀리 온 세계에 명예가 빛나며 뻗치소서.

그리고 황실의 행복이 천세 만세토록 매일 새로이 꽃피소서.

하느님 우리 황제를 보호하소서."[22]

---

22) 『문예사조 2 비교문학-이론 방법 전망』 문학사연구회 간 1973 「영, 불시가 한국시가에 미친 영향고」 이재호 p108; 『중앙일보』 1973년 10월 13일 「우리 애국가의 발생과 변천」 이재호 교수의 고찰.

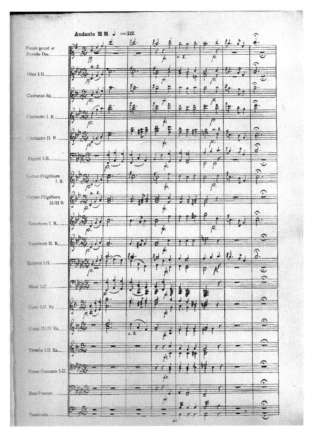

"대한제국 애국가 악보 첫장"

또 다른 한 종은 순서는 모두 같으나 4면이 한글을 모르는 외국인을 위하여 독일어로 음역音譯한 가사 밑에 독일어 가사가 있다.

4면 독일어식 음역 가사

Szang tschä nan uri hwang tschä rüll to u sza.

Szöng szu mu kang ha sza

hä ock tschu rüll szan katt tschi sa u si ko

üi konni hwan jiong ä düll tschi sza

o tschün man se e pocknocki

ill sin kä ha szo sza.

Szang tschä nan uri hwang tschä rüll to u szo sza.[23]

Gott beschütze unsern Kaiser,

Dass sich seine Jahre mehren

Zahllos wie der Sand am Strande,

Der sich hoch zur Düne häufet,

Dass sein Ruhm sich leuchtend breite

Weithin über alle Welten,

Und das Glück des Herrscherhauses

Tausendmal zehntausend Jahre

Neu mit jedem Tag erblühe.

Gott beschütze unsern Kaiser.”

애국가 제정에 따라 대관정大觀亭에서 피로연을 성대히 열고 각
국 공·영사公領事를 청하여 곡을 평하게 하였더니 국가라는 것이
웅장하고 쾌활하여야 할 것인데 순전히 음음조陰音調로 조직하였기
때문에 비조悲調 밖에 아무것도 없다는 비평을 받기는 하였으나[24]

---

23) 「한국 근대사에 나타난 애국가의 성립과정과 제 양상」 김강하 효성여자대학교 대학원 1992; 『주
간경향』 26권 33호 경향신문사 1994.8 p20 「대한제국 애국가 독일어 컬러판 원본 첫 공개」
24) 『동명』 동명사 1922(대정 11); 마이크로필름 No5(국회도서관) 「조선 양악의 몽환적 내력」 일
기자(一記者) 제14호 p12

국경일 등 경축절에는 관공서와 회사 학교에 태극기를 게양하고 애국가를 불렀는데[25] 광무 6년(1902년) 12월 4일 자 황성신문에 관련 기사가 있다.

"進宴盛儀 昨日에 外進宴을 設行ᄒᆞᄂᆞᄃᆡ 皇上 陛下ᄂᆞᆫ 中和殿에 御座를 設ᄒᆞ시고 皇太子 殿下씌ᅌᆞᆸ셔ᄂᆞᆫ 宗親 文武百官을 率ᄒᆞ시고 聖壽萬世를 三呼ᄒᆞ신 後 進爵 諸宰臣이 以次 進爵ᄒᆞᅌᆞᆸ고 慶賀禮를 畢ᄒᆞᆫ 後 勅奏判任官에게 一體 宴需를 下賜ᄒᆞᅌᆞᆸ셧ᄂᆞᄃᆡ 文官은 大禮公服을 備ᄒᆞ고 武官은 禮服服裝을 具ᄒᆞ야 歡欣踏舞ᄒᆞ며 聖福을 頌祝ᄒᆞ얏ᄂᆞᄃᆡ 仙樂을 盛張ᄒᆞ고 宴床을 高排ᄒᆞ야 內外 大小臣僚가 皆 聖恩을 沐浴ᄒᆞ얏고 各部院廳에셔도 慶祝ᄒᆞ기 爲ᄒᆞ야 事務를 姑停ᄒᆞ고 宴需를 共霑ᄒᆞ얏고 各 學校의 學徒들도 皆 國旗를 高竪ᄒᆞ고 愛國歌를 誦祝ᄒᆞ얏스며 皇城 內外 公廨民社와 店肆棧房에도 一齊히 太極旗를 竪立ᄒᆞ고 慶祝忱을 表ᄒᆞ얏ᄂᆞᄃᆡ…"

광무 8년(1904년)에는 학부에서 애국가를 정리하기 위하여 각 학교에 단단히 타일러 군악대에서 조음調音한 국가國歌를 본받아 학생들에게 가르치라면서 5월 13일 자 황성신문에 그 기사를 실었다.

"國歌調音 學部에셔 各 學校 愛國歌를 整理ᄒᆞ기 爲ᄒᆞ야 各 學校에 申飭ᄒᆞ되 軍樂隊에셔 調音한 國歌를 效倣ᄒᆞ야 學徒를 敎授ᄒᆞ라 ᄒᆞ난ᄃᆡ 其 國歌난 如左ᄒᆞ니
上帝난 우리 皇帝를 도으소셔

---

25) 『조선일보』 1968년 8월 8일 5면 「대한제국 애국가. 군주-국가의 번영 뜻해」 건양 원년(1896년) 6월 9일생인 국어학자 이희승(李熙昇) 박사도 조금 배웠다 한다.

聖壽無疆ㅎ샤

海屋籌를 山갓치 싸으소셔

威權이 寰瀛에 썰치샤

於 千萬歲에 福祿이

無窮케 ㅎ소셔

上帝난 우리 皇帝를 도으소셔"26)

　　대한제국 애국가는 1902년 에커트 작곡 민영환 책임 아래 문관
文官이 작사한 것으로 영국 국가 God Save the King처럼 첫 행과
마지막 행의 반복이 같이 나타나고 특히 길이가 7행인 것과 상뎨가
God과 같은 뜻으로 보아 영국 국가의 영향을 많이 받은 것으로 보
인다.27) 영국 국가는 영국 왕실뿐만 아니라 많은 사람에게 작자 미
상의 곡으로 알려져 있으나 프랑스 백과사전에는 륄리(Jean
Baptiste Lully)의 작곡이며 1745년 쌍 제르맹 드 라이으(St
Germain de Laye)에 살던 올드 프리텐더(Old Pretender)가 제임스
3세로 영국 왕으로 등극하게 되자 루이 14세의 후궁인 드 맹뜨농
(Marquise de Maintenon)이 가사와 함께 영국 국가로 주어 보니
프린스 찰리(Bonnie Prince Charlie)가 스코틀랜드에 도착하였을 때
처음으로 연주가 되었다 한다.28) 영국 공식 행사에서는 보통 1절만
부른다.

26) 『황성신문』 광무 8년(1904년) 5월 13일 3면 잡보 국가 조음.

27) 『문예사조 2 비교문학-이론 방법 전망』 문학사연구회 간 1973 「영, 불시가 한국시가에 미친
　　영향고」 이재호 p108

28) 『복음과 실천』 제30집 2002(가을호) 침례신학대학교 출판부 「찰스 웨슬리(Charles Wesley)의
　　교회음악에 관한 소고」 강만희 p364

"God Save the King

God save our gracious King,
Long live our noble King,
God save the King !
Send her victorious,
Happy and glorious,
Long to reign over us,
God save the King ! "

하느님 우리의 자비로우신 왕을 지켜 주소서,
고귀하신 우리의 왕을 만수무강케 하소서,
하느님 왕을 지켜 주소서 !
폐하께 승리와
행복과 영광을 주소서,
우리 위에 오래도록 군림케 하소서,
하느님 왕을 지켜 주소서 !

4.3 각지에서 불린 대한제국 애국가

여러 문헌에서 조금씩 다른 애국가 가사들을 볼 수가 있는데 이
는 정확하게 전승될 수 없었기 때문이다. 융희 3년(1909년) 7월 전
라남도 관찰사 신응희申應熙(1859~1928)가 관하 각 군郡에 훈령
하여 각 학교에 기부금과 애국가 부르는 것을 엄금하라[29) 하는 것
으로 보아 일제의 탄압은 점점 심해져서 악보를 만들 수 없을 뿐만

아니라 노래도 부를 수 없어 정확하게 전승이 될 수 없었고 강점된
후에는 시대적인 상황 변화에 따라 일부 가사의 변천도 있었다.

> 샹뎨는 우리 황뎨를 도으쇼셔
> 셩슈무강ᄒ샤
> 히옥쥬를 산갓치 ᄡᅡᄒ시고
> 위권이 한양에 ᄱᅥᆯ치샤
> 어 쳔만ᄉ에
> 복록이 일신케 ᄒ쇼셔
> 샹뎨는 우리 황뎨를 도으쇼셔
>
> 애국창가집(편의상 자료 명칭임)

    도산島山 안창호安昌浩(1878.11.9.~1938.3.10.) 선생의 장녀 안
수산安秀山(수전 안 커디 1915.1.16.~2015.6.24.) 여사가 1985년 3
월 27일 독립기념관에 기증한 자료 중에 포함되어 있던 것으로써
1909년에서 1910년 강점되기 전에 간행된 것으로 추정되는 애국창
가집의 십구 편에 있는 가사다. 또 십오 편에는 "내 나라 위ᄒᆞ야
샹쥬ᄭᅴ 빔니다 …"에 '국가國歌 나라를 위하는 노래'라는 문구가
붙어 있으며 끝에 정부에서 압수한 노래라는 주석이 있어 대한제국
말에 일제와 친일내각에 의해서 압수당했다.[30]

---

29) 『대한매일신보』 융희 3년(1909년) 7월 8일 2면 「애국하면 못 쓰나?」
30) 『한국학보』 49집 일지사 1987 「구한말 애국창가집」 p205; 독립기념관 소장, 안창호 자료(도
    15-31)

上帝난 우리 大韓을 도으소셔
獨立富强하야 太極旗를
빗나게 하옵시고
權이 環瀛에 떨치여
扵 千万岁에 自由가
永久게 하소셔
上帝난 우리 大韓을 도으소셔

1995년 일본 외무성 외교사료실에서 발견한 최신창가집은 간도 연길현 국자가 소영자小營子의 조선인이 설립한 광성중학교에서 1914년 7월 25일에 발행하여 국자가局子街 조선인 서점에서 판매하자 일제 총영사관에서 발매 반포를 금지하고 총영사 대리영사 스즈키 요타로鈴木要太郎가 외부대신 가토 타카아키加藤高明에게 1915년 8월 9일 발송하여 8월 19일 수신한 공신公信 제107호에 첨부된 책으로 "상제난 우리 대한을 도으소셔 독립부강하야 태극기를 빗나게 하옵시고 …"로 가사가 바뀐 대한제국 애국가와 스코틀랜드 민요 올드 랭 사인(Auld Lang Syne)에 곡을 붙인 "동해물과 백두산이 마르고 닳토록 …" 두 곡에 국가란 제목을 붙이고 있다.[31]

---

31) 해외의 한국독립운동사료(ⅩⅥ) 일본 편④『최신창가집』국가보훈처 영인출판 1996 p208; 국사편찬위원회〉 한국사 데이터베이스〉 문서〉 국내외 항일운동〉 해외 항일운동자료-만주지역(1910-1926)〉 불령단관계잡건-조선인의 부-재만주의 부(4)〉 64 최신창가집 발매금지에 관한 건
대정 4년 8월 19일 접수 주관 정무국 제1과
공신 제107호
재간도
총영사 대리영사 스즈키 요타로(鈴木要太郎)
외부대신 남작 가토 타카아키(加藤高明) 전
최신창가집 발매금지에 관한 건.

KOREAN OLD NATIONAL HYMN 죠션국가

샹뎨는 우리나라를 도으소셔
영원무궁토록
나라 태평ᄒ고 인민은 안락ᄒ야
위권이 셰샹에 썰치여
독립 자유 부강을 일신케 ᄒ읍소셔
샹뎨는 우리나라를 도으소셔
지챵(Repeat)

2004년 8월 14일 자 경향신문에 예술의전당 서예박물관 큐레이터 이동국 씨가 인사동 고서점에서 입수하여 13일 발표한 것으로 1910년대 불렸던 대한제국 애국가를 하와이 호놀룰루(Honolulu)의 한미클럽(Korean-American Club)에서 1925년 재간행한 것으로 찬송가 풍으로 되어있다.[32] 이 두 종류의 애국가는 해외에서 대한제국 애국가가 계속해서 불렸으며 그 법통을 이어가고 있음을 보여주는 예다.

1921년 7월 17일 매일신보에 경북 청송군 서면 수락동水洛洞 야소耶蘇교회 부속 서당 교사 김귀생金貴生이 학생 40여 명에게 용진가 애국가 한국독립 국권 회복 등을 가르쳤다고 잡혀가는 시대적 상황인 가운데 1922년 12월 3일 자 『동명』에서는 필명을 일기자一記者라고 한 기자는 위험을 무릅쓰고 완벽한 가사의 대한제국 애국가와 내력을 소개하는 기사를 싣고 있다.

---

[32] 『경향신문』 2004년 8월 14일 종합 2면 「최초의 국가 하와이판 발견」 조웅찬 기자.

"上帝는 우리 皇帝를 도으사
聖壽無疆하사
海屋籌를 山 가티 싸흐시고
威權이 環瀛에 썰치사
於 千萬歲에 福祿이
日新케 하소사
上帝는 우리 皇帝를 도으소사"33)

　　1923년 10월 2일 자 조선일보에 하동공립보통학교 6학년 이두석
(18)이가 여의리如意里 주재소에 근무하는 황판일黃判日에게 한국
시대에 부르던 애국가 몇 종류가 쓰여 있는 책을 빌려주어 경찰서
로 끌려갔다가 오고 1924년 5월 10일 시대일보에 평안북도 강계경
찰서의 의뢰로 애국가를 불렀다는 관련으로 5월 8일 오후 4시 중
등학생 3명을 검거했다고 하고 12일 자 동아일보에는 이 사건의
관련자로 보이는 종로통 3정목에 사는 노희성盧熙星(30)과 청진동
청진여관에서도 한 명이 동대문 경찰서로 끌려갔다는 기사로 보아
이때까지는 가사가 소수 알려져 있었던 것으로 보인다.
　　1925년 10월 21일 자 동아일보의 「독자와 기자」 난에 다음과 같
은 기사가 실렸다.

---

33) 『동명』 동명사 1922(대정 11년); 마이크로필름(No5) 「조선 양악의 몽환적 내력」 일기자(一記
　　者) 제14호 p12(국회도서관)

"朝生夕死로 永遠… 錦繡江山의 表徵

고래로 조선에서 숭상한 근화가 무궁화로 변해 국화가 되기까지

◇『朝鮮國花 無窮花의 來歷』

넷말이외다 대한시대에 國花를 無窮花로 숭상하엿섯스니 그 까닭이 무엇일가요(동대문 밧 륙중균)

往昔은 木槿花

- 중략 -

現代에 無窮花

그러나 근화 즉 무궁화를 지금과 가치 無窮花라고 쓰게 되기는 극히 쩗은 근대의 일이라 합니다. 아마 지금부터 이십 오륙 년 전 조선에도 개화풍이 불게 되어 양인의 출입이 빈번하게 되자 그 쌔의 선진이라고 하든 尹致昊 씨 등의 발의로 '우리 대한에도 國歌가 잇서야 된다고' 한편으로 양악대도 세우고 한편으로 국가도 창작(?)할 쌔 태여난

上帝가 우리 皇上 도으사

海屋籌를 山 가치 싸흐소서

權이 寰瀛에 떨치사

億千萬歲에 永遠無窮하소

라는 노래의 부속되어 생것다고 하는(?)『東海물과 白頭山이 마르고 달토록』이라는 애국가의 후렴인『無窮花 三千里 華麗江山』이라는 구절이 쯰일 쌔에 비로소 근화 즉 무궁화를『無窮花』라고 쓰기 시작한 듯하답니다."34)

당시 식자층인 신문기자도 이처럼 정확한 가사를 모르는 것으로

---

34)『동아일보』1925년 10월 21일 2면「조생석사로 영원 금수강산의 표징」

보아 일제의 철저한 말살을 볼 수가 있다. 그러나 1968년 8월 7일 가사 및 악보의 신문 공개 이후에도 철자의 오류와 출처가 불분명한 가사가 검증되지 않은 상태에서 그대로 인용되고 있는 실정을 보여주고 있다.

상뎨는 우리 황뎨를 도우쇼
셩슈무강ᄒ소 히옥듀를
산갓치 샛으시고
위권이 황영에 쓸치소
오천만셰에 복녹이
일신케 ᄒ소셔
상뎨는 우리 황뎨를 도우소셔
『한독문학비교연구Ⅰ』 삼영사 1976

상뎨는 우리 황뎨를 도으소
성슈무강효쇼 효옥듀를
산갓치 받으시고
위권이 환영에 뜰치쇼
오천만세에 복녹이
일신케 효소셔
상뎨는 우리 황뎨를 도으소서
『객석』 예음 1984

상뎨여 우리나라를 도으쇼셔
반만년의 역사 배달민족 영영히 번영ᄒ야
히돌이 무궁하도록 셩디동방의 문명의 원류가 곤곤

히 상뎨여 우리 나라를 도으쇼셔
『한국양악백년사』음악춘추사 1985

상제난 우리 황제를 도으소서
성수무강ᄒᆞ샤 해옥주를 산갓치 스으소서
위권을 환영에 떨치샤
오천만세에 복록이 무궁케 ᄒᆞ쇼셔
상제난 우리 황제를 도으소서
『한국민족문화대백과사전』제14권 애국가 항 1991

상뎨는 우리 황뎨를
도으샤 성슈무강ᄒᆞᄉᆞ
히옥듀를 산갓치 쏘으시고
위권이 환영에 떨치ᄉᆞ
오쳔만셰에 복녹이
일신케 ᄒᆞ소셔
상뎨는 우리 황뎨를 도으소셔
『애국가 작사자 연구』집문당 1998

上帝난 우리 皇帝를 도우소서
聖壽無疆하나 海屋等(籌의 오기)을
山갓치 싸으소서
威權이 寰瀛에 떨치사
於千萬歲에 福祿이 無窮케 하소서
上帝난 우리 皇帝를 도우소서
『대한제국사 연구』백산자료원 1999
「대한제국시대의 한독관계」

상제는 우리 황제를 도으소서
성수무강하사 애옥주를
산같이 받으시고
위권이 한양에 떨치사
어천만세에 복록이
일신케 하소서
상제는 우리 황제를 도으소서
『우리 양악 100년』 현암사 2001

5부

황립 군악대의 여정

5.1 군악대의 변천

광무 11년(1907년) 7월 31일 일제의 강제에 의한 군대해산 조칙으로 8월 1일부터 대한제국군은 3차에 걸쳐 무장해제 되는데 군악대는 여단 사령부, 연성학교研成學校, 헌병대, 치중대輜重隊, 홍릉수비대와 같이 3차로 8월 28일 해산되고 관보 11월 11일 자에 9월 1일부로 소급한 포달布達 제160호로 군부 소관 전 군악대원으로 제실음악대帝室音樂隊를 조직하는 포달이 반포되어 군부에서 궁내부 예식원禮式院 소속 제실음악대로 되고[1] 군악대 폐지는 9월 4일 칙령 제20호로 군부소관관청관제 및 규정의 폐지하는 건 중 칙령 제40호 군악대편제중개정건 폐지로[2] 군부 소관 군악대가 창설 7년 만에 해산되어 1등 군악장 백우용, 3등 군악장 강흥준이 9월 3일부로 해관解官된다.[3]

---

1) 『순종실록』 권1 융희 원년(1907년) 9월 1일 布達 第一百六十號 軍部所管 軍樂隊員으로 帝室音樂隊를 組織件 頒布. p493; 『관보』 내각법제국 관보과 융희 원년 11월 11일 布達 第一百六十號 軍部所管 軍樂隊員으로 帝室音樂隊 組織홈이라. p1076; 『황성신문』 융희 원년 11월 12일 음악대 조직.

2) op. cit. 융희 원년(1907년) 9월 4일 勅令 第二十號 軍部所管軍樂隊以下官制及規程廢止件 頒布 p494; 『관보』 내각법제국 관보과 융희 원년 9월 7일 勅令 第二十號 軍部所管軍樂隊以下官制及規程의 廢止ᄒᆞᄂᆞ 件. p868

3) 『일성록』 규12816 559책 융희 원년 (음력 7월 26일) 9월 3일 57면 강 內閣 軍部以現無補職人員將領尉官職名ㅕ解免奏. 묵 該閣部奏以欽承勅旨軍制今旣改正矣武官中皇族外現無補職人員帶有將領尉官職名 … 一等軍樂長白馬鏞三等軍樂長姜興俊等諸ㅕ解本官允之; 『관보』 내각법제국 관보과 융희 원년 9월 14일 辭令 … 一等軍樂長白馬鏞三等軍樂長姜興俊解本官九月三日.

융희 원년(1907년) 11월 29일 관보 부록 포달 제161호에 의하여 궁내부 관제가 일제의 통제하에 개정이 되어[4] 직제 및 명칭이 일본식으로 변경되면서 12월 1일부로 창덕궁 금호문金虎門 밖에 있는 장례원 악사장樂師長은 1인으로 주임奏任 4등 3급 정3품인 백우용이 음악교수 및 주악을 맡고 장례원 악사樂師는 2인으로 판임관判任官 3등 6급 6품인 강흥준姜興俊과 판임관 4등 8급 9품 김창희金昌熙는 음악에 종사함으로 되어있다.[5]

융희 2년(1908년) 6월 30일에는 장례원 장악과掌樂課 악공 90명을 해산시켜 240명만 남겼고 8월 20일에는 장악부掌樂部로 바뀌고 국악부國樂部와 음악부音樂部로 구분하고 있으며 국악부는 서부 서학개西學峴[6]에 두고 음악부는 중부 사동寺洞에 두고 있다.[7]

일제는 1910년 12월 30일 이왕직 관제를 발표하고 1911년 2월 1일부터 시행한 사무분장 규정에 5계를 두어 양악은 의식에 관한 사항으로 장시계掌侍係에 아악雅樂에 관한 사항은 장사계掌祀係에 두고[8] 있으며 이왕직 인사 관계 서류 중 1912년 11월 26일 입안 발송한 근무성적보고건 안案 66호 고과표에 장시계掌侍係 예식실禮式室 양악대는 다음과 같이 악대원 48명과 통역원 1명, 사정使丁 3명으로 되어있다.

---

4) 『순종실록』 권1 융희 원년 11월 p503

5) 『직원록』 내각 기록과 융희 2년(1908년) 6월 장례원 p6, 7

6) 『Transactions of the Korea Branch of the Royal Asiatic Society』 Vol. 15 Royal Asiatic Society, Korea branch. Korean branch of the Royal Asiatic Society 1900(국회도서관) 왕립 아시아협회는 1900년 6월 16일 외인 클럽에서 17명의 선교사가 창립하여 초대 지부장은 거빈스(J. H. Gubbins 고빈사高斌士) 영국공사가 맡았으며 소재지는 YMCA에 두었다. 한성부(漢城府) 지도는 TRANSACTIONS 제3호(1900)에 실려 있다.; 『향토 서울』 50호 서울특별시사편찬위원회 1991 「한성부지도와 육조의 역사지리연구」 이진호 p17; 『조광』 조선일보사출판부 1935-42 「경성 구지와 유화」 김화산인 p188. 서학개(西學峴)는 서학(西學)이 있던 곳으로 지금의 태평로 1가 62번지에 있었다.

7) 『직원록』 내각 기록과 융희 3년(1909년) 6월 장악부 p26, 27

8) 『조선총독부관보』 제106호 1911년(명치 44) 1월 9일 조선총독부 인쇄국 황실령 p21

양악사장洋樂師長: 백우용白禹鏞
양악사洋樂師: 김창희金昌熙
통역원通譯員: 김중태金重泰
양악수장洋樂手長: 이춘근李春根 박중엽朴仲燁 박한규朴漢奎 김경준金敬俊 이순창李順昌 엄태연嚴泰淵
양악수洋樂手: 서병희徐丙喜 이명준李明俊 김종현金宗鉉 이용석李容錫 편춘근片春根 박무길朴武吉 문수봉文壽奉 박홍규朴興圭 태유선太裕善 박춘식朴春植 이춘호李春浩 양재익梁在翼 이천만李千萬 김봉석金奉錫 김진완金鎭完 이덕유李德裕 이덕상李德祥 김흥복金興福 김기조金基祚 김수봉金守奉 이순근李順根 송창수宋昌壽 이덕삼李德三 정춘삼鄭春三 김성옥金聲玉 김재화金在華 김진오金鎭五 이상식李相植 이춘식李春植 이용주李龍珠 김창섭金彰燮 윤상종尹相鐘 이승필李承弼 홍성칠洪星七 김영모金永模 장상옥張相玉 임영준任塋準 정명운鄭明雲 차석호車錫鎬 최천만崔千萬
사정使丁: 이순경李順景 박원보朴元甫 김원실金元實[9]

1914년 7월 이왕직 직원록에 아악사장은 서무계庶務係 능무실陵務室에, 양악사장은 장시계掌侍係 예식실禮式室에 소속되어 있고[10] 1915년 3월 18일 소위 일제 황실령 제5호 개정으로 3월 24일 이왕직 사무분장 규정을 개정 반포하여 1사司 6과로 분장分掌 양악대의 1년 경비 17,114원 중 9,914원을 절감한다는 명분으로 해산시키기 위하여 고원雇員 양악사장 1인, 용원傭員 양악사 2인, 양악수장洋樂手長 8인, 양악수洋樂手 41인 계 52명의 대원을 2월 말 현재로 조사하여 5월 26일 장시사掌侍司 고용원 중 양악대 정원을 개정하

9) 『이왕직 인사관계서류』 이왕직 편 융희~1916 p24a~28a
10) 『이왕직 직원록』 이왕직 서무계 인사실 1914년(대정 3) 7월 p19, 31

여 고원 양악사장 1인, 용원 양악사 2인, 양악수장 8인, 양악수 33인, 사정仕丁 1인 계 45명으로 감원하고 제사과祭祀課 아악대 정원도 감원하였다.[11]

양악사장: 백우용白禹鏞
양악사: 김창희金昌熙 이춘근李春根
양악수장: 박중엽朴仲燁 이순창李順昌 김경준金敬俊 엄태연嚴泰淵 김종현金宗鉉 문병옥文秉玉 서병희徐炳熙 박흥규朴興圭
양악수: 이용석李容錫 이명준李明俊 편춘근片春根 태유선太裕善 박무길朴武吉 이천만李千萬 이춘호李春浩 양재익梁在翼 박춘식朴春植 김봉환金鳳煥 이덕상李德祥 김진완金鎭完 이덕유李德裕 김흥복金興福 이순근李順根 송창수宋昌守 김수봉金守奉 김기조金基祚 정춘삼鄭春三 김성옥金聲玉 이덕삼李德三 김재호金載鎬 윤상종尹相鐘 이춘식李春植 김창섭金彰燮 김진오金鎭五 이상식李相植 이용주李龍珠 김영모金永模 차석호車錫鎬 최천만崔千萬 정명운鄭明雲 장상옥張相玉 임영준任塋準 이승필李承弼 김종권金鐘權 노태섭盧台燮 은현주殷現柱 김윤창金允昌 현정주玄庭柱 김홍열金洪烈
의依 1915년도 이왕직 서무 문서철[12] 2월 말 명단

1912년 11월 14일 입안하여 17일에 발송한 승급 건에 박한규 문수봉 김봉석 김재화 홍성칠 김영모가 빠져있고[13] 1915년 명단에도 없어 사직처리 된 것으로 보이며 1915년 명단에 문병옥 김봉환 김

---

11) 『순종실록부록』 권6 1915년 5월 p587

12) 『신천지』 9월호 서울신문사 출판국 1954; 국회 MF002937 (1993) 「군악의 창설 지도자 엑켈트 씨 그의 제39주기에 제(祭)하여」 장사훈 p90; 『한국음악사 연표』 장사훈 저 청주대학교 출판부 1990 p219

13) 『이왕직 인사관계서류』 이왕직 편 융희~1916 p67a~69a

재호 김종권 노태섭 은현주 김윤창 현정주 김홍열이 새롭게 보여 신규 채용된 것으로 보인다.

1916년 6월 10일 업무분담규정 중 개정으로 1사司 7과를 설치하여 제사과祭祀課에 아악사장을 의식과儀式課에 양악사장을 소속시키나[14] 12월 12일 양악대를 해산하고 이후로 필요할 때마다 연주월 수당과 보조금 지급이란 방식으로 운영하면서 1917년 4월 1일 의식과 소속 양악대원 및 제사과 소속 아악대원의 급여액 개정을 한다.[15] 1919년 고종태황제어장주감의궤高宗太皇帝御葬主監儀軌를 보면 양악사장 1인, 양악사 2인, 악수장樂手長 8인, 악수樂手 통역원 김중태를 포함한 37인 사정使丁 1인, 선수膳手 5인, 요리수料理手 3인, 사정 4인으로 구성되어 있다.

> 양악사장洋樂師長: 백우용白禹鏞
> 양악사洋樂師: 김창희金昌熙 이건호李健鎬
> 악수장樂手長: 박중엽朴仲燁 등 8인
> 악수樂手: 김중태金重泰(통역원) 등 37인
> 사정仕丁: 김원실金元實
> 선수膳手: 서병기徐丙基 등 5인
> 요리수料理手: 차의로車義輅 등 3인
> 사정仕丁: 김창규金昌圭 등 4인[16]

양악사에 이춘근이 빠지고 이건호가 들어가 있고 악수樂手는 33명에서 36명으로 늘었다가 이왕직 양악대의 해산으로 9월 12일 대

---

14) 『이왕직 직원록』 이왕직 서무과 1918년(대정 7) 8월 p32, 35

15) 『순종실록부록』 권8 1917년 4월 p597

16) 『고종태황제어장주감의궤』 이왕직 편 1919 사(寫) 고종태황제어장주감의궤 v3 159b, 160a, 150a, 150b

원들을 면직시킨다. 1920년 10월 30일 이왕직 사무분장 규정에 장시사掌侍司 및 서무과庶務課 회계과會計課 예식과禮式課를 두고 제사와 의식에 관한 사항은 예식과禮式課에서 관장하였다.

5.2 시위군악대 및 제실음악대의 연주

에커트가 이끄는 군악대의 연주기록은 광무 5년(1901년) 9월 7일(음력 7월 25일) 오전 만수성절萬壽聖節에 경운궁 경운당에서 각국 공·영사가 황제 폐하께 폐현을 하고 애국가와 다른 한 곡을 초연하였다. 광무황제 폐하께서 한번은 대관정大觀亭에서 애국가를 들으시고 기쁘게 가납嘉納하시어서 가끔 입시入侍를 시켜 심심하실 때는 전화로 들으시기까지 하였다 한다. 또 영친왕 전하께서도 연주를 좋아하시고 퍽 신기하게 여겨 악대가 새 곡을 익히면 으레 궁에 들어가 주악을 하고 하루라도 빠지면 전화를 걸어 놓고 들으셨다 한다.17)

광무 6년(1902년) 황궁의 신년 하례에서 애국가를 연주하였으며 3월 17일(음력 2월 8일) 저녁 9시 외부에서 거행된 황태자 전하 보령寶齡 29세 천추경절千秋慶節 연회에서 시위군악대는 애국가 일본 영국 독일 러시아 프랑스 그리고 미국 국가를 연주하였다.18) 4월 3일 서울 주둔 일본 수비대의 축제일에 대대장 엔도 케이키치遠

---

17) 『동명』 동명사 1922(대정 11); 마이크로필름 No5(국회도서관) 「조선 양악의 몽환적 내력」 일 기자(一記者) 제14호 p12

18) 『고종의 독일인 의사 분쉬』 리하르트 분쉬(Richard Wunsch) 지음 김종대 옮김 학고재 1999. p171; 『The Korea Review』 vol. 2 (1902) Homer B. Hulbert 경인발행사 1986 p124, 125(국 회도서관)

藤敬吉(Yendo) 중좌中佐(중령)의 초청으로 연주가 있었다.[19]

5월 8일 11시 독립관에서 서울 송도松都 간의 철도기공식에 조정의 대관大官 이하 각 관인官人, 프랑스 기함 당트르카스토(d'Entrecasteaux)호 해군 소장 베일(Charles Jesse Bayle 1842~1918) 제독, 프랑스공사 꼴랭 드 쁠랑시(Victor Collin de Plancy 갈림덕葛林德 1853~1922), 러시아공사 파블로프(Alexandre Ivanovich pavlov 파우로후巴禹路厚) 일본공사 하야시 곤스케林權助 등 주한 각국 공사 및 외국인들과 서울 안팎의 사람들이 구름 같이 운집한 가운데 에커트가 지휘하는 한국 군악대와 기함의 군악대가 연주하고 각국의 국가가 연주되었으며 연회 때도 연주와 선소리立歌를 하였다.[20]

7월 14일 프랑스 혁명 기념일 공사관 리셉션에 연주가 있었으나 별로 성공적이지 못하였고 9월 15일 독일 동아시아 함대 부사령관 리하르트 가이슬러(Richard Geißler)가 방한하여 광무황제 폐하를 폐현한 연회에서 50명가량의 악대가 일명 식탁음악인 타펠무지크(Tafelmusik)를 연주하였고[21] 10월 24일 외부 연회에서 연주가 있

---

19) 『뮈텔 주교일기』 3권 한국교회사연구소 역주 한국교회사연구소 1993. p131. 『한국 가톨릭 교회음악 사료집 2』 조선우 최필선 서우선 주은경 편저 1996. p19. 엔도(遠藤)는 제3사단 제6연대 제1대대 소속이다.

20) 『일신』 저자 미상 국사편찬위원회 1983.
壬寅 光武六年(1902년) 三月二十七日(양 5월 4일) 京義鐵道起工禮式
昨日自獨立館, 設行京義鐵道起工禮式, 而式場周圍, 以松薪築城, 洞開大綠門, 而廣張漫幕, 無數太極國旗, 前後左右蔦立, 曾賓請邀, 我廷大官以下各官人 及駐京各公使各外國人觀光者, 都城內外, 男女人士, 雲屯林簇, 而其禮式, 次第如左, 上午十一点, 先放爆竹開式場, 第一, 西北鐵道總裁李容翊, 對來賓致謝, 第二, 地鎭祭設行事, 第三, 總裁李容翊 及監督 盧飛景(로비부, 르페브르 G. Lefevre)鍬, 入式擧行, 第四, 總裁李容翊祝詞朗讀, 一法文飜譯朗讀, 第五, 外部大臣及農商工部大臣演說, 第六, 各國首班公使及法公使・俄公使演說, 右禮式畢後, 上午十二点半, 請導來賓于食堂, 禮式如左, 第一, 總裁李容翊, 祝大皇帝陛下萬歲三呼, 皇太子殿下千歲三呼, 來賓齊聲答祝, 第二, 總裁李容翊, 祝來賓健康, 第三, 來賓齊聲祝西北鐵道興, 第四, 會食時進樂, 右立食畢後, 來賓隨意遊賞, 下午六点半, 罷歸演戲, 一, 韓國軍樂, 二, 法國軍樂, 三, 才人繩戲, 四, 立歌

21) 『프란츠 에케르트』 한스 알렉산더 크나이더(Hans-Alexander Kneider) 연암서가 2017 p97
1902년 11월 14일 자 Der Ostasiatisch Lloyd(덕문신보德文新報) 기사, 덕문신보는 상하이(上海)에 거주하던 독일인들이 1886년 10월 1일부터 1917년 8월 17일까지 발행한 신문이다.

었다.

광무 7년(1903년) 4월 15일 제물포에 입항한 포함 일티스(Iltis 이루지스)호의 독일제국 바이에른(Bayern)국 게오르크 왕자(Georg, Prinz von Bayern 1880.4.2.~1943.5.31.)[22]이하 수행원, 무관 등 11명이 광무황제 폐하를 폐현陛見하려고 하였으나 영친왕 전하가 두진痘疹(천연두)이 발생하여 폐현할 수 없자 바르텐베르그 백작(Graf von Wartenberg) 이름으로 신분을 숨기고 서울에 도착하여 도시의 명승지 안내자로 지명된 시의侍醫 리하르트 분쉬(Richard Wunsch) 박사의 안내로 4월 17일 9시 한성관립덕어학교를 방문하고 탑동공원의 시위군악대를 방문한다.[23]

---

[22] Georg Prinz von Bayern; b. 2 April 1880, d. 31 May 1943, Georg Prinz von Bayern was born on 2 April 1880 in Munich, Bavaria, Germany. He was the son of Leopold Maximilian Joseph Maria Arnulf Prinz von Bayern and Gisela Louise Marie Erzherzogin von Osterreich. Georg Prinz von Bayern was a member of the House of Wittelsbach. He gained the title of Prinz von Bayern. He died on 31 May 1943 at age 63 in Rome, Italy.

[23] 『각부청의서존안』 규17715 23책 문서51 92쪽 a~96쪽 a면 光武 7年 7月 14日 禮式院 所管 德國聯邦 倍耳魚國 親王迎送時 各項費롤 豫算外 支出 請議書 第三十七號;『주본』 규17703 67책 111~127면 광무 7년 8월 8일 奏本 第五十八號 度支部大臣 請議 德國親王 迎送時 所入費 四百二十元 二十九錢 豫備金 中支出事「光武 七年 四月 十五日 德國親王빠바리아 迎送 所入費 明細書」;『구한국외교문서』 권16 덕안(2) 고려대학교 아세아문제연구소 1966 p478, 482, 539;『고종의 독일인 의사 분쉬』 리하르트 분쉬(Richard Wunsch) 지음 김종대 옮김 학고재 1999. p83, 91;『황성신문』 1903년 4월 13일 2면 덕친왕래유, 4월 16일 2면 덕왕입성, 4월 18일 2면 덕합도인, 덕왕친교, 4월 20일 2면 덕친왕발성.; www.kneider.info〉 Germans in Korea prior to 1910 (1910년까지 한국에 있었던 독일인)〉 Categories of German Citizens in Korea(분야별로 본 주한독일인)〉 IV. Military personnel & Aristocrats. "Georg, Prinz von Bayern Kommt am 15. Apr. 1903 auf S.M.S. "Iltis" nach Chemulp'o und reist incognito unter dem Namen 'Graf von Wartenberg' nach Seoul, wo er die deutsche Schule und die koreanische Musikschule besucht. Am 19. Apr. fahrt er weiter nach Japan." 광무 7년(1903년) 4월 10일 독일영사 바이퍼트는 게오르크 왕자(Georg, Prinz von Bayern)의 방한에 외부로 광무황제 폐하를 폐현할 수 있도록 요청하나 영친왕 전하가 두진(痘疹 천연두)이 발생하여 폐현할 수 없음을 조복(照覆)한다. 그러나 4월 15일 인항(仁港)으로 친왕(親王) 이하 수원(隨員) 무관 11원(員)과 영솔인(領率人) 3명이 입항하여 예식원 외무과장 고희경(高羲敬)과 이영규(李瑛圭)가 내려가 영접하여 신문 밖(新門外) 경성역에 도착, 독일공관에 머문다. 의양군(義陽君) 이재각(李載覺), 육군부장(副將) 민영환(閔泳煥)이 친왕을 방문하여 연향(宴享)을 베풀고 창덕궁과 경복궁을 배관(拜觀)하고 북한산으로 교마(轎馬)로 분쉬, 고희경, 이영규, 태학신(秦學新) 등과 함께 소풍도 갔다 오고 4월 18일 오후 8시에 독일공관에서 친왕을 전송(餞送)하기 위하여 연회를 열고 외부대신과 각 대관을 청요(請邀)하여 연대(宴待)하고 4월 19일 2시에 한성을 출발, 일본으로 떠났다. 경성역은 광무 9년(1905년) 3월 27일부로 서대문역으로 개칭된다.

5월 7일 오후 7시 반에 정동 별관에서 신년 들어 처음으로 베풀어진 대연회에 부부동반으로 외교관들이 초청되어 이탈리아 총영사인 까를로 로제티(Carlo Rossetti 노사덕魯士德 1876~1948)도 참석, 황제 폐하를 폐현하고 부인들은 순헌황귀비純獻皇貴妃(엄 씨 1854~1911.7.20.)를 뵙고 정찬을 기다리는데 유럽풍의 옷을 완벽하게 갖춰 입은 30여 명의 악사로 이루어진 악단이 프란츠 에커트의 지휘로 여흥을 돋웠고 8시경부터 약 1시간 동안 진행된 정찬 내내 훌륭한 곡을 연주하였다.[24]

광무 8년(1904년) 5월 6일 창덕궁 주합루에 윤웅렬 군부대신 등이 참석한 가운데 일제의 러일전쟁 전승 축하식인 이른바 '황군 전승 축하회'[25]에 시위군악대의 연주가 있었으며 8월 1일 일본군에서 군악대 35명 초청이 있었고 9월 9일에는 일본군의 요양遼陽 점령 축회祝會에 참석한다. 12월 29일 10시 종현천주교당(명동성당)에서 에커트의 차녀 안나 이렌느(Anna Irene)와 아데마 델크와느(Adhémar Delcoigne 대일광戴日匡)의 결혼식에 천주교당에 들어오고 나갈 때와 미사 동안에 군악대가 연주하였다.[26]

광무 9년(1905년) 1월 4일 황태자비인 순명비純明妃(민 씨 1872.11.20.~1904.11.5.) 전하의 장식葬式에 장송곡을 올렸고 에커트가 지휘하던 광경을 찍은 사진을 사위인 마르텔이 보관하고 있었다.[27] 2월 7일 10시 종현천주교당에서 에커트의 장녀 아말리에

---

24) 『꼬레아 꼬레아니』 까를로 로제티 저 서울학연구소 역 숲과 나무 1996 p97
25) 『한국사진첩』 사이키 히로시(齋木寬直) 편 박문관 1905 p31. 군부대신 윤웅렬이 순검(巡檢) 모자를 쓴 손자 넷을 데리고 참석한 경성 구왕궁의 축첩회(京城舊王宮の祝捷會) 사진.
26) 『The Korea Review』 vol. 4 Homer B. Hulbert 경인발행사 1986 p559
27) 『조선일보』 1939년 4월 15일 석(夕) 2, 5면 학예 「조선학의 외인부대⑥ 처녀지 조선에 초빙되어 왕실 양악대를 창설 지도」

(Amalie)와 에밀 마르텔(Emile Martel)의 혼배성사에 시위군악대가 연주하였고 손탁호텔에서 열린 잔치에 발코니에서 자리하고 있던 군악대는 어려운 선곡들을 대단히 훌륭하게 연주하였다.[28]

3월 기함 퓌르스트 비스마르크(Fürst Bismarck)호의 해군 소장(Konteradmiral) 몰트케 백작(Moltke, Heinrich Karl Leonhard Graf von 1854.9.15.~1922.4.9.) 부사령관과 여러 장교는 서울을 방문하여 15일 독일공사관에서 잘데른(Conrad von Saldern 1847.1.3.~1908.6.8.) 공사가 주체하는 파티에 참석하고 탑동공원에서 독일 해군 일행과 우리 정부의 고위관리 각국 주재 공·영사公領事 그밖에 내외 귀빈들이 참석한 가운데 교환연주가 열려 독일 해군군악대는 팔모정에 자리하고 우리 시위군악대는 둥근 고깔지붕 모양의 호리존트(Horizont)에 자리하여 양측에서 국가를 포함한 여덟 곡씩 연주하기로 하였는데 에커트가 악보를 서로 맞바꾸어 초견初見으로 연주하자는 긴급 제안에 독일 군악대 측이 동의하여 독일 해군군악대는 대한제국 애국가, 서곡, 환상곡, 민요 접속곡 등을 연주하는데 처음 보는 악보에 연주가 어색하여 가끔 삑삑 하는 소리를 내는 연주를 하였으나 우리 시위군악대는 에커트에 의해서 평소에 연습하던 곡들인 독일 국가, 서곡, 왈츠 등을 훌륭하게 연주하여 참석한 청중들로부터 박수갈채를 받았으며 독일 해군 일행과 같이 온 외국 기자들은 감탄하여 동양 순방 중에 가장 인상에 남고 특기할 만한 점은 우수한 한국 군악대의 존재라고 찬사를 아끼지 않았다.

---

28) 『The Korea Review』 vol. 5 Homer B. Hulbert, The Methodist Publishing House, Reprint Kyung-In Publishing Co. 1986 p79; 『대한믹일신보』 광무 9년(1905년) 2월 11일 2면 교사혼례; 『뮈텔 주교일기』 3권 한국교회사연구소 역주 한국교회사연구소 1993 p407

"독일 해군 군악대와 교환연주를 한 탑골공원"

이때 보도된 기사를 6·25전쟁 전 인천에 있는 세창양행(Karl Wolter & Co)[29] 대리인 쉬르바움(Paul Schirbaum)[30]이 소장하고 있던 독일신문[31]을 남궁요열 선생이 확인한 바가 있고 이 당시 일화를 군악대원과 마르텔(Emile Martel)의 증언에 의하면 황실에서도 이 사실을 치하하여 광무황제 폐하께서 어음 2000원을 하사하여 제일은행에 예금, 그 이자로 대원들에게 돼지고기 한 점과 계란을 식사 때마다 주어 사기가 한층 높아졌다고 한다.

당시 우리 군악대의 악기 편성을 보면 플루트 1, Eb클라리넷 1,

29) 『개항과 양관력정』 최성연 경기문화사 1959 p73 광무 11년(1907년) 칼 볼터(Karl Wolter)가 세창양행을 인수하여 상호를 Karl Wolter & Co로 개칭하였으나 한역명(韓譯名)은 그대로 세창양행(丗昌洋行)으로 썼다.

30) op. cit. p147~150. 쉬르바움(Paul Schirbaum)은 광무 2년(1898년) 5월 전후에 입국하여 6·25전쟁 중 1950년 12월 13일 요코하마(橫濱)로 피난을 떠나 1953년 일본에 사는 큰딸 한나 뤼크(Hanna Rück) 집에 있으면서 편지로 옛집에 대하여 증언을 하고 있다. 『음악교육』 7월호 세광출판사 1987(국회도서관) 단행본 부록 「개화기의 한국음악-프란츠 에케르트를 중심으로」에 남궁요열은 1950년 6·25전쟁 중 부산에 피란 온 쉬르바움 가족을 발견하여 미국대사관에 부탁하였다 한다.

31) 『동명』 동명사 1922(대정 11); 마이크로필름 No5(국회도서관) 「조선 양악의 몽환적 내력」 일기자(一記者) 제14호 p12. 동명(東明)에서는 일본의 어느 잡지에 번역하여 게재되었다 한다.

Bb클라리넷 6, 알토 클라리넷 1, 색소폰 1, 코넷 2, 뷰글 2, 알토폰 4, 테너 2, 바리톤 2, 베이스 2, 튜바 1, 헤리콘 베이스 1, 트롬본 2, 베이스 트롬본 1, 사이드 드럼 1, 베이스 드럼 1, 심벌즈 1, 계 32명이었다.

3월 30일 저녁 맥리비 브라운(Sir John Mcleavy Brown)의 집들이에 이른 새벽 시간까지 연주가 있었다.[32] 5월 3일 오후 3시 연화봉蓮花峯(Yun-wha bong)의 메가타 다네타로目賀田種太郎 집[33])에서 연 원유회園遊會에 군부대신 권중현, 농상공부대신 박제순, 시종무관장 이근택, 부장 심상훈 민병석, 통신원총판 장화식張華植 각국 공·영사 일본 문무대관 이하 여러 사람, 각 신문사 기자와 여러 부인이 참석한 가운데 연주를 하였다.[34] 5월 25일 경부철도 개통식에 한일 양국 참석자들을 위한 원유회를 26일 창덕궁 주합루에서 농상공부대신 박제순이 주최하여 입식立食 향응을 베풀고 시위군악대가 연주하였다.[35]

6월 11일 에커트의 삼녀 엘리자베트(Elisabeth)의 견진성사에 시위군악대가 성가대석에서 연주하였고 7월 15일 저녁 미국공사관 잔디밭에서 연 연회에서 훌륭한 곡들을 연주하였고 대한제국 애국가와 미국 국가 연주로 끝을 맺었다.[36] 8월 17일에는 독일 우체참서관 후흐(Huch)가 군악을 도와 연주에 성과를 많이 내어 훈5등

32) 『The Korea Review』 vol. 5 Homer B. Hulbert 경인발행사 1986 p120

33) 연화봉은 만리재를 경계로 그 이남으로 효창원에 걸쳐 솟아 있는 봉우리며 메가타의 집은 민병석의 별장터 청엽정(靑葉町) 1정목 22번지 2,339평으로 지금의 청파동1가 22번지다.

34) op. cit. p151;『황성신문』 광무 9년(1905년) 5월 4일 「원회(園會) 성황」

35) 『한국사진첩』 사이키 히로시(齋木寬直) 편 박문관 1905 p14 창덕궁의 대원유회

36) 『The Korea Review』 vol. 5 Homer B. Hulbert, The Methodist Publishing House 1905. Reprint Kyung-In Publishing 1986. p275

팔괘장을 특별히 서훈한다.[37)]

9월 16일 만수성절 경축 외부 연회에서 군악의 연주가 있었고 9월 19일 오후 6시 30분 미국 시어도어 루스벨트(Theodore Roosevelt 1858.10.27.~1919.1.6.) 대통령 딸 앨리스(Alice Lee Roosevelt 1884.2.12.~1980.2.20.) 양이 아시아 각국 순방의 마지막 일정으로 새문新門 밖 서대문역에 도착하여 예포를 쏘고 에커트가 지휘하는 시위군악대가 대한제국 애국가와 미국 국가를 장엄하게 연주를 하였다.[38)] 9월 20일 정오 12시에 광무황제 폐하를 폐현하고 어배식御陪食을 하였으며 오후 5시에 미국공사관에서 모건(Edwin V. Morgan 1865~1934) 공사가 주최하는 원유회(Garden Party)에 영양令孃 일행과 정부의 각부 대신, 일본 공·영사관과 부인들, 청국 프랑스 독일 이탈리아공사가 참석한 가운데 군악을 크게 베풀고 특히 시위군악대가 양국 국가를 연주하여 환영 분위기는 절정에 달했다.

9월 21일에는 앨리스 양과 수행원은 탑동 군악대와 공원을 둘러보고 22일에는 창덕궁에서 의양군 이재각李載覺이 주최하는 원유회에 앨리스 양은 피곤하여 참석하지 못하고 수행원만 참석한 가운데 군악대의 연주가 있었다. 9월 28일 오후 4시 청량리 명성황후 폐하의 능인 홍릉 방문에 연주하고 앨리스 양 일행은 6시에 입성하였으며 29일 상오 12시에 미국 영양令孃과 미 공사 수행원 2명, 여인 3

---

37) 『일성록』 규12816 533책 광무 9년 (음력 7월 17일) 8월 17일 43면 강 敍禮覃等勳. 목 詔曰… 德國郵補(遞의 誤)司叅書官 후흐幇助軍樂節奏著效特敍勳五等各賜八卦章; 『관보』 의정부 총무국 관보과 광무 9년 8월 24일 宮廷錄事.

38) 『개화기 한미 교섭 관계사』 「Ⅶ. 앨리스 평화사절단의 서울 방문과 대한제국의 운명(1905)」 김원모 단국대학교 출판부 2003 p272; 『황성신문』 광무 9년(1905년) 9월 20일 귀빈환영; 『대한매일신보』 광무 9년(1905년) 9월 20일 미빈 환영의식, 9월 21일 귀양 입성 휘보

명이 수옥헌漱玉軒에서 황제 폐하께 폐현을 하고 1시에 나온다.[39]

10월 1일 청파에 거주하는 탁지고문 메가타目賀田種太郎 집에 한국 대관들 미, 독, 영, 일, 청 공사들이 참석한 연회에 군악대 사관 4명, 군악대병 30명이 연주하였다. 10월 19일 인천항에서 맥리비 브라운(Sir John Mcleavy Brown) 주최 영국 미국 프랑스 청국 공사와 신사 및 부인, 궁내부대신 이재극李載克 민영린閔泳麟, 예식관 고희성高義誠, 궁내부참서관 김용제金鎔濟를 초청한 연회에 군악대 사관 2명과 대원 25명이 내려가 연주하였고[40] 11월 1일 오후 1시 용산의 농상공부 소속 도량형제조소度量衡製造所에서 거행된 도량형실시 축하예식에 군악대가 연주한다.[41] 11월 5일 경의선에 일반 승객들을 탑승시킨 열차 3량씩을 서울과 인천에서 각각 출발시켜 용산에서 개성까지 시승하고 개성 정거장에서 오후 1시 축하식에 군악대의 한일 양 제국의 국가 연주가 있었다.[42] 12월 16일 (음력 11월 20일) 충정공 민영환閔泳煥의 발인에 각국 공·영사와 신사들이 끈을 잡고 앞에서 인도하고 마당 한가운데서 에커트가 아주 구슬픈 소리로 장송곡을 지휘하였다.[43]

광무 10년(1906년) 3월 28일 오후 1시 반 남산 밑 일본군사령부에서 통감부 개식開式을 하고 이어진 연회에서 한일 양국의 군악

---

39) 『대한미일신보』 광무 9년(1905년) 9월 20일 미양저인(美孃抵閣), 9월 22일 미빈유람, 9월 23일 미관연회, 유상속보(遊賞續報), 9월 29일 홍릉예배, 미양장발(美孃將發);『황성신문』 광무 9년(1905년) 9월 25일 남한(南漢)유람, 9월 27일 영낭(令娘)유람, 9월 29일 미양발행;『The Korea Review』 vol. 5 Homer B. Hulbert 경인발행사 1986. 9월 p353

40) 『황성신문』 광무 9년(1905년) 10월 20일 2면 백씨 설연(柏氏設宴)

41) op. cit. 광무 9년(1905년) 11월 2일 2면 도량형 축식

42) op. cit. 광무 9년(1905년) 11월 18일 3면 철도감도연설

43) 『민충정공 유고』 권5 부록 국사편찬위원회 편 국사편찬위원회 1958 「민충정공 실록」 p205: 「민충정공 진충록」 p127 광무 9년(1905년) 11월 4일 6시경 순국

연주가 있었다. 의친왕義親王(1877~1955) 전하께서 외국을 시찰하시고 부산발 직행 특별열차로 4월 6일 오후 5시에 남대문정거장에 도착하여 각부 대신 이하 관리, 각 학교 교장 이하 학생, 각 사회단체 회원, 일반인들이 대기한 영접에서 환성이 천둥 치듯 하였으며 마차로 입성하는 대안문까지 경무警務 관리는 도로 좌우에 줄지어 늘어서서 경위警衛하고 군악대의 질주迭奏로 한일 양국 군대가 호위하여 입궐 폐현하였다.[44] 4월 16일 2시 반 창덕궁 연경당에서 참정대신 주최 이토伊藤 통감부 각 관인, 하세가와 요시미치長谷川好道 대장 및 각 무관, 매부대관玫府大官, 신사, 각 신문기자가 참석한 원유회에 군악을 연주하고[45] 9월 13일 오후 3시 반 동궐 즉 창덕궁 주합루에서 만수성절 원유회로 군악대의 연주가 있었다.[46]

9월 11일 영국 동양함대 사령관(Commander-in-Chief of the China Station) 무어 중장(Vice-Admiral Sir Arthur William Moore 1847.7.30.~1934.4.3.)의 킹 알프레드(King Alfred) 기함이 인천에 입항, 12일 서울에 도착하여 통감부에서 환영 만찬을 베풀고 이어 13일 오전 10시 반에 폐현을 허락하고 장교와 수병을 경복궁 원유회에 초대하고 14일 오후 7시 정동 손탁호텔에서 함대사령관을 연대宴待하기 위하여 의정부에서 만찬을 베풀면서[47] 시위군악대의

---

44) 『대한미일신보』 광무 10년 4월 7일 2면 잡보, 의왕환영; 『황성신문』 4월 7일 2면 의친왕 환영 일편

45) 『황성신문』 광무 10년(1906년) 4월 17일 2면 원유회 개황

46) 『만세보』 광무 10년(1906년) 9월 13일 2면 만수성절 동궐 내 원유회 절차; 『황성신문』 광무 10년 9월 14일 2면 만수성절 경축 성황

47) 『황성신문』 광무 10년(1906년) 9월 5일 사령관 입성, 9월 6일 영장연대(英將宴待), 9월 14일 영장(英將)연회, 9월 17일 영장함연(英將艦宴), 10월 22일 관청 사항 탁지부 청의; 『대한미일신보』 9월 9일 황실 환영; 『기안』 규17746 제13책 지령 제58호; 『주본존안』 규17704 제28책 35~40면 제472호; 『관보』 의정부 관보과 광무 10년 10월 20일 GK17289-00I0134, 134책 5. 휘보 관청 사항

연주가 있었던 것으로 보이는데 영국의 타임스(The Times) 기자[48)]
도 이 연주를 듣고 한국인은 특히 음악상 기능이 풍부하여 한국의
기관奇觀은 농업 다음에 군악이라 하며 군악대가 설립된 지 불과
몇 해밖에 되지 않아 그 학습한 곡의 종류는 많지 않으나 주법은
영국의 빅토리아(Victoria)관악대나 미국의 수사水師관악대에 비하
여 손색이 없다고 타임스지에 보도하고 또 일본의 어떤 잡지에도
게재되었다 한다.[49)]

"광무10년기념연주회를 한 시위군악대. 한스-알렉산더 크나이더 교수님 제공"

48) 『한국영어신문사』 홍순일 정진석 박창석 지음 커뮤니케이션북스 2003. p28 헐버트(Homer
Bezaleel Hulbert)는 한국에서 특히 신문이 가장 힘 있고 교육적인 영향력을 지닌 것 가운데
하나라 믿고 코리아 리뷰를 발행하는 외에도 1903년에는 영국 타임스(The Times)의 서울 통
신원으로 임명되었다 한다.; Clarence Norwood Weems, op. cit. p43
49) 『동명』 동명사 1922(대정 11); 마이크로필름 No5(국회도서관) 「조선 양악의 몽환적 내력」 일
기자一記者) 제14호 p12; 『월간음악』 5월호 통권 32호 월간음악사 1973 「이 땅에 음악의 씨
앗을 뿌려준 은인 프란츠 에케르트」 남궁요열 p82~84; 『Korea Journal』 Vol. 23 No. 11
Korean National Commission for UNESCO 1983 「A List of German Citizens in Korea Prior
to 1910」 p34-43; 『음악교육』 7월호 단행본 부록 세광출판사 1987(국회도서관) 「개화기의 한
국음악-프란츠 에케르트를 중심으로」 남궁요열 p91~94

1930년 4월 24일 중외일보의 구한국시대 군악대장 백우용의 타계 기사와 함께 탑동공원 팔모정에서 '광무십년연주기념 촬영'이라고 한 사진을 살펴보면 광무 9년(1905년) 2월 7일 결혼한 아말리에 마르텔(Amalie Martel) 부부 사이에서 난 광무 10년(1906년) 3월 4일생 마리 루이즈 마르텔(Marie Louise Martel) 즉 임마꿀라따(Immaculata) 수녀의 아기 때 모습이 보이며 백우용이 패용하고 있는 훈기장勳記章을 우에서 좌로 살펴보면 첫째는 광무 5년(1901년) 9월 7일 대황제 폐하 성수오십년 칭경기념장을 받은 것이고 둘째는 광무 6년(1902년) 3월 18일 대황제 폐하 성수망육순 어극사십년기념장을, 셋째는 광무 9년(1905년) 10월 14일 정3품 시위군악대장 정위正尉 김학수와 6품 시위군악대 부위副尉 백우용이 일본국 훈5등 서보장瑞寶章을 받은 것이고 넷째는 광무 10년(1906년) 4월 10일 군악 중대장 육군 정위 김학수와 부위 백우용이 같이 군악을 창정創定한 공로로 훈6등 팔괘장八卦章을 특별히 받은 것이다.

　　막내딸 엘리자베트(Elisabeth)는 함부르크·아메리카해운회사(Hamburg Amerika Linie)의 페이호(Pei-Ho) 선장 오토 멘싱(Paul Otto Franz Mensing)과 융희 원년(1907년) 12월 28일 11시 종현천주교당에서 결혼하여 떠나기 전이라 모습이 보이고 에커트 뒤에 서있는 장교가 군악 중대장 김학수 정위로 백우용이 광무 11년(1907년) 3월 10일 군악중대장보軍樂中隊長補에서 26일 1등 군악장으로 군악 중대장이 된 때에 병사病死했다는 기사에 따라 이 사진은 광무 10년(1906년) 4월 10일에서 광무 11년(1907년) 3월 26일 사이로 더욱 좁아 들며 뮈텔 주교의 일기 10월 6일 자 "파고다공원에서 연주회가 있었다. 나는 거기서 마르텔 씨를 만났다."라는 기록에 따라

'광무십년연주기념 촬영' 사진은 광무 10년(1906년) 10월 6일의 사진이다.50)

광무 11년(1907년) 1월 21일 오후 5시 10분에 황태자 전하의 가례嘉禮에 일본 특파대사 다나카 미쓰아키田中光顯가 남문 밖 정거장에 도착하여 참정대신 이하 각부 대신과 일반 국내외 고등 관원들이 나아가 영접하고 군악대는 환영을 표하는 군악을 연주하였다.51) 3월 27일 오후 1시 의친왕義親王 전하께서 남대문정거장에 도착하여 정부의 각부 대신과 사회단체가 환영하고 한일 양국 순헌巡憲이 도로에 죽 벌여 열을 지어 늘어서고 특별 군사와 군악 1대의 호위 아래 입성 폐현하였다.52)

5월 2일 훈련원에서 군경 양청의 질서유지 아래 열린 공사립 각 학교의 대운동회에 정부 대소 관원과 수많은 사람이 관람하는 가운데 군악에 맞추어 행진하고53) 5월 11일 수원 원예모범장 연회 시 파견되었던 군악대 사졸士卒 등의 기차료 및 취료금就料金을 농상공부로 청구한다.

일본의 대한 침략 국제 여론을 조작하기 위하여 광무 10년(1906년) 12월 5일에 창간한 통감부 기관지인 서울 프레스(The Seoul Press) 영어신문에 게재된 프로그램은 광무 11년(1907년) 5월 18일 시위군악대(Imperial Military Band)의 탑동공원 연주회로 연주시간

---

50) 『중외일보』 1930년 4월 24일 2면 「구한국시대 군악대장 합방 후엔 례식과 악사장」; 『뮈텔 주교일기』 4권 한국교회사연구소 역주 한국교회사연구소 1993 p81, 82

51) 『황성신문』 광무 11년(1907년) 1월 22일 2면 대사 입성 성황

52) 『만세보』 광무 11년(1907년) 2월 28일 2면 의친왕 환영

53) 『봉서·봉남 일기』 국사편찬위원회 편 국사편찬위원회 1979
    「회산일기」 광무 11년(1907년) 정미(丁未) 3월 소(小) 20일(양력 5월 2일) 晴 是日 公私立各學校生이 開大運動于訓鍊院 政府大小官員及軍警 兩廳이 一齊來護觀光 施軍樂行軍法 威儀肅肅 學生略四五萬人 觀光者以億萬計也

은 토요일 오후 4시 30분부터다.[54]

1. 행진곡 프리드리히 황제(Marsch. Kaiser Friedrich), 프리드만
   (Friedmann)
2. 서곡 잔 다르크(Overture. Jeanna d'Arc) 케셀즈(Kessels)
3. 왈츠 칼리오스트로(Walzer. Cagliostro), 슈트라우스(Strauss)
4. 헝가리 무곡 6번(Ungarischer Tanz. No.6), 브람스(Brahms)

—

5. 가보트(Gavotte), 마티니(Martini)
6. 환상곡 트루바도르(Fantaisie. Troubador), 베르디(Verdi)
7. 아라베스크 카드리유(Arabesken Quadrille), 부디크(Budick)
8. 로망스(Romanze), 바하(Bach)
9. 행진곡 아탈리아(Marsch. Athalia), 멘델스존(Mendelssohn)

　　5월 25일 장충단에서 양규의숙養閨義塾 상동여학교尙洞女學校
진명여학교進明女學校 신학원新學院 승동여학교承洞女學校 간호원
예비학도看護院預備學徒 수원화성여학교水原華城女學校가 참가한
여학교 연합운동회의 진행 시에 군악으로 주도奏導하였다. 6월 12
일 2시 반 동궐 내 비원 주합루에서 각 대신이 내외국 고등관 400
명과 신문사를 초청한 원유회에서 주악이 있었다.[55]

---

54) 이보다 1년 앞서 토요일에 탑골공원에서 음악회를 연 것이 보인다. 5집 국역 윤치호 영문일기
　　5(한국사료 총서 번역서 5)〉 광무 10년(1906년) 6월 16일(토) "일주일 전 한국 군악대의 군
　　악대장인 에커트 씨가 파고다공원에서 개최하는 음악회 초대장을 발급하면서 개최 시간을 '도
　　쿄 시각'에 맞추었다.(A week ago, Mr. Ecker(t), the bandmaster of the Korean military Band,
　　in issuing invitation to a musical entertainment to be given in the Pagoda Park, fixed the
　　hour by the 'Tokyo-time')"

군악대는 애초 목적처럼 군의 사기 앙양을 위하는 데 그치지 않고 황실과 정부의 각종 행사에도 연주하였다. 이 당시 연주한 곡목들을 증보문헌비고는 다음과 같이 기록하고 있다.

○ 각국 국가
대한 애국가, 일본국 국가, 영국 국가, 미국 국가, 불국佛國(프랑스) 국가, 덕국德國(독일) 국가, 아국俄國(러시아) 국가, 오국奧國(오스트리아) 국가, 비국比國(白耳義 벨기에) 국가, 의태리국義太利國(이탈리아) 국가, 영국 국민가, 미국 국민가, 덕국 국민가.56)

○ 행진곡
대한국민 행진곡, 일본국 평상平常행진곡, 덕국 평상행진곡, 입혼시入婚時 행진곡, 즉위행진곡, 도전행진곡, 조례弔禮행진곡, 기병행진곡, 창가 행진곡, 미국 도무蹈舞행진곡, 오국奧國 평상행진곡

○ 가 곡
일본국 평상가곡5, 청국 평상가곡, 덕국 찬미가곡2, 성회聖會가곡2, 혼례가곡, 이별가곡, 평상가곡5, 완서곡緩徐曲, 공사곡空思曲3, 장서곡長序曲3, 잡가, 불국 평상가곡, 의태리국 희루義太利國戲搜가곡, 서반아西班牙 평상가곡2.

○ 무 곡
영국 회전무곡2, 이절 도무곡二節蹈舞曲, 대무곡隊舞曲, 이절 여흥무곡二節餘興舞曲, 삼절 여흥무곡三節餘興舞曲, 덕국 회전

55) 『만세보』 광무 11년(1907년) 6월 12일 2면 원유회 청요(請邀), 원유회 차서(次序)

무곡, 전약轉躍무곡, 소서전약小徐轉躍무곡, 대무곡隊舞曲, 반전半轉무곡, 완무곡緩舞曲, 창흥創興(즉흥)무곡, 의태리국 완무곡, 불국 비전飛轉무곡.

ㅇ 기 타

대한제국 례호禮號, 일본국 장관將官례호.

'군악은 외국 제도를 참용 하여 모두 우리말로 번역하고 풀이했으므로 그 가곡을 지금 다 싣지 않는다.軍樂叅用外國之制 而悉以方譯解 故其歌曲 今不盡載'라고 하였다.[57]

융희 원년(1907년) 8월 27일 오전 9시 반 돈덕전惇德殿에서 융희황제 폐하의 즉위수하卽位受賀에 애국가를 연주하고[58] 군대해산으로 군부에서 궁내부 예식원 제실음악대帝室音樂隊로 바뀐 후 9월 29일 오전 11시 40분 남대문역 특별기차로 정부 대관 및 각 신문사 기자 일반신사 귀부녀를 초청하여 인천 월미도에 정박 중인

---

56) 『대한매일신보』 융희 3년(1909년) 5월 20일 1면 덕국의 국민가

57) 『증보문헌비고』 홍문관 찬집 융희 2년(1908년) 권 103 악고(樂考) 14. 악가(樂歌) p15

58) 『일성록』 규12816, 559책 융희 원년(1907년) 8월 27일 1면 강 御惇德殿卽位受賀頒詔 목 具冕服出御陞御榻 總理大臣詣表案前讀賀表訖樂作 改具大元帥正裝出御陞座樂止 統監朗讀賀詞 外國領事官總代朗讀賀詞 總理大臣詣榻前北向立 愛國歌樂作愛國歌樂止 總理大臣拱手加額三唱萬歲文武百官齊聲應之受賀禮畢還御大次; 『동아일보』 2005년 8월 12일 자에 이탈리아 잡지 'LA TRIBUNA illustrata(라 트리부나 일루스트라타) 1907년 8월 12일 자 표지의 융희황제 폐하 즉위식 그림은 광무 11년(1907년) 7월 20일 8시 일제가 병력을 동원하여 경운궁(慶運宮)을 포위한 채 중화전에서 융희황제 폐하의 즉위식을 했으나 융희황제 폐하는 일제의 강요에 의한 즉위는 받아들일 수 없다 하여 거부하자 대신 어좌에 내관으로 추정되는 연록색 관복을 입은 대리인을 앉혀 즉위식을 강행하는 것으로 묘사하고 있으며 강점된 후 2년이 지나 『조선 최근사』 토카노 시게오(戶叶薰雄), 나라사키 칸이치(楢崎觀一) 봉산당 1912 p125 「5. 신황제의 즉위」에서는 광무황제 폐하를 대리하여 내관이 양위조칙을 봉독(奉讀)하고 역시 내관이 신황제 폐하를 대리하여 받는 지극히 간략한 전대미문(前代未聞)의 기이한 양위식을 거행했다고 기술하고 있다.; 『법규류편』 vol. 2 내각 기록과 융희 2년(1908년) p67; 『경성부사』 vol. 2 경성부 편 경성부 1934 p15, 16 「5. 순종의 즉위와 개원 및 이궁(純宗の卽位と改元及移宮)」

광제호光濟號 만선식滿船式에 우리 군악대가 환영을 표하는 연주를 하였다.59)

10월 26일 훈련원에서 영친왕 전하의 행계行啓 아래 관·사립학교 73개교가 참가하여 열린 추계연합운동회에 참석하고60) 10월 29일 북궐 경회루 원유회에 연주가 있었고 11월 9일 탁지고문 메가타目賀田種太郎의 귀국에 남대문정거장에서 송별 연주를 한다.61) 12월 28일 11시 에커트의 막내딸 엘리자베트(Elisabeth)와 오토 멘싱(Otto Mensing)의 결혼에 종현천주교당에서 제실음악대 연주가 있었다.

융희 2년(1908년) 3월 10일 융희황제 폐하 탄생일을 앞두고 건원절乾元節 폐현사陛見事 사연賜宴 때 돈덕전 야회夜會에서 제실음악대에 50원을 하사하셨고 4월 26일 연기되었던 광무태황제 폐하의 탄신 원유회園遊會(Garden Party)가 창덕궁 비원에서 열려 기녀의 춤과 음악이 연주되었으며 대황제 폐하께서는 임어臨御하였으나 태황제 폐하께서는 발이 아파서 임어하지 못하였다.62) 5월 9일 오후 3시 비원에 황상 황후 양 폐하께서 임어하여 제실음악대의 연주를 들으시고 6시 10분에 환어하였다.63)

5월 10일 일요일 상오 8시 궁내부와 소속 관원들이 공덕리 대원왕大院王 이하응李昰應(1820~1898) 묘소 근처에서 운동회를 하는

---

59) 『황성신문』 융희 원년(1907년) 10월 1일 2면 「광한승연(光漢勝宴)」

60) op. cit. 융희 원년(1907년) 10월 27일 2면 「관·사립학교 추계연합운동회 경황」

61) op. cit. 융희 원년(1907년) 11월 10일 2면 「재장전별(財長餞別)」

62) 『속음청사』 김윤식 김익수 역 제주문화 2005 권13 융희 2년 3월 26일(양 4월 26일) 高宗誕辰慶祝會, 晴 夜陰 今日 太皇帝誕辰慶祝之園遊會退定 會所在昌德宮秘苑 內外國奏任以上 合爲一千四百員 妓舞軍樂手藝擊劍 許多餘興以供覽賞 大皇帝自內臨御以觀 太皇帝以足患 不得臨觀 余以服制 成服前不得進叅 今日齋洞小斂

63) 『황성신문』 융희 2년(1908년) 5월 10일 2면 「양 폐하 비원 임어」

데 제실음악대가 참석하고 6월 24일 오후 8시 관인구락부에서 애국부인회의 활동사진회를 여는데 제실음악대가 상쾌한 연주를 한다.[64]

관세국은 8월 7일 궁내부 소관인 파고다공원에서 8월 13일부터 매주 목요일 오후 5시부터 6시 반까지 궁내부 악대의 연주가 열리는 것을 통지한다.

"접수 제730호

총리대신 서기관장 국장 과장
　본국 소관 파고다공원에서 오는 8월 13일(목요일)로 위시하여 이후 매 목요일 오후 5시부터 6시 반까지 궁내부 악대의 음악을 연주하고 모두 듣기를 널리 알리옵기 이에 통지함
　　　　융희 2년(1908년) 8월 7일
　　　　　　　　　　　　관세국
　　　내각　어중御中"[65]

이에 대한매일신보도 8월 9일 "연주회 뎡일程日 오는 십삼일브터 관세국에 소관되는 공원 안에서 궁늬부 음악연주회를 기開혼다는듸 일즈와 시간을 미양每樣 목요일 오후 오시로 작뎡하엿다더라"하고[66] 12일에는 "음악통텹通牒 관세국 소관으로 스동寺洞에 잇는

64) 『황성신문』 융희 2년(1908년) 6월 26일 2면 「사진회 성황」
65) 『내각왕복문』 규17755 1책 문서61 68쪽 a면 융희 2년(1908년) 8월 7일 접수 제730호
　"接受 第七三○號
　　總理大臣　書記官長　局長　課長
　　本局 所管 파고다公園에서 來 八月 十三日(木曜日)로 爲始ᄒ야 爾後 每 木曜日 午後 五時부터 六時 半싯지 宮內府樂隊의 音樂을 演奏ᄒ고 公聽을 廣開ᄒ옵기 玆에 通知홈
　　　　隆熙 二年 八月 七日
　　　　　　　　　　　關稅局
　　　　內閣　御中"

공원에셔 궁닉부 음악딕가 믹양 목요일이면 음악연주회를 홀터이니 와셔 드르라고 각부로 통텹ᄒ엿다더라" 하고 있으나 에커트는 일본에서 휴가를 보내고 돌아와 탑동공원에서 9월 3일 금요일 오후 5시부터 6시 30분까지 연주회를 연다.

프로그램(PROGRAMME)

1. 영웅행진곡(Heroi cher Marsch), 슈베르트(F. Schubert)
2. 서곡 발렌슈타인의 진영(Overture. Wallensteins Lager), 커링(S. Kerling)
3. 왈츠 남국의 장미(Walzer. Rosen aus dem Süden), 슈트라우스 (Z. Strauss)
4. 경기병輕騎兵의 기행騎行(Husarenritt), 스핀들러(A. Spindler)
5. 로망스(Romanze), 카를 바하(E. Bach)
6. 사자의 기상(Reveil du Lion), 안톤 콘스키(A. Kontsky)
7. 콘서트 갈롭(Conzert Galopp), 볼프 강(W. Gang)
8. 대한제국 애국가(Korea National Anthem)[67]

이후 11월 11일까지 10회의 연주회가 목요일에 열리는데 날씨가 너무 추워져 청중들이 적어 다음 주부터는 폐지된다.[68] 연주곡은 슈트라우스, 베르디, 바흐, 멘델스존, 슈베르트, 플로토, 프리드만,

66) 『황성신문』 융희 2년(1908년) 8월 9일 2면 「공원연주」 公園演奏 關稅局 所管 파고다公園에서 來十三日 爲始ᄒ야 每 木曜日 下午 五時로 宮內府의 音樂演奏會를 設行ᄒ다ᄂᄃᆡ 傍聽도 許ᄒ다더라
67) 『The Seoul Press』 (1906. 12. 5~1937. 5. 30) 한국학문헌연구소 아세아문화사 1988(국회도서관) 융희 2년(1908년) 9월 3일
68) 『황성신문』 융희 2년(1908년) 11월 11일 2면 「인한폐지(因寒廢止)」

케셀즈, 브람스, 마르티니, 스핀들러, 레하르, 에롤드, 로시니 등의 많은 작곡가 이름들이 등장하며 연주 마지막 순서로 대한제국 애국가(Korea National Anthem)를 연주하고 있다.

10월 2일 대황제 폐하께서 수원 융릉과 건릉의 전알례展謁禮 행행幸行으로 남대문 밖 정거장에 도착하실 때 군악을 연주하였고 잠시 휴식한 후 특별열차에 어승御乘한다. 10월 31일 오후 1시 경희궁에서 제1회 적십자총회를 거행하는데 개회선언 후 총재 전하의 어지御旨를 낭독하고 총장대리가 이에 봉답奉答을 하고 대한제국 애국가를 연주한 후 일동 경례를 하고 황후 폐하의 어령지御令旨를 봉독하고 사장 대리와 내빈, 사원총대의 축사 후 유공장有功章과 특별사원장을 수여하고 적십자사 만세를 삼창하고 폐회한다.[69]

융희황제 폐하는 융희 3년(1909년) 1월 7일에서 13일까지 대구, 부산, 마산으로 남순행南巡幸을 떠나 악사장 1명, 음악대 20명이 호종扈從하였고[70] 또 27일에서 2월 3일까지 평양 신의주 의주 황주 개성으로 서순행西巡幸에 악사장 백우용과 고음악대雇音樂隊 20명이 호종하여[71] 황제 폐하께서 옥차玉車에 승하차 시 애국가를 연주하였고 옥교玉轎 앞에서는 행보로 행진곡을 연주하였다.[72] 7월 8일 북궐 후원의 원유회에 음악대가 연주하고 11월 10일 오후 8시

---

69) 『황성신문』 융희 2년(1908년) 11월 1일 2면 「적사총회 성황」

70) 『순종실록』 권3 융희 3년(1909년) 1월 p524; 『일성록』 규12816 14책 융희 3년 1월 5일 12면 강 裁下南巡幸時扈從人員奏 목 …掌禮院樂師長 白禹鏞從 …; 『관보』 내각법제국 관보과 융희 3년 1월 6일 辭令 … 掌禮院樂師長白禹鏞 從一品 … 南巡幸時扈從을 命홈(以上 一月 五日 宮內府); 『통감부 문서』 9집 八. 韓國皇帝南巡關係書類 (12751) 西南巡幸關係書類 (12755) 〉 (45)[旅團司令部 行幸시 奉迎位置 및 宿舍配置表] 行在所配置圖] 樂師長 一名 軍樂隊 二十名

71) 『일성록』 규12816 14책 융희 3년(1909년) 1월 21일 71, 72면 강 裁下西巡幸時扈從人員 목 … 掌禮院樂師長 白禹鏞; 『관보』 내각법제국 관보과 융희 3년 1월 23일 辭令 … 掌禮院樂師長 白禹鏞… 右는 西巡幸時扈從을 命홈(以上 一月 二十一日 宮內府); 『통감부 문서』 9집 九. 韓國皇帝西巡關係書類一・二・三(12752~12754) 〉 (23)[韓皇陛下西北巡幸計劃]

72) 『서순행 시 예식상 주의건』 궁내부 융희 3년(1909년)

새문 밖 프랑스인 여관 애스터 하우스 호텔(Astor House Hotel)에서 고아와 맹녀盲女학교 돕기 음악회가 열려 음악대가 출연한다.[73]

12월 13일 9시 반 카사티(Casati, Luigi 1850.9.29.~1909.12.11.) 장례 미사에 음악대가 연주하였다. 또 22일 11시 장례 미사에도 장송곡을 연주하였다. 융희 4년(1910년) 1월 10일 9시 종현천주교당에서 프랑스인 대창양행大昌洋行 지배인 론돈(Rondon, Joseph A.)과 작고한 이탈리아 영사 카사티(Casati)의 둘째 딸 결혼식에 외국인 60여 명과 민영찬 이건영이 참석하였고 한국 음악대가 연주하였다.

4월 4일 서궐인 경희궁에서 사립보성중학교 제1회 졸업식 및 수업식 때 음악대의 전도前導로 행사장에 들어가 국가를 연주한 후 박중화朴重華 교장의 취지 설명과 이상익李相益 교감의 칙어勅語를 봉독하고 이어 교장이 졸업생과 진급생에게 증서를 수여하고 내빈들에게 근면을 연설한 후 국가를 끝으로 폐회를 하고 음악대를 앞세워 학교로 돌아온다.[74] 5월 11일 평양 대성학교에서 춘기대운동에 참석 연주를 하고 7월 14일 9시 반, 프랑스 총영사관 살롱 야회夜會에 연주가 있었다. 음악대는 늘 오후에 연습 연주를 하였다.[75]

---

73) 『대한매일신보』 융희 3년(1909년) 10월 24일 「음악회 설행」; 11월 2일 「음악회 연기」

74) 『보성 80년사』 보성80년사편찬위원회 편, 보성중·고등학교 1986 p94, 145, 146

75) 『KOREA』 Constance J. D. Coulson Adam and Charles Black 1910. The Sights of Seoul "It occupies a piece of ground which lately been turned into a public garden, and where the German-trained royal band plays every afternoon." p59

5.3 이왕직 양악대의 연주

일제에 강점된 후 불안한 정치 상황을 반영하듯 연주기록이 보이지 않다가 1910년 10월 10일 미국에서 귀국한 이승만李承晚 (1875.3.26.~1965.7.19.) 박사의 환영 신춘음악회를 1911년 종로 청년회관 강당에서 연다.

프로그램

제1부

1. 밴드 - 이왕직 악대
2. 플루트 독주 - 정사인
3. 테너 독창 - 후커(Hooker, Capt. Jacob T.영)
4. 피아노 독주 - 스나이더(Snyder, Lloyd H. 신애도申愛道)
5. 고음독창 - 임배세林培世
6. 피아노 독주 - 허카트(미)
7. 밴드 - 이왕직 악대

제2부 신파新派[76]

탑골공원은 1911년 4월 1일부터 개방을 했지만[77] 연주기록은 보

---

76) 『매일신보』1912년 3월 27일 3면 「이승만의 도미」이승만(李承晚) 박사는 일제가 조작한 105인 사건에 연루되자 친일파인 감리교 선교부 감독 해리스(Merriman C. Harris)의 도움으로 미국 미니애폴리스(Minneapolis)에서 개최되는 국제기독교 감리회 4년 총회 참석 명목으로 1912년 3월 26일 9시 30분 남대문정거장 경부선 편으로 한국을 떠난다.; 『신태양』제3권 신태양사 단기 4288년(1955) 1월 「한국 양악 50년의 발자취」양태희 p113; 『여명의 양악계』장사훈 저 세광음악출판사 1991 p79

77) 『매일신보』경인문화사 1986. 1911년 4월 2일 탑동공원 개방; 『경남일보』1911년 4월 7일 2면 탑동공원 개방

이지 않고 종래 일요일만 개방하던 것을 1913년 7월 1일부터 9월 30일까지 매일 오전 8시부터 오후 7시까지 개방을 하다가[78] 8월 29일부터 10월 그믐까지 밤 11시까지 개방을 하고 일요일에는 오후 7시에서 9시까지 일본 육군군악대와 이왕가 악대가 교대로 연주를 한다고 하고 있다.

1913년 8월 31일 탑동공원 연주곡목

1. 행진곡
2. 서악 백의白衣의 부인(La Dame Blanche), 보엘디외 (François Adrien Boieldieu)
3. 무곡, 요한 슈트라우스(Johann Baptist Strauss)
4. 우에헤베두 가부키歌舞妓 가극, 에커트(Eckert)
5. 대관식 행진곡(Coronation March), 마이어베어(Giacomo Me yerbeer)
6. 마리야녀女 5소쿄쿠箏曲, 모리森
7. 군악, 아쓰헤루
8. 일본 속요 오키나카 시라호冲仲白帆, 동인소人
9. 가로쓰푸 군인의 수하誰何, 가우쓰 등[79]

1914년 4월 8일 오후 7시에 광무태황제 폐하께서 돈덕전에 나가 양악대의 가장무도 및 정악正樂을 관람하셨다.[80] 1915년 4월 15일

---

78) 『조선총독부관보』 1913년(대정 2) 7월 26일 휘보 관청 사항 p266; 『매일신보』 경인문화사 1986, 1913년 7월 26일 탑동공원 개방
79) 『매일신보』 1913년 8월 31일 2면 「탑동공원의 연주」

융희황제 폐하께서 인정전에 거동하여 오찬을 내리고 여흥으로 음악대의 가장무도를 관람하셨다.[81]

5월 1일 오후 8시 조선호텔 음악당에서 열린 백이의구제白耳義救濟자선음악회에서 이왕직 양악대의 서주序奏를 시작으로 기무라木村 양, 사사키佐佐城 부인과 철도국 야기 벤키치八木辨吉, 헌병대장 이누부시 오야쇼犬伏親章와 경성공립고등여학교 교유敎諭 다치바나 야스노橘柔能(金澤柔能) 부인 등이 세 곡을 합주하고 이화학당 강사 앨리스 레베카 아펜젤러(Alice Rebecca Appenzeller 1885.11.9.~1950.2.20.) 양의 봄노래 독창, 명창 김창환金昌煥의 춘향가, 선교사 스미스(Frank H. Smith)[82] 세브란스병원 의사인 밀즈(Ralph Garfield Mills 1884~1944)[83]와 반버스커크(James Dale VanBurskirk 반복기潘福奇 1881~1969) 케이블(Cable, Rev. Elmer M. 기이부寄怡富 1874~1945.12.2.) 목사의 시센四錢의 합창, 스미스(Frank H. Smith) 목사의 독주, 여러 음악가의 합주, 벨기에와 일

---

80) 『순종실록부록』 권5 1914년 4월 p579; op. cit. 4월 10일 3면 「태왕 전하의 야유(夜遊), 이태왕 전하께서 봤노라, 음악대의 춤과 기타 풍악」

81) 『순종실록부록』 권6 1915년 4월 p586, 587

82) 스미스(Frank Herrin Smith) 박사는 시카고대학교(University of Chicago) 문과를 졸업하고 음악 공부를 2년 더한 메소지스트(the Methodist 감리교) 선교사로 일본에서 10년 정도 선교 활동을 하다가 1914년 3월 이전에 조선에 건너와 서소문 내 정동(貞洞)에 거주한다. 경성 일본 기독교 선교회장으로서 서울 평양 해주 등에서 일본인 대상으로 선교 활동을 하고 3.1운동이 일어나 외국 선교사들을 의심하자 스미스 목사는 이 운동으로 조선이 독립될 줄로 생각지 않으며 이러한 소요는 아무 소용없이 조선을 위하여 해될 뿐이오. 하등의 소득이 없다는 등 자신의 선교만을 위하여 친일적인 행태를 보이며 음악을 공부한 유대감으로 아이러니(irony)하게 총독부 관료들을 통하여 경성악대의 어려움을 돕는다. 1920년 4월 7일 휴가를 받아 미국으로 갔다가 1921년 9월 3일 돌아와 선교 활동을 이어가다가 일본으로부터 욱일장(旭日章)을 받고 1926년 6월 3일 귀국한다. 『매일신보』 1919.3.13. 「오해는 심히 유감, 금회 소요와 외국인 선교, 스미스 목사 담」; 1920.4.1. 「내선융화의 종교 전파에 충심으로 진력하던 스미스 박사 귀국, 이별키 어려운 정든 조선, 그의 다행다복을 빌 따름」

83) 『미국 북장로교 한국선교회사 1』 해리 로즈(Harry A. Rhodes) 최재건 옮김, 연세대학교 출판부 2009 p126 내과 의사로 융희 2년(1908년) 10월 9일 입국하여 세브란스병원에서 근무하고 1918년 4월 1일 사임한다.

본국가로 끝을 맺고 10시부터 식당에서 이왕직 양악대의 연주에 따라 무도회가 열렸다.[84)

다시 6월 5일 오후 1시부터 정동 조선교육구락부에서 백이의피해민 구제자선시를 열어 과자를 판매하는데 연주를 하고 일제는 수익금을 벨기에 브리보지아(José Bribosia) 총영사에게 전달한다. 이왕직 양악대로 바뀐 후 탑골공원에서 열린 7월 8일 오후 8시 연주 곡명은 다음과 같다.

1. 전장 활발
2. 에치고지시越後獅子(일본 악곡)
3. 서곡 세미라미스(Overture Semiramis)
4. 춤곡조
5. 극곡조
6. 바다 밖에 흰 돛대冲中白帆(일본 악곡)
7. 서곡 포르티시의 벙어리 여인(La muette de Portici)
8. 서반아西班牙 무도곡
9. 육군 암호
10. 기미가요君が代(일본국가)

이후 22일, 29일 연주가 있고 8월 5일 연주곡목은 다음과 같다.

---

84) 『매일신보』 1915년 4월 29일 2면 「구제음악회, 동맹국 연합군을 위하여」; 5월 4일 3면 「적성의 가무, 백이의 구제음악회 성황」

1. 행진곡 프리드리히 칼왕(Marsch. König Carl)
2. 하우타端唄 산사가쿄쿠三下曲
3. 서곡 오를레앙의 처녀(Overture. Fungfrau v. Orleans)
4. 원무곡 카르멘 낭자(Carmen)
5. 카드리유곡(Quadrille) 적서생賊書生
6. 소쿄쿠箏曲 로쿠단六段
7. 서곡 군기야공軍器冶工
8. 가곡 야간호외주곡夜間戶外奏曲(Serenade)
9. 창가 행진곡 탄호이저 배우(Tannhauser)
10. 기미가요君が代

8월 12일, 19일, 26일과 9월 2일, 9일에 연주가 더 있었고 일제가 강점한 후 마지막에는 기미가요君が代를 연주하게 된다.

일제는 식민지 통치 성과를 과시하기 위하여 경복궁의 수많은 전각들을 헐어내고 9월 11일부터 10월 31일까지 시정5년기념 조선물산공진회를 여는데 그 여흥으로 이왕직 양악대를 초빙하여 하루걸러 하루씩 경회루에서 오후 6시부터 9시까지 연주를 했으며 음악당은 새벽 0시 30분부터 4시까지 연주를 하고 혹은 오후 1시부터 5시까지 하기도 하였다.[85]

9월 30일 시정5년기념공진회 개회식에 참석한 고토히토載仁 친왕을 융희황제 폐하께서는 오찬에 초대하여 창덕궁 선정전으로 들어서는 정전庭前에서 양악대가 행진곡을 연주하였다. 10월 1일 저

---

85) 『경성협찬회 보고』 간자자 미상 1916 「경회루 계하(階下) 이왕직 음악대」 p18, 「여흥」 p140~143; 『매일신보』 1915년 9월 12일 2면 「주악 시간 결정」

녁 7시 태평로 매일신보 앞에서 각 사회단체의 제등행렬에 선두에
서서 연주를 하였으며 10월 4일 정오 조선호텔 식당에서 경성협찬
회가 조선 명사 100여 명을 초대한 행사에 연주하였다. 10월 7일
오전 10시 용산정거장 앞 광장에서 거행된 유길준兪吉濬의 장례식
에 장송곡을 연주하였다.

11월 16일 오후 2시 경복궁 취향정醉香亭에서 다이쇼大正 일왕의
대상제大嘗祭[86] 봉축 원유회에서 야마가타 이사부로山縣伊三郞 정무
총감 각국 영사 이하 수십 명의 내빈이 참석한 가운데 양악대의 연
주가 있었다.[87] 11월 22일 오후 7시 반 종로 청년회관에서 종교宗橋
예배당 엡윗청년회(The Epworth League) 주최의 음악회에서 이왕직
양악대의 주악 스미스(Frank H. Smith) 목사와 부인의 합창, 이화여
학당의 격려사, 배화학당의 유희창가, 아키야마秋山 부인과 고등법원
장 와타나베 아키라渡邊暢 딸의 연탄連彈[88], 한대위韓大衛(David
Edward Hahn 1874~1923)의 난장이 가歌, 우드(Wood, Lulu A.)
양, 이바 하디(Eva Hardie) 양, 쉐플리(Ruth Lappley Scheifley)[89]
부인, 넬리 피어스 밀러(Nellie Pierce Miller 1869~1948) 부인[90] 등
의 피아노 독주와 독창이 있었다.

1916년 3월 17일 오후 7시 반 내자동 종교예배당에서 화재로 어

---

86) 다이죠사이 또는 오니에마츠리 라고 읽으며 일왕이 즉위한 후 처음으로 조상 및 천신지기(天
    神地祇)에게 햇곡식을 바치고 이것을 먹는 의식이며 오니이나메(大新嘗)라고도 한다.

87) 『경성부사』 제3권 경성부 편 경성부 1941(소화 16) p253

88) 미혼의 5녀 1900년 1월생 와타나베 카스(渡邊かす)는 동경 고지마치(麴町)여자영문학학원을
    다녀, 6녀 1905년 12월생 와타나베 에이(渡邊ゑい)가 연주하였다.

89) 쉐플리(Scheifley, William Jeremiah 1892~1958)의 부인, 1915년 8월 30일 입국하여 11월에
    세브란스(Severance)병원에 치과를 개설하고 1920년 12월 6일 사임한다.

90) 영국 성서공회(British and Foreign Bible Society) 총무 휴 밀러(Hugh Miller 민휴閔休
    1872.8.9.~1957.9.7.)의 부인으로 진명학교에서 영어를, 이화여전에서 음악을 가르쳤다.

려움을 겪고 있는 양원養源여학교를 돕기 위하여 음악회를 연다. 한편 일제는 탑동공원에 임시로 세워져 있던 호자瓢子(바가지)식 목제 음악당을 헐고 용산의 일본군 사령부에 있던 음악당을 이축하여 6월 1일부터는 야간 개원의 기회로 일주일에 한 번씩 목요일마다 오후 8시부터 10시까지 연주하게 되는데 6월 1일 제1회 연주곡목은 다음과 같다.

1. 행진곡 일본육군분열행진곡
2. 나가우타長唄 에치고지시越后獅子
3. 왈츠곡 다니엘
4. 하우타端唄 하루사메春雨

- 30분간 휴식 -
5. 극곡 편복蝙蝠(Fantasie Feldermause)
6. 서곡 향연饗宴
7. 탄곡歎曲 전서구傳書鳩(Die Taubenpost)
8. 서곡 마리타나(Ouverture Maritana)
9. 카드리유곡 고학생(Quadrille Bettelstudent)
10. 폴카곡(Polka) 소객騷客의 쾌활
11. 기미가요君が代

이어 6월 8일, 15일, 22일, 29일, 7월 6일, 13일, 20일, 8월 2일, 17일, 25일, 31일 연주를 하고 9월 5일에는 매일신보에 '공원 주악정지, 목요일부터는 행치 않는다.' 하고 있다. 한편 7월 13일부터 연주 끝에 기미가요君が代가 빠져 있는데 이는 1월 말부로 에커트

(Franz Eckert)를 해고하였고 또 아파서 참여하지 못하자 이 기회에 프로그램에서 빼버리는 의도적인 항거로 보인다.

10월 20일 오후 8시부터 종로 청년회 주최 노동야학교를 돕기 위한 음악회가 열려 이왕직 양악대 및 정악전습소의 유명한 음악가들도 참여하고 10월 30일 오후 7시 반부터는 종로 청년회관에서 유겸철愈兼喆 등 발의로 계동공립학교 경비보조를 위한 자선음악회를 연다.

1917년은 2월 1일 정오부터 2시까지 석조전에서 하세가와 요시미치長谷川好道를 초대한 오찬회에 연주가 있었고 7월 20일부터 9월 말일까지 지난해와 같이 연주를 한다고 하였으나 전체 연주기록은 보이지 않고 다만 9월 20일(목) 연주기록만 보인다.

"군악대 야외주악
1917년 9월 20일(목) 파고다공원 연주곡목

1. Musian March(무샨 행진곡), 칼(Carl)
2. Japan Song Harusame(하우타端唄 하루사메春雨)
3. Kaiser Walzer(황제 왈츠), 슈트라우스(Strauss)
4. Ouverture. Die Iustige Wieber Windsor(서곡 윈저가의 유쾌한 아낙네들), 니콜라(Nicolar)
5. Korean Song Pangaka(방아타령)
6. Fantasie. Tanhauser(환상곡 탄호이저), 바그너(Wagner)
7. Herminen Quadrille(헤르미넨 카드리유), 이바노비치(Ivanovici)
8. Intermezzo Cavalleria Rusticana(간주곡 카발레리아 루스티

카나), 마스카니(Masgagni)

9. Ouverture. Die Sanger-fahrt(서곡 가수의 여행), 콘
라디(Conradi)"[91]

"탑골공원 악사에서 연주하는 이왕직 양악대. 백성빈 씨 제공"

　광무태황제 폐하의 탄신을 맞아 9월 8일 9시 반경 함녕전에서
융희황제 황후 양 폐하께서 진하進賀를 드리고 10시에 수라상을
올리면서 뜰에서 이왕직 아악대의 연주가 있었으며 12시 반부터
돈덕전 대식당에서 태황제 폐하 의친왕 전하 종친 등 약 100여 명
이 참석하여 무강지수無疆之壽를 봉축하는 가운데 곁방에서 이왕직
양악대의 주악이 있었고 오후 7시부터 새로 수입한 활동사진을 어
람御覽하셨다.[92]

91) 『음악과 현실』 박용구 평론집 박용구 저 민교사 단기 4282년(1949년) 「이태왕과 군악대」
p120
92) 『매일신보』 1917년 9월 9일 3면 돈덕전의 탄신연

1918년 1월 13일 영친왕 전하께서 일시 귀국[93])하여 창덕궁과 석조전에서 열린 연회에서 양악대 주악을 아주 만족스럽게 들으시고 칭찬하실 뿐만 아니라 잔치가 끝난 뒤에도 따로 몇 곡을 더 희망하시는 양악대를 사랑하는 영광을 입어 이를 기념하고자 백우용은 세계 각국의 유명한 행진곡 중에서 제일 좋은 것을 뽑고 또 새로 '왕세자 전하 봉영 행진곡'을 작곡하여 1월 24일 석조전 오찬회에서 여흥으로 연주를 하고 노래를 불러 대단히 만족하시어 칭찬을 내리는 영광을 입었다.

　　"「왕세ᄌ 뎐하 봉영마-치」를 취쥬吹奏ᄒ게 ᄒᄂᄃᆡ 뒤원은 약 삼십 명으로 죠직되얏스며 악곡은 삼편에 난호아 뎨일편에ᄂ 힝진곡의 첫머리되ᄂ 긔착氣着 쥬악奏樂이 잇고 그다음에ᄂ 큰북을 드르르 울리ᄂᄃᆡ 이것은 례포禮砲를 의미ᄒᄂ 것이오 그다음에ᄂ 황족례호皇族禮號의 라팔喇叭이 활발히 일어나셔 뎨일편을 맛치고 뎨이편에ᄂ 특졔特製의 힝진곡이오 뎨삼편에ᄂ 신졔新製한 봉영가를 취쥬ᄒ야셔 그다음에 단락이 되며 둘ᄌᆞ번에ᄂ 다시 일편 이편을 불고 삼편의 봉영가ᄂ 악셩樂聲을 쑥 긋치고 뒤원 일동이 쇼ᄅᆡ를 놉혀 셩악으로 노ᄅᆡ를 부르고 노ᄅᆡ가 맛치며 다시 단곡短曲의 풍류를 취쥬ᄒᄂᄃᆡ 젼편의 슈곡數曲이 극히 고상ᄒᆫ 즁에도 환히의 긔샹氣像이 씌운 듯ᄒ며 활발ᄒᆫ 즁에도 변화가 풍부ᄒ야 듯ᄂ 사롬으로 ᄒ야곰 유쾌와 깃거운 감흥을 져졀로 이르키게 ᄒ며 그 노ᄅᆡ의 젼문은 아ᄅᆡ와 갓더라
　　　仙李故園에 새봄이 이르니

---

93) 2차 귀국 1918년 1월 13일에서 1월 26일

日月重光을 四海가 한가지 뵈압네
出天仁孝노 德日新하옵신 世子 殿下여[94]
洪福을 이으샤 萬々歲'

○ 선이고원仙李故園: 아름다운 오얏꽃이 피는 옛 뜰.

○ 일월중광日月重光: 덕망 있는 임금이 잇따라 나올 황태자.

○ 사해四海: 온 세상, 천하.

○ 출천인효出天仁孝: 하늘이 내린 인자함과 효성스러움.

○ 덕일신德日新: 덕이 날로 새로워짐.

○ 홍복洪福: 큰 행복.

이 노래의 악보와 기사가 매일신보에 게재되어 있으나 판독할 수가 없어 애석하지 않을 수 없다.[95]

5월 17일은 음력 4월 초파일 석탄일로 오후 1시부터 4시까지 창경원에서 연주를 하고 5월 26일 오후 1시부터 창경원 식물원 옆에서 행진곡 칼왕(Marsch König Carl), 나가우타長唄 구로카미黑髮, 서곡 세미라미스(Overture Semiramis), 원무곡 카르멘(Carmen), 오페라 편복蝙蝠(Feldermause), 미뉴에트(Minuet)곡 아드여왕의 소쿄쿠箏曲, 카드리유 헤르미넨(Quadrille Herminen)을 연주하고 6월 23일에도 창경원에서 연주를 한다.[96] 이후 9월 14일 일본군의 용산역 출정식에 연주가 보이고 11월 17일 오후 3시부터 종현천주교당에서 제1차 세계대전 휴전감사제가 열려 각국 영사들이 참석한

---

94) 일제의 강점으로 광무태황제 폐하는 이태왕(李太王) 전하, 융희황제 폐하는 이왕(李王) 전하로, 황태자 영친왕은 왕세사(王世嗣) 전하로 강등(降等)되어 불렸다.

95) 『매일신보』 1918년 1월 26일 3면 「만족흥신 양악대의 봉영곡」

96) op. cit. 1918년 5월 26일 3면 「창경원의 양악 취주, 금 일요 오후 한 시」

가운데 이왕직 양악대의 주악이 있었다.

"광무태황제 폐하 대여 뒤에서 연주하는 이왕직 양악대"

1919년 3월 3일 8시 반 광무태황제 폐하의 발인 때 대한문 앞 대여大輿 후열의 육·해군 제병지휘관 앞에서 장송곡을 연주하였고[97] 국장을 계기로 3.1운동이 일어나자 양악수장 김경준金敬俊 (1882.1.21.~1929.5.29.)은 3월 5일 삼청동 노상에서 그곳에 모인 삼청동 및 팔판동八判洞 주민들에게 '동월 1일 이래로 경성부 각 동에서 군중이 조선독립 만세를 고창하며 이의 시위운동을 하고 있음에도 불구하고 삼청동 및 팔판동 주민은 왜 독립 만세를 부르지 않는가, 조선은 장차 독립하려 하고 있다. 모름지기 노력 분투하지

---

97) 『(고대훈위)이태왕장의심득서』 이왕직 편력 이왕직 1919(대정 8) p33; 『매일신보』 경인문화사 1986. 1919년 3월 3일 3면 「노부(鹵簿) 집합 위치」; 3월 4일 2면 「이태왕 전하 국장의(國葬儀)」 국상(國喪)에 악기는 배치하되 연주하지 않는 진이부작(陳而不作)의 전례가 변하여 광무 9년 (1905년) 1월 4일 황태자(융희) 전하 정비(正妃) 순명왕후(純明王后 閔氏) 전하의 장식(葬式)에 장송곡을 연주한 예가 있다.

않으면 안 된다.'는 요지의 연설을 하였고 26, 7일경에는 김경준과 김재완金在完(43)은 삼청동 노상에 운집한 수백 명의 군중과 함께 조선독립 만세를 높이 부르며 동 부내를 순회하며 시위운동을 하여 체포되어 고등법원 형사부에서 '자기의 행위는 조선 민족으로서 정의 인도人道에 근거하여 의사 발동한 것으로 범죄가 아니므로 제1심 및 제2심에서 받은 유죄의 판결은 부당하며 복종할 수 없는 위법이므로 상고한다.' 하였다. 이로서 김경준은 1919년 8월 21일 보안법 조선형사령 형법 위반으로 징역 1년 6개월을, 김재완은 징역 6개월을 받아 2008년 3.1운동 애족장을 받는다.[98]

다양한 곡을 연주하던 이왕직 양악대의 악기와 악보는 1946년 3월 이전 남궁요열이 후암동 구국방부 자리에서 경기도 경찰부 경찰악대[99]를 조직할 때 이왕직 창고에서 악기 27점과 90cm×140cm 정도 되는 궤짝에 여러 가지 악보와 탑동공원에서 연주한 기록과 프로그램 계획표가 가득 차 있는 것을 인수하여 보관하였으나 9월 17일 수도관구 경찰청이 되면서 경찰악대를 해산하고 신호나팔대를 편성하여 그곳으로 이관되었다가 그 후 경찰전문학교 악대로 이관했다. 1948년 3월 조선경비대 총사령부 군악대장이었던 이종태李鍾泰 소령이 악보를 보관하였으나 6·25전쟁으로 없어졌다.[100]

---

98) 『독립운동사자료집』 제5집 독립운동사편찬위원회 편 독립유공자사업기금운용위원회 1984 p228

99) 경기도 경찰부 악대는 구 군악대, 고려교향악단 단원 일부와 기타 관악연주자 37명으로 구성하였다.

100) 『음악년감』 세광출판사 1966 「악계의 동향, 관악」 남궁요열 p16; 『월간음악』 31호 월간음악사 1973 「이 땅에 음악의 씨앗을 뿌려준 은인 프란츠 에케르트」 남궁요열 p99; 『음악교육』 7월호 단행본 부록 세광출판사 1987(국회도서관) 「개화기의 한국음악-프란츠 에케르트를 중심으로」 남궁요열 p114

5.4 경성악대의 연주

1919년 9월 12일 이왕직 양악대가 면직 해산되자 15일 매일신보는 "이왕직 양악대가 지난 십삼일부터 업어져 … 리왕직 양악듸는 여러 가지 관계로 리왕가를 하직ㅎ지 안이치 못ㅎ게 되야 동 음악 듸원들은 발셔 십삼일부터 희고흔다는 통지를 밧엇다는듸 동 음악 듸원 일동은 가령 이왕가를 써난다 홀지라도 금후로부터는 영업을 목뎍ㅎ고 자립ㅎ야 여젼히 계속ㅎ야 나가겟다고 말ㅎ더라" 하고 10월 8일에는 "십구 춘추의 역사를 가진 조선 양악대가 일조一朝에 해산되는 가석흔 일"이라면서 해산을 당한 후 벌써 삼사오인은 각 연극장이나 혹 다른 곳으로 불려 갔으며 남아 있는 사람은 악장 백우용 이하 25인이라고 한다.

한편 젊은 음악가인 김영환金永煥 난파 홍영후洪永厚 등이 발기하여 양악대를 유지하기 위하여 선후책을 강구 중이며 각 방면에서 활동을 시작할 것이라 했다. 10월 28일에는 해산되었던 양악대는 그 후 유력한 인사의 알선으로 다시 사사로이 유지하기로 하고 악기는 이왕직으로부터 빌리고 사무소는 종로 기독교청년회관 3층에 방 한 칸을 빌려 임시사무소로 쓰면서 청년회 음악회에 찬조 출연하게 되었고 11월 8일에는 "폐지된 이왕직 양악대가 경성악대로 전활轉活"이라면서 악대장 백우용, 부대장 김창희, 평의장 이건호, 평의원 박흥규, 태유선 등 25명이 이화 문장도 선명히 그려진 큰북을 가지고 연습하는 모습을 볼 수가 있다.

경성악대 주최 음악회가 1919년 11월 18일(화) 오후 7시 종로 청년회관 강당에서 제1회 음악연주회를 개최하는데 경성악대를 선두로 스미스(Frank H. Smith)의 독창, 한대위韓大衛(David E. Hahn)[101]의 하모니카 독주, 홍영후의 바이올린 독주와 이화학당의 특별 찬조출연으로 경성악대의 조직됨을 알리고 찬조를 위한 모금 음악회를 연다.

제1부

1. 행진곡 코코란 사관생도(The Corcoran Cadets) 경성악대

2. 합창 백합화 핀 곳으로 오라 - 이화학당 6인

3. 사현금四弦琴(바이올린) 헝가리 안무곡 - 홍영후

4. 독창 고진감래 - 빌링스(Billings, P. M.) 부인[102]

5. 서곡 마티나타(Mattinata) - 경성악대

제2부

1. 원무곡 오페라 카르멘(Carmen) 중 - 경성악대

2. 피아노 연탄連彈 쾌활한 동작 - 김영매, 임배세

---

101) 한국명 한대위(韓大衛) 데이비드 에드워드 한(David Edward Hahn 1874.2.27.~1923)은 필라델피아대학교 치과대학을 졸업하고 미국 북감리교회 선교 의사로 광무 10년(1906년) 1월 18일 입국하여 약 1년간 선교치과의사로 활동을 한 뒤 사퇴하고 지금의 한국은행 뒤 상동(尙洞) 전 달성위궁(達城尉宮) 뒤 선교사 스크랜턴(William B. Scranton 시란돈施蘭敦 1856~1922) 집 뒤에서 개원하여 진료 시간은 오전 9시부터 오후 5시까지며 야간은 약속을 정한대로 하였다.
일제에 빼앗긴 주권에 애국계몽 운동으로 종로 기독청년회에서 치과의 중요함과 위생에 관한 연설 등을 하고 한국인들을 위한 치과 진료를 했다. 융희 3년(1909년) 6월 21일 오후 6시경에 수동(壽洞)고아원 원생들에게 우리 국기(國旗)를 사랑하라 연설을 하고 7월에는 한국인을 위하여 치과의학교를 설립하고자 하였으나 일제의 방해로 무산되었다. 융희 4년(1910년) 6월 7일 오후 8시 종로 청년회관에서 애국이란 문제로 연설을 한다. 이후 안식년을 맞아 1918년 1월 27일 시베리아(S. S. Siberia)호로 샌프란시스코에 도착하여 신한민보(新韓民報)를 방문하고 시카고를 거쳐 동부 각지에서 한인을 위하여 목사 활동을 하고 유학 온 조선 청년들을 만날 때마다 공부한 후 그곳에 남지 말고 고국에 돌아가서 가련한 동포를 구원하라고 하였다. 또 문학이나 정치 같은 것은 배우지 말고 실제 유용한 실업을 배우도록 권고하였고 조선 사람을 만날 때마다 까닭 모를 눈물을 쏟았다고 한다.
휴가를 마치고 출국할 때 형제와 누이가 붙들고 울면서 오랫동안 외국에 나가 있었으니 그만 두고 고향에 있으라 하고 친구들도 그의 병을 염려하여 1년만 더 있다가 가라 하였으나 정든 조선이 보고 싶고 그립다면서 1921년 3월 다시 왔으나 신경쇠약이 차도가 없어 3월 29일(화) 세브란스병원에 입원한다.

3. 하모니카 피아노 합주 - 데이비드 한(David E. Hahn)
4. 독창 용감한 마음 - 스미스(Frank H. Smith) 목사
5. 2절 무곡 포왜(布哇 하와이) 미인 - 경성악대

12월 13일 청년회 강당에서 경성악우회의 제1회 음악대연주회에 경성악대의 연주가 있었고 12월 19일 오후 7시 반 조선호텔에서 마쓰나가 다케요시松永武吉 외사과장, 스미스(Frank H. Smith) 목사, 벨기에 영사 데이비슨(Henry W. Davidson 대복삼戴福森 1878.11.?~?)[103]의 발의로 경성악대를 위한 음악회가 열린다. 12월 29일 종로 중앙청년회관에서 경성악우회 음악회가 열려 경성악대의 주악과 플루트 하모니카 독주, 바이올린 합주, 최동준의 만돌린 독주, 김인식의 독창, 김형준과 김원복 양의 창, 홍영후가 바이올린 독주를 하였다.

경성악대의 유지에 연주회 수입 외에 연간 6천 원가량이 소요되어 스미스(Frank H. Smith) 박사의 주선으로 이왕직에서 3천 원, 사이토 마코토齋藤實 총독이 2천 원, 조선은행과 만철滿鐵회사에서 5백 원씩, 식산殖産은행과 동척東拓회사에서 2백 원씩, 일반신사들이 1백 원씩을 이왕직의 곤도 시로스케權藤四郞介 사무관, 총독부 이마무라 타케시今村武志 비서관, 마쓰나가 다케요시松永武吉 외사

102) 미국 감리교 선교사로 융희 2년(1908년)에 입국하여 연희전문학교 부교장인 빌링스(Bliss Washington Billings 변영서邊英瑞 1881.1.7.~1969.3.8.) 박사 부인

103) 영국 에버딘 출신으로 광무 5년(1901년) 2월 이후에 들어와 해관(海關) 총세무사인 브라운(Brown 백탁안柏卓安)과 더불어 첫째 등급인 두등(頭等) 방판(幇辦)으로 있었으며 일제강점기에도 세관 관리로 있었다가 1931년 사직하고 1932년 12월부터 총독부 영문 첨삭 사무의 촉탁으로 있었다. 한편 1919년 4월 16일부터 벨기에 영사로 14년간 있었으며 광복 후에는 미 군정을 도와 한국 세관을 새로 조직하는데 중추적인 역할을 하였다. 『조선인사흥신록』 조선신문사 편 조선인사흥신록편찬부 1935 p313

과장, 이노하라 사다오猪原貞雄 조선호텔 지배인 등의 노력으로 1921년까지 5천여 원의 보조를 받는다.

그러나 1922년부터 3천여 원으로 줄어들었고 1923년에는 이왕직에서 1천5백 원, 다른 데서는 그와 비례하여 월등하게 줄었으며[104] 1924년부터는 후원이 끊겨 회장에 박영효, 고문에 한상룡 조진태趙鎭泰 등으로 한 후원회를 결성하였으나 대원들은 큰 고초를 겪으며 각종 행사에 18명 전 대원이 나가면 겨우 100원 정도며 6~15명이 나가면 50원 정도 받았다고 한다.[105]

경성악대는 1920년 1월 31일 복흥음악회를 시작으로 2월 8일 9시부터 한강철교 아래서 매일신보 주최 스케이트대회에 선수들을 격려하는 연주가 있었다. 4월 10일 오후 7시 30분 종로 청년회관에서 상동尙洞예배당 엡윗청년회(The Epworth League) 주최로 경성 고아구제 자선음악연주회가 열려 경성악대의 행진곡을 시작으로 연주회가 열렸다. 5월 2일 9시 경성 상공연합회 주최로 경복궁 영추문 앞 전차종점을 출발, 시내를 일주하여 돌아오는 6마일 마라톤과 경회루 앞 넓은 터에서 열다섯 바퀴를 도는 자전거 경주의 시민대운동회에 경회루에서 연주하였다.

로마와 도쿄 간 장거리 비행(Raid Rome-Tokyo)계획에 따라 스바(SVA)식 복엽 비행기로 5월 25일 오후 1시 40분 여의도에 기착한 이탈리아 비행사 아르투로 페라린(Arturo Ferrarin)과 귀도 마지에로(Guido Masiero) 두 중위의 환영식에 연주하고 5월 28일 대구

---

104) 『동아일보』 1924년 7월 17일 「경성악대와 금년의 납량연주」; 『매일신보』 1920년 2월 1일 4면 「동양 유일의 과장(誇張)인 경성악대 복흥, 스미스(Frank H. Smith) 박사의 알선으로 이왕직 양악대가 부흥되어, 이름은 경성음악 공연회」; 1924년 8월 9일 4면 「거익(去益 갈수록 더욱) 참담한 경성악대 운명, 시민위안연주회를 열고 각 방면의 동정을 구할 터」
105) 『한국양악백년사』 이유선 저 음악춘추사 1985 p79

로 향하는 비행에도 행진곡을 연주하였다. 5월 29, 30일 양일간 사리원 봉산 청년회 면려勉勵청년회 주최 시민대운동회에 연주가 있었으며 사리원 체류를 기회로 사리원구락부에서 경성악대 후원 음악회를 열어 경성악대의 연주와 최동준의 만돌린, 김재호의 플루트 연주가 있었다.

6월 1일부터 조선호텔 뒤뜰 장미원 개방에 맞춰 매주 일요일 연주가 있을 예정이고 6월 9일 오후 8시 30분부터 11시 30분까지 종로 중앙기독교청년회관에서 동아일보사 주최 경성악대 원찬援贊 음악대회를 열어 편집국장 이상협李相協의 개회와 주간 장덕수張德秀의 취지 설명으로 열렸다.

제1부
　1. 경성악대 - 행진곡
　2. 이상준 - 수심가愁心歌, 놀령가[06)
　3. 신양무申陽武 여사 - 피아노 독주
　4. 김재호 - 플루트 독주
　5. 경성악대 - 서곡 윌리엄 텔(Overture William Tell)
　6. 최동준 만돌린, 류심희 사현금, 김재호 플루트 - 관현악
　7. 경성악대 – 방아타령

- 10분간 휴식 -
제2부
　1. 경성악대 - 극곡 마르타의 계집애(Martha)
　2. 그로브(Grove, Paul L. 고로부高路芙) - 피아노 독주
　3. 이와사키岩崎 - 사현금 독주

4. 경성악대 - 도나우강의 잔물결(Donauwellen Walzer)

5. 김영희金英熙 여사 - 돌아오라느냐 독창

6. 경성악대 - 행진곡

이왕직 양악대가 수년 동안 여름철 매주 목요일 탑골공원에서 열던 연주회가 광무태황제 폐하의 국장을 계기로 일어난 3.1운동의 여파로 작년부터 중단되자 동아일보의 후원으로 6월 10일 목요일 8시 20분 탑동공원에서 제1회 납량음악연주회를 시작으로 9월 9일까지 7회에 걸쳐 연주회가 열렸고 7월 16일 오후 8시 평양 남산예배당에서 평양청년회 주최로 처음으로 대음악회가 개최되어 연주하고 18일 하루 더 일정이 잡혔으나 사정으로 17일 귀경한다.

---

106) 『신구 기생타령』 신태삼 세창서관 1950 p다1 놀령(놀량)은 경기선소리와 서도선소리에 있으며 서로 비슷하다. 경기놀량은 놀냥 "초목이 다 성림 하하하 한데 나 혜 혜 이히 구후후 겡 가혜 혜 기히 이헤 호 도 제에기 즐거워함도 흐오 오흐 오흐다 …"라는 별 의미 없는 입타령으로 일정한 장단이 없다. p가16 서도놀량은 놀양 "에라듸여 어허야 네위 네로구나 녹양(綠楊)에 버든 길로 북향산 썩 들어를 간다 에헤 이에 어이야 세월 네로구나 …."로 시작하는데 세마치, 도드리, 자진타령 등의 장단으로 경기놀량보다 장단이나 리듬이 세련되어 있다.;『향토서울』 제2호 서울특별시사편찬위원회 4291년(1958). 6. p70~77 「선소리(立唱)」 성경린

제1부
1. 경성악대 - 주악
2. 이겸량李謙良, 한선부韓善富 - 합창
3. 계정식, 김영환 - 바이올린 독주
   김영환 - 피아노 독주
4. 박성심朴誠心, 최신영崔信永 - 독창
5. 황복리黃福利 - 피아노 독주
6. 여성 4인조, 남성 4인조 - 합창

- 10분간 휴식 -

제2부
1. 경성악대 - 도나우강의 잔물결(Donauwellen Walzer)
2. 평양장대현章臺峴 찬양대 - 합창
   남산현 서문 밖 남녀찬양대 - 합창
3. 길진주, 송복신宋福信 - 피아노 병주
4. 김득수金得洙 - 피아노 독주
5. 문확실文確實, 송복신, 임배세 새벽노래 - 독창
6. 경성악대 - 방아타령

7월 30일 오후 8시부터 10시까지 종로 청년회 주최 미국 흑인성
악회가 열려 구자옥具滋玉의 사회로 1부 경성악대의 연주, 척스,
레위스, 페인, 폴란드 출신의 라이슨벅 부인의 '닷주엇다', 토봉가
土峰歌, 모세에게로 등의 노래와 2부 고양이 노래, 종교여자찬양대
의 합창, 김명순金明淳 양이 피아노 독주를 하였다. 8월 3, 4일 양
일간 오후 8시부터 원산금주회 주최 원산 상리1동 음악회에 연주
를 하고 지난주에 열렸던 흑인음악회를 한 번만 하고 끝마치는 것

이 아쉬워 8월 5일 8시부터 11시까지 경성악대 주최로 청년회에서 흑인성악회가 재차 열려 경성악대의 서곡을 시작으로 칙스, 레위스, 페인, 라이슨벅 부인의 소곡笑曲, 독창으로 토봉가, 메리의 적은 양, 양적洋笛 독주로 수수밭 노래인 촉서전가蜀黍田歌, 흑인 악대의 고양이 노래, 김영희金英熙 백경애白慶愛가 '숨은 평안'을 합창하고 임배세 양은 독창을, 김계선金桂善(1891~1943)[107]은 조선 젓대 연주로 동서 음악의 조화를 이루었고 박춘재朴春載가 장대장타령張大將打令을 하였다.

9월 21일 뮈텔 주교 서품 30주년 축하 미사에 입당 봉헌 퇴장 때와 다과회 내내 경성악대가 연주하였다. 9월 25일 8시 기독교청년회 주최 교역자가족 구제 자선연주회가 열려 경성악대의 양악과 김계선의 조선 피리를 연주하고 이화학당 교사 임배세가 독창을, 이화학당이 합창을 하였다. 11월 13일 오후 2시부터 단성사에서 음악대연주회를 개최하여 김영환은 피아노, 홍영후는 바이올린, 김형준은 곰보타령, 박태원은 돈 후안(Don Juan)과 프라 디아볼로(Fra Diavolo) 가극을, 경성악대는 양악을 연주하였다.[108] 12월 4일 오후 7시 종로 기독교청년회관에서 광익서관廣益書館 주최 매일신보 후원으로 동서음악대연주회에 경성악대가 출연한다. 12월 22, 23일 양일간 지금의 을지로인 황금정 황금유원黃金遊園에 있는 광무대光武臺에서 연주회를 개최하여 경성악대에 기부하기 위해 경성 5개

---

107) 호는 죽농(竹濃) 초명은 기선(基善)이며 대금의 명인으로 광무 10년(1906년) 주전원(主殿院) 내취(內吹), 융희(隆熙) 2년(1908년) 장악원(掌樂院) 내취, 1911년 이왕직 세악내취(細樂內吹) 1913년 아악수(雅樂手)로 봉직하다가 1939년 퇴직한다.

108) 『매일신보』 1920년 11월 11일 3면 「단성사에 음악대연주회, 오는 십삼일 오후에 재미있는 음악회, 입장료도 싸다.」; 『음악계』 제1호 다키모도 카쿠죠(瀧本覺造) 연악회 1925 「명 가극 돈・쫜 경개(梗槪)」 p13

권번의 기생 수십 명이 춤과 8막의 해외명월海外明月이라는 연극을 한다.

1921년 3월 14일 오후 7시 반부터 16일까지 단성사에서 어려움에 부닥친 경성악대를 돕기 위하여 조선일보와 단성사가 후원한 연주회에 경성에 있는 한성, 대정, 대동, 한남, 경화 5개 권번 기생 50여 명이 아름다운 가무를 정재呈才하고 대정 김금랑金錦娘, 대동 고산옥高山玉이 20원, 대동 배해중월裵海中月이 15원, 한성 최금홍崔錦紅, 백소춘白笑春, 강련월姜蓮月, 대정 권경란權瓊蘭, 김도화金桃花가 10원씩 기부하고 단성사 주인 박승필과 고양군 한지면漢芝面 임인상林仁相이 10원, 화평양화점 김덕인金德仁이 5원씩 두 번 기부하여 10원, 고양군 왕십리 김영준金英俊이 6원, 요리점 유일관 한규식, 통의동 포목상 채인석蔡仁錫과 이름을 알 수 없는 사람이 5원을 기부한다.[109]

3월 17일과 19일 관철동 우미관에서 조선일보 후원으로 독자 위안과 경성의 고학생 단체인 갈돕회를 돕기 위하여 대구예기조합大邱藝妓組合 군산부 군창예기조합群昌藝妓組合과 경성의 대정권번 기생들이 참가한 남선명기연주회南鮮名妓演奏會에 경성악대가 연주한다. 4월 29, 30일 양일간 오후 8시 종로 중앙청년회관에서 남학생 7명과 여학생 4명으로 구성된 11명의 해삼위(海蔘威 블라디보스토크) 조선 학생음악단이 음악 무도회를 열어 이상재의 사회와 백우용이 이끄는 경성악대의 주악으로 시작하여 2부 마지막에 다시 경성악대가 연주하고 10분간 휴식 후에 3부를 한 후 마친다.

---

109) 『조선일보』 1921년 3월 16일 3면 「경성악대 연주 초일의 대성황」, 3월 17일 3면 「연주대회의 제이일 공전절후(空前絶後)한 성황」

4월 7일 7시 수원 삼일학교가 경비가 부족하여 개최한 동서양 음악대회에 김영환 최동준 경성악대와 수원지역의 고악사 3, 4인이 출연한다. 5월 5일 오후 8시 평양 남산현예배당 음악 대연주회에 연주하고 6일 오후 4시에는 서대문 밖 옥천동 천연정 서쪽에 있는 경성고아원 개원식에 연주하였으며 8일 11시 신용산연병장 경마대회에 2일 차 진행을 돋우는 연주가 있었다. 해삼위 조선 학생음악단은 지방을 순회하던 중 이마리아(14) 양이 천연두에 걸려 6월 4일 군산 구암龜岩병원에서 사망하는데도 불구하고 그동안 연주 수익금 일부를 경성악대를 위하여 기부하고 5일 10시 20분 경성역을 출발 해삼위로 돌아간다.

6월 28일 8시부터 종로 중앙청년회관에서 조선 학생대회 주최로 정규상은 짐승 소리, 한세복은 조선고가古歌 황운봉과 김금남金今男 양의 합창 후 김금남은 세상은 일장춘몽이라는 '의상義湘의 노래' 황운봉은 '해외동포를 상상想像하야'를 독창하고 장세구의 독창, 경성악대 악영회樂英會의 연주가 있었다. 7월 1일 개성 남부예배당에서 여자 야학 설립을 위해 경성악대와 여러 음악가를 초빙하여 열렸고 동아일보 후원으로 7월 7일부터 9월 15일까지 탑동공원에서 납량음악연주회가 열한 차례 있었다.

9월 12일 인천 천주교회에서 본당 신부가 신품神品 반열에 오른 지 25주년 기념축하식에서 연주가 있었고 9월 16일은 동경음악학교 학생으로 조직된 동경음악단이 경성악대의 어려움을 돕고자 오후 8시 종로 청년회관에서 연주회를 열어 경성악대와 경성의 음악가도 함께 참가한다. 남만주철도회사의 초청으로 10월 22일 부산호텔에서 연주회를 열고 24일 오후 3시 부산고등여학교 교우회 주최로 교정에서 경성악대의 음악대연주회가 열려 백우용 외 19명이 참석, 연주하고 올라오는 길에 대구, 대전을 들러 연주회를 열 예정이다.

11월 5일 7시 반 승동예배당에서 주일학교음악회를 열어 경성악대의 서곡으로 시작하여 태화여자관 학생의 합창, 홍영후의 바이올린 독주, 임배세의 독창과 이화학당의 합창으로 11시에 폐회하였다. 11월 26일은 경성악대 창립 20주년으로 24, 25일 양일간 오후 7시부터 10시 40분까지 종로 청년회관에서 21명의 대원이 함께 고생한 지 20년이 되어 무도 가극대회를 열어 원무곡과 서곡 돌격행진곡을 연주하고 광무황제 폐하께서 친람하셨던 프랑스 옛 무도인 랑세스를 5절로 나눠 추고 승동유년 주일학교 학생의 초로草露인생, 열세 집, 십자군 출전 등 가극과 고금남高琴男 양의 독창, 엉터리 병원 희극을 하고 26일 오후 7시 반에 청년회관에서 기념식을 열어 김일선의 개회사로 개회하여 백우용 대장의 역사보고, 김필수 장덕수 박기양 등의 축사와 백우용의 답사로 폐회하고 여흥이 이어졌다.110)

11월 29일 오후 3시 낙원동 189번지 주택구제회에서 집 없는 사람들을 구제하기 위한 제1기 공사로 교북동橋北洞 4번지 기와집 상량식에 연주가 있었고 12월 1일 오후 7시 종로 중앙기독교청년회관에서]조선청년연합회 창립 2주년 기념식에 경성악대가 연주한다.

12월 5일 오후 4시 스미스(Frank H. Smith) 박사는 경성악대의 한 달 유지비가 겨우 500원밖에 되지 않아 부흥책으로 서소문로

---

110) 『동아일보』 1921년 11월 24일 3면 「악전고투 2주년」, 11월 26일 3면 「사회 체면을 위하여」, 11월 28일 3면 「21명의 대원이 동고한 지 21년」

자택으로 데이비슨(Henry W. Davidson) 캐슬린 고먼(Kathleen Gorman) 부인[111], 경성제일고등여학교 교유敎諭 오바 유노스케大場勇之助, 마쓰나가 다케요시松永武吉 외사과장, 데라사와 시에이寺澤薺叡 조선호텔 지배인 그 외 몇 사람을 초대하여 유지 방법을 협의하고 12월 16일 오후 7시 반부터 장곡천長谷川공회당에서 스미스(Frank H. Smith) 박사와 마쓰나가 다케요시松永武吉 외사과장 주최로 미국 프랑스 일본 조선 4개국 음악인이 참가하는 음악회가 열려 미즈노 렌타로水野鍊太郎 정무총감의 비서관 이토 타케히코伊藤武彦 송병준 아오키 카이조靑木戒三 전매국장 등이 참석한 가운데 경성악대를 후원하는 음악회가 열렸다.

제1부

  1. 행진곡 - 경성악대

  2. 저음 독창 - 스미스(Frank H. Smith)

  3. 피아노 연탄連彈 - 플레장(Plaisant 부래상富來祥) 부
     인[112], 고먼(Gorman) 부인

  4. 사현금 독주 - 플로렌스 부츠(Florence S. Boots) 부인[113]

  5. 피아노 독주 - 캐슬린 고먼(Kathleen Gorman) 부인

  6. 서곡 - 경성악대

---

111) 남편 아서 고먼(Arthur Gorman 1889.4.9.~1929.3.3.)은 영국인으로 스탠다드 석유회사(Standard Oil Co.)의 인천지점 직원이었으며 인천부 우각동(牛角洞)에 살았다. 부인은 이화여자전문학교 음악과 기악 담당 선교사 교원으로 수록되어 있다. 『朝鮮在留歐米各國人二關スル調査表』 조선총독부 편 조선총독부 1912 p50, 『이화여자전문이화보육학교 일람』 이화여자전문 1937 p92

제2부

  7. 거화炬火(횃불) 무곡 - 경성악대

  8. 사현금 독주 - 오바 유노스케大場勇之助

  9. 저음 독창 - 스미스(Frank H. Smith)

  10. 현악 합주 - 유지자有志者 일동

  11. 고음 독창 - 플레장(Plaisant) 부인

  12. 행진곡 - 경성악대

12월 19일 오후 7시 반부터 조선호텔에서 마쓰나가 다케요시松永武吉 외사과장, 스미스(Frank H. Smith) 목사, 벨기에(백이의白耳義) 영사의 발기로 경성악대를 위한 음악회가 열린다.

1922년 2월 4일 저녁 7시 반부터 중앙기독청년회 소년부 주최로 신춘음악대회를 개최하여 경성악대의 주악을 시작으로 나정옥羅貞玉 양의 피아노 독주, 한진구韓鎭九와 조창식趙昌植의 생황 단소 합주, 최동준崔東俊의 만돌린 독주, 그레그(George A. Gregg 구레구具禮九)의 첼로 독주, 이화학당 교사 임배세林培世의 세레나데 빠진 독창, 스미스(Frank H. Smith) 박사의 지휘로 할렐루야 대합창, 김영환의 피아노 독주, 이화학당 학생의 4인 합창, 플로렌스 부츠(Florence Schumacher Boots) 부인의 독창 및 사현금 독주, 김인식의 월계노래, 소년부 관현악단의 합주가 있었다.114)

---

112) 서소문에 살던 루이 플레장(Louis Antoine Plaisant)과 폴 플레장(Paul Antoine Plaisant) 형제가 남대문통 1정목 99번지 플레장 형제(Plaisant Frère)상회에서 시탄장(柴炭場)을 운영하던 나무상인의 부인, 피아니스트여서 마르텔의 큰딸 마리 루이즈에게 피아노를 가르쳤고 아말리에는 그녀의 큰딸을 가르쳤다.

113) 1918년 피츠버그 치과대학을 졸업하고 1921년 2월 25일에 입국한 세브란스병원 치과 과장 부츠(John L. Boots 1894.11.9.~?) 박사의 부인 Florence Schumacher Boots

114) 『동아일보』 1922년 2월 2일 「모임」; 『매일신보』 1922년 2월 4일 「소년부 주최의 춘기 음악

2월 10일 오후 7시 40분 종로 중앙청년회 운동부 주최 실내운동회에 연주한다. 2월 23일 9시 50분 지금의 서울역인 남대문역에서 일본에서 우리나라를 거쳐 중국으로 떠나는 프랑스 군사사절 조셉 조프르(Joseph Jacques Cesaire Joffre 1852.1.12.~1931.1.3.) 원수 일행의 성대한 환송에 연주한다. 3월 21일 오후 8시 청년회관에서 각 학교 청년회연합회 주최로 소아시아에 있는 아르메니아(Armenia)의 기근 구원 자선음악회를 열어 정신여학교와 이화학당 찬양대의 합창, 김인식과 박태화朴泰和의 베이스 합창, 경성악대의 주악이 있었고 3월 27일 오후 8시 종로 기독청년회관에서 중앙유치원 베스트 대회에 참석 연주하였다. 4월 28일 청년회관에서 천도교 청년회 해삼위海蔘威 지회를 돕기 위한 경성악대 주최의 음악 무도회가 열렸다. 5월 4일 12시 30분경 조선호텔 대식당에서 의친왕義親王 전하 주최 영친왕 전하 환영 오찬에서 경성악대의 연주가 있었다. 지난해 이어 재차 방문한 해삼위 학생음악단이 6월 7일 오후 8시부터 종로 중앙청년회관에서 경성악대 주최로 음악과 무도회를 연다.

7월 28일 오후 8시 종로 중앙청년회관에서 서울악우회의 모범음악대연주회를 열어 내외국인 일류음악가와 경성악대가 출연하고 특히 동경음악학교 성악과 3학년 박항병朴恒秉의 독창, 백명곤白命坤의 만돌린, 조선 음악 합주가 있을 예정이다. 12월 1일 오후 7시부터 종로 청년회관에서 조선연합청년회 2주년 기념식과 음악회에 연주한다. 12월 10일 오전 10시 노량진 여의도 비행장에서 5만여 관중이 운집한 가운데 열린 동아일보사 주최 안창남安昌男

대회, 오는 4일 밤에 중앙청년회관에서」; 2월 7일 「대성황의 음악회, 정초를 기하여 관람자가 다수였다.」

(1900.3.19.~1930.4.2.)의 고국 방문 대비행 환영에 경성악대가 교향곡을 연주하고 조선극장에서도 악대를 보내 연주를 하였다. 12월 22일 오후 7시 종로 청년중앙회에서 소년부 주최 성탄 축하식에 연주한다.

1923년 1월 13일 오후 7시 45분부터 11시까지 종로 청년회 실내 운동실에서 경성악대의 주악으로 실내운동대회가 개최되었다. 2월 3일 오후 7시 중앙기독청년회 소년부 주최로 1년 경비를 보충하기 위하여 신춘음악회를 열어 경성악대의 서곡, 김영환의 피아노 독주, 정만기의 단소 독주, 이화여학생의 합창, 홍난파의 바이올린 독주, 배화여학교 교사인 김애스터 양의 독창, 김인식의 독창이 열릴 예정이다.

2월 8일 융희황제 폐하께서 경성악대 후원회에 일금 100원을 하사하셨고[115] 2월 10일 장곡천공회당에서 아리요시 추이치有吉忠一 정무총감의 양해 아래 스미스(Frank H. Smith) 박사, 이쿠다 세이사부로生田淸三郎 외사과장, 데라사와 시에이寺澤菁叡 조선호텔 지배인 등이 후원하는 연주회가 있었다. 5월 25일 오후 8시 20분부터 장곡천공회당에서 중앙유치원 주최 음악대연주회를 열어 이왕직 아악대 취악吹樂 서양인 관현악단의 관현악, 임배세 양의 독창과 피아노 합창 등이 있고, 끝에 경성악대가 출연하였다.

6월 14일 4시 반 청년회관에서 에비슨(Oliver R. Avison 어비신 魚丕信) 박사가 조선에 많은 공헌을 한 기념축하회에 연주하고 6월 26일 오후 8시 종로 기독교청년회에서 동아부인상회 주최 음악 무도대회를 개최하여 윤심덕 양의 성악, 태화여자관 음악 교사 메이

---

115)『순종실록부록』권14 1923년 2월 p627

벌 콕크(Mabel A. Cocke) 양의 독창, 조선 정악, 경성악대의 특별 연주와 영국 미국 독일 음악가의 음악, 러시아의 무도, 어린아이들의 유희가 있었다.

7월 5일 오후 4시 배재고보 운동장에서 고국을 방문한 하와이 학생단 팀과 1912년 팀의 야구대회에서 환영 연주를 하고 두 달 동안 고국 방문을 마치고 하와이로 돌아가는데 8월 30일 4시 청년회관에서 환영 겸 전별회에 경성악대의 주악과 윤성덕 김합라金合羅 양 한기주韓琦柱 여사의 피아노 합주와 독창이 있었다.

경성부에서 부민위안 연주회를 해마다 열기로 하고 매월 첫째 목요일 남산공원, 둘째 목요일 탑동공원, 셋째 목요일 장충단공원에서 여는데 남산공원에서 오는 8월 2일, 12일, 23일, 9월 2일, 13일, 23일에 열릴 예정이고 탑동공원은 8월 5일, 16일, 26일, 9월 6일, 16일, 27일 예정이며 장충단공원은 8월 9일, 19일, 30일, 9월 9일, 20일, 30일 예정이다.[116] 10월 13일 오후 8시부터 종로 중앙기독청년회에서 추기음악대회에 연주한다.

제1부
  1. 파우스트(Faust) - 경성악대
  2. 피아노 독탄獨彈 판타지 - 리(Ruby K. Lee) 양
  3. 2인 합창 '주 함께 계심' - 델마터(Jean Delmarter) 양, 신의경辛義卿 양
  4. 아리아 헨델(Aria/Handel) - 첼로 독탄
     녹턴 멘델스존(Nocturne/Mendelssohn) - 그레그(George A.

---

116) 『매일신보』 1923년 8월 6일 3면 3공원에서 납량음악

Gregg 구례구具禮九)
5. 독창 애란愛蘭의 연가 - 허에스터 부인
6. 바이올린 독주 춘희椿姬(La Traviata) - 이보민李輔敏
7. 조선가 독창 - 김한영金漢泳
8. 합창 애니 로리(Annie Laurie) - 이화여학생

제2부
1. 독주 칼리오스트로(Cagliostro) - 경성악대
2. 피아노 독탄(미정) - 김영환
3. 독창 불꽃이 타지 않는다. - 윤심덕
4. 바이올린 독주 콜 니드라이(Kol Nidrei 신의 날) - 홍난파
5. 독창 제화製靴자의 가歌 - 콕크(Mabel A. Cocke) 양
6. 2인 합창 아등我等(우리들)의 산으로 - 윤심덕, 윤기성
7. 합창 한강가漢江歌 - 정신여학생
8. 주악 니벨룽의 노래(Das Nibelungenlied) - 경성악대

　12월 3일 전주 약령시藥令市의 번창을 기회로 일반인과 학생에게 음악의 취미를 선전할 목적으로 전주유지의 주최로 백우용이 악사 16명을 인솔하여 내려가 3일 밤 공회당, 4일 오후 호영湖英학원, 5일 오후 사립 신흥학교 6일 밤에는 공회당에서 음악 무도회에 연주하였다.
　1924년 2월 8일 7시 반 종로 청년중앙회 소년부 주최 신춘음악대회에 윤심덕이 출연하는 음악회에 주악이 있었다.

제1부

1. 취주악 스타리 엠블렘(Starry Emblem) - 경성악대
2. 피아노 독탄, 찬손루스 씨드네이 - 콜롬보스키아 부인
3. 독창 – 윤심덕
   (가) 성 루시아(Santa Lucia) 나폴리 민요(Napoli Song)
   (나) 너와 나, 그라벨
4. 하모니카 독주 – 정성채鄭聖采
   도나우벨런(Donauwellen), 이바노비치(Ivanovich)
5. 피아노 병탄拜彈 - 윤심덕, 윤기성
   유머레스크(Humoresque), 드보르자크(Dvořák)
6. 여성합창 수부水夫의 합창 – 배화합창대
   (Der fliegende Holländer 'Steuermann, lass die Wacht')
7. 바이올린 독주 - 부츠(Boots) 부인
   카바티나(Cavatina), 라프(Raff)
8. 조선 가곡 - 김한영

제2부

1. 취주악 영국가곡 중 - 경성악대
2. 현악합주 콜롬비아 행진곡 - 연악회원
3. 피아노 독탄(미정) - 합컥 부인
4. 독창 – 윤심덕
   신부의 가歌(Mad Scence From Lucia), 도니체티(G. Donizetti)
5. 바이올린 독주 – 홍난파
   집시 무곡(Gypsy Dance), 위어(Wier, Albert Ernest)
6. 피아노 독탄 – 김영환
   트로이카 드라이브(The Seasons Op.37a November: Troika

Drive), 차이콥스키(Tchaikovsky)
7. 2인 합창(미정) - 윤심덕 윤기성
8. 단소 독주(미정) - 정만기
9. 주악(미정) - 경성악대[117]

2월 9일 오후 7시에 중앙청년회에서 제8회 실내운동대회에 소년 척후대의 권투와 무도舞蹈 농구 경기에 연주하고 3월 3일 오후 4시 종로 중앙청년회에서 경성악대 후원회 발기를 하였으며 3월 17일부터 3일간 대구 장로교 여자청년회에서 명도원命道院을 설립하여 기금을 마련하기 위하여 만경관萬鏡館에서 음악 무도 강연대회를 개최하여 경성악대가 출연한다.

5월 17, 18일 양일간 노량진 은로학교 앞에서 은로학교 주최 연악회와 조선일보가 후원한 교외음악회에 바이올린 홍난파, 피아노 김영환, 양금 단소 합주에 정만기와 홍재유洪載裕, 소프라노 윤심덕, 바리톤 윤기성이 출연하고 현악합주에 연악회원 취주악에 경성악대가 연주하였다.[118] 5월 23일 오후 8시 경운동 천도교당에서 조선여성동우회 발회식에 경성악대의 주악으로 거창하게 열렸다.[119]

6월 20일 오후 8시 종로 기독교청년회관에서 연악회 주최 서울구락부 후원 동서양의 신구음악을 합하여 음악회를 여는데 홍난파, 김앨리스 양, 아펜젤러(Appenzeller) 양, 반복기潘福奇(반버스커크

---

117) 『음악계』 제1호 다키모도 카쿠죠(瀧本覺造) 연악회 1925.4. 「1924년도 음악계 총결산」 p21~23; 『매일신보』 1924년 2월 8일 3면 「신춘음악대회, 오는 금요일 청년회에서」; 『객석』 4월호 (주)예음 1984 「자유·지성·예술의 데카당트 윤심덕은 피살됐다?」 박용구 p141; 『동아일보』 1925년 3월 31일 2면 「연악회 수업식」

118) 『조선일보』 1924년 5월 18일 「은로학교 주최 교외음악회」

119) 『중앙일보』 1973년 3월 8일 5면 「남기고 싶은 이야기들, 제31화 내가 아는 박헌영」 박갑동.

James Dale VanBurskirk), 이화학당 일동, 가와노 다카요시河野孝義, 커(William Charles Kerr 공위량孔偉亮), 홍재유, 김상준, 심정순沈正淳, 경성악대 일동이 출연한다. 7월 2일 오후 8시 청년회관에서 노동학원 주최 조선일보 후원 동서 음악대회에서 경성악대의 취타악 합주와 윤심덕 한기주 여사의 독창 지성일池盛一의 댄스 천도교 소년부의 가극도 있었다.

납량 연주는 8월 15일 금요일 탑동공원 18일 월요일 남산공원에서 8시부터 10시까지 열려 시민위안과 악대의 존재 및 오늘날 비참한 현실을 알리려고 서양 명곡들을 연주하고 8월 22일 탑동공원의 납량 연주에 성황을 이루어 백우용이 단상에 나타났을 때 우레와 같은 박수를 받았고 25일에는 남산공원 차례였으며 9월 2일도 오후 8시부터 남산공원에서 연주가 있었다.

9월 6일 오후 8시 종로 청년회에서 경성악대 주최로 남녀 자유 무도대회를 열었다. 9월 27일부터 10월 18일까지 경성부 주최로 각 공원에서 시민을 위하여 음악회를 여는데 일정은 다음과 같다. 9월 27일 밤 7시 반부터 8시 반까지 탑골공원, 28일 오후 1시부터 6시까지 장충단, 10월 11일 오후 1시부터 6시까지 탑골공원, 12일 오후 2시부터 6시 30분까지 장충단, 16일 오후 1시부터 10시까지 남산공원, 17일 오후 1시부터 6시까지 남산공원, 밤 7시 반부터 10시 반까지 용산 삼각지, 18일 오후 2시부터 10시까지 경성신사로 일정이 계획되어 있다.

10월 13일에는 종로 청년회 주최 추계음악회에 경성악대 김영환 윤심덕 윤기성 등이 출연하였으며 조선일보 주최로 10월 21일 7시 반 장곡천정 공회당에서 기아동포를 위한 여류자선음악회를 열어 배화 및 이화합창대 중앙유치원 아동, 윤심덕 한기주 윤성덕 김합라 정동 서양인학교 교사 핸더슨(Lois E. Henderson) 양 경성악대가 출연하였으나 배화여학교 교사인 리(Lee, Ruby K. 이보석李寶石) 양은 몸이 아파서 출연하지 못하였다.

1925년 1월 30, 31일 양일간 7시 반 중앙기독청년회 체육부 주최 제9회 실내운동대회에 경성악대의 주악으로 시작되었다. 9월 24일 12시 노농勞農러시아영사관 개관식에 국제혁명가를 연주하였고 10월 12일 오후 7시 반 종로 중앙기독교청년회관에서 추기 음악대회를 개최하여 수입금 전액을 동경 조선인 기독교청년회관 건축비로 보내는 음악회에 경성악대와 연악회가 합주를 한다.

1926년 2월 20일 오후 7시 30분부터 종로 중앙기독청년회 소년부에서 제5회 신춘음악회를 개최하여 김영환 홍난파 왈레스(Wallace Jay Anderson 안대선安大善 1890 – 1960. 12. 12) 반복기潘福奇(반버스커크 James Dale VanBurskirk) 백명곤白命坤 현악합주로 경성악대와 연악회 글리클럽(Glee Club)이 참석한다. 3월 활로를 잃은 경성악대를 위하여 한성은행장 한상룡의 주선으로 총독부로부터 5백 원의 지원금을 받는다. 부민위안 납량음악회가 열리는데 탑동공원은 8월 13일 9월 4일 8일, 남산공원 8월 14일, 9월 5일, 광화문 앞 15일 장충단공원은 8월 16일, 9월 7일, 부청府廳 앞은 8월 17일, 9월 10일, 사직단공원은 9월 6일, 용산 삼각지는 9월 1일 열렸다.

8월 13일 탑동공원 부민위안 납량음악회 연주곡목

1. 행진곡 쌍두 독수리 깃발 아래(쌍취기雙鷲旗 Unter dem
   doppeladler)
2. 서곡 오를레앙의 처녀(Overture. Fungfrau v. Orleans)
3. 와쿄쿠和曲 구로카미黑髮
4. 왈츠 우리 왕후
5. 환상곡 마르타(Fantasie, Martha)
6. 와쿄쿠和曲 산사가쿄쿠三下曲
7. 카드리유 곡(Quadrille) 학생가
8. 행진곡 펜실베이니아 대학생[120]

8월 29일 오전 9시 매일신보 주최 경성운동장에서 제3회 전선全
鮮 야구대회에 경성악대의 주악에 맞춰 선두로 부산철도, 올(All) 대
구, 전전주군全全州軍, 올(All) 함흥, 미쓰비시 겸이포三菱兼二浦 제
철소, 경희구락부, 용산철도팀 선수들이 입장한다. 9월 22일부터 25
일까지 매일신보 내청각來靑閣에서 경성악대 후원 대연주회가 열려
한성, 조선, 한남, 대동 권번 기생들이 돌아가며 찬조출연을 한다.
11월 20일 오후 7시부터 종로 청년회관에서 철원 동송면 상로리 사
립동광학교 주최 자선음악회에 경성악대 박경호朴慶浩, 홍송헌洪松
軒, 최호영崔虎永, 최죽남崔竹南, 이인선李寅善이 출연한다.

1927년 3월 21일부터 3일간 대구 만경관에서 중외일보 대구지국
과 사립명도命道여자학원 연합 주최로 춘기 특별음악대회를 개최하

---

120) 『동아일보』 1926년 8월 14일 5면 「금일 납량음악 13일 야(夜) 탑동공원」; 『매일신보』 1926
년 8월 14일 3면 「부민위안 음악 제1일 곡목」

여 피아노 김영환, 바이올린 정소군鄭昭君 여사, 이화여자전문학교 합창대, 경성악대, 호이트(Nell Henderson Hoyt)[121] 부인 등이 출연한다. 4월 7일 오후 3시 월남月南 이상재 선생의 경성역전 영결식장에서 위원장 윤치호의 집례하에 경성악대의 구슬픈 조곡으로 영결식을 시작하여 마지막에 삼우회三友會 악대의 주악으로 끝을 맺었다. 4월 30일 오후 2시 동아일보 대강당 신축사옥 낙성식에서 경성악대의 주악으로 개회를 하고 옥상에서 열린 다과회에 사가社歌를 비롯하여 각종 악곡을 연주하였고 5월 1일 3시부터 집회실에서 열린 피로연 내내 연주를 하였다. 5월 3일 11시 40분 휘문고등보통학교에서 열린 창립 21주년 기념식 및 민영휘 동상 제막식에 휘문 교가를 연주하였다.

경성부 주최 시민위안 납량음악회納凉音樂會를 8월 12일부터 19일까지 오후 8시 개최하는데 12일 남산공원 양악 및 샤쿠하치尺八,[122] 13일 파고다공원 양악 및 조선악, 14일 어의동공보교정於義洞公普校庭 양악 및 조선악, 15일 충무로인 본정本町 5정목 양악 및 샤쿠하치尺八, 16일 부청府廳 앞 양악 및 샤쿠하치尺八, 17일 용산구 문배동인 경정京町 양악 및 샤쿠하치尺八, 18일 마포보교정 내 양악 및 조선악, 19일 사직단공원 양악 및 조선악이 계획되어 있어 양악은 경성악대의 김창희金昌熙가 지휘하고 조선악은 조동석趙東奭, 샤쿠하치尺八는 사토 레이잔佐藤令山이 담당하였다.[123]

---

121) 미국 북장로교 선교 의사 스펜서 호이트(H. Spencer Hoyt 허익두許益斗)의 부인으로 1922년 10월 1일 입국하여 대구에서 의료 사역을 하고 1927년 안식년으로 귀국한다.

122) 샤쿠하치(しゃくはち)는 대나무로 만든 관악기로 취공(吹孔)을 비스듬히 깎아내렸으며 지공(指孔)은 전부 다섯으로 d 전개음(全開音), f, g, a, c, d의 6음을 내지만 연주할 때는 지공을 전부 막지 않고 반만 막는다든가 입술의 각도를 변화시켜 6음 이외의 음을 내며 고개를 흔들어서 비브라토를 낸다.

123) 『동아일보』1927년 8월 13일 2면 「시민위안 납량음악」;『매일신보』1927년 8월 10일 3면

1928년 2월 15일 천도교 기념관에서 신간회 창립 1주년 기념식에 7백여 명이 참석하여 경성악대의 주악에 따라 개회를 선언하고 사복 경관의 경계로 간단한 식사式辭를 한 후 주악을 하고 경과보고 겸 기념사에 뒤이어 축전 축문을 낭독하고 광주光州 북청 함흥 지회의 자축사가 끝나자 만세 삼창 후 주악으로 폐회를 한다. 3월 29일 오전 10시 종로 중앙기독교청년회 주최 월남 이상재 선생 1주기 추도식에 경성악대 주악에 이어 약력을 소개하고 김은실金恩實 양의 '이천만이 잃은 노인' 운운하는 추도 노래가 있었으며 30일 오후 3시 종로 청년회관 대강당에서 천여 명이 참석하여 경관의 삼엄한 경계 하에 각 사회단체 연합으로 추도식이 열려 경성악대의 주악에 이어 개회사와 추도사를 하고 보이스카우트가 조곡을 부르고 애도곡 몽상행진곡을 연주하였다.

4월 15일 오후 2시 포천 자동차부에서 양문梁文 전곡 간 운행을 개시하여 포천경찰서 연무장에서 개통축하식 및 오찬회에 연주한다. 경성부 주최 벚꽃놀이인 관앵觀櫻음악회를 4월 22일 오후 1시 장충단공원, 23일부터는 오후 7시 반 미동공립보통학교 교정, 24일 남산공원 음악당, 25일 파고다공원 음악당, 26일 사직단공원, 30일 용산 경교京橋 위에서 음악회가 열렸다.[124] 매년 여름철에 여는 경성악대의 납량음악회는 8시 반부터 8월 14일 장충단공원, 15일 탑동공원, 16일 어의동공립보통학교 교정, 17일 사직단공원, 18일 용산 경정京町 경교京橋, 20일 마포공립보통학교 교정에서 연다.

「시민위안 납량음악」;『조선신문』1927년 8월 13일 6면「시민위안 납량음악회, 번화한 첫날(賑やかな初日)」

124)『경성휘보』제80호 경성부 편 경성부 1928(소화 3) p30, 31

8월 14일 장충단공원 곡목

1. 경성부가京城府歌
2. 서곡 스트라델라(Overture Stradella)
3. 나가우타長唄 에치고지시越后獅子
4. 왈츠곡 도나우강의 잔물결(Donauwellen Walzer)
5. 하우타端唄 오키나카 시라호沖中白帆
6. 극곡劇曲 베버(Weber) 가극
7. 행진곡 펜실베이니아 대학생[125]

10월 28일 오후 3시 종로 중앙청년기독교청년회 대강당에서 7백여 명의 남녀가 모인 청년회 25주년 기념식에서 경성악대의 주악과 이화합창대의 합창이 있었다. 1929년 지난해와 마찬가지로 경성부 주최 관앵음악회를 4월 21일 오후 2시 장충단, 22일부터 오후 7시 반 어의동보교於義洞普校, 23일 사직공원, 25일 미동漢洞보교, 26일 효창보교, 27일 오후 3시 장충단에서 연주한다. 11월 15일 오후 4시 반부터 종로 기독청년회의 중축한 대강당에서 중축 낙성식에 연주가 있었다.

1930년 4월 22일 백우용 군악대장이 장서長逝할 때까지 경성악대는 완전히 해체되지 않고 글자 그대로 유야무야의 상태였으며 6월 16일 오후 8시 25분 중앙기독교청년회관에서 신간회新幹會 경성지회 주최 창립 3주년 기념식에 각 단체에서 9백여 명이 참석한 가운데 경성악대의 주악으로 개회를 선언하였고 9시 20분 주악으

---

125) 『동아일보』 1928년 8월 14일 5면 「금일 납량음악」; 『조선신문』 1928년 8월 15일 2면 「시민 납량음악, 오늘 밤부터 연다(今晚から開く)」

로 여흥에 들어가 개식開式에 소악素樂을 하고 정악正樂 영산산조靈山散調, 최승희崔承喜 무용단의 무용, 기술奇術, 가장행렬이 이어졌다.[126] 그러나 우리 민족의 고난사를 그대로 겪으면서 끝내 이 악대를 지키던 대원들이 명맥을 이어오다가 하나둘 흩어지기 시작하여 1930년 양정고보에 조직된 취주악대를 가르치기도 하고 활동사진관과 악극단으로 조선소년군 총본부 활동사진 순업반巡業班으로 광고대로 전전하기도 한다.

---

126) 『사상에 관한 정보철』 제6책 1930년 6월 17일 경종경고비(京鍾警高秘) 9196호 「신간회 경성 지회 집회취체 상황보고(통보)」

6부

이 땅에 살다 간 에커트와 마르텔

6.1 에커트의 서울 생활과 세 딸들

에커트는 광무 5년(1901년) 2월 19일 서울에 도착하여 처음 몇 주는 한성관립덕어학교 교장인 요하네스 볼얀(Johannes Bolljahn 불야안佛耶安)[1] 집에 같이 지내면서 2월 28일 종현천주교당의 뮈텔(Gustave Charles Marie Mutel 문덕효文德孝 1854.3.8.~ 1933.1.23.) 주교를 만나기 위해 불어를 잘하는 볼얀을 통역으로 하여 같이 방문한다. 광무 6년(1902년) 1월 3일 지금의 회현동 1, 2가 일부인 숲이 울창한 남산 기슭 회동會洞(Hai-tong)에서 살다가 이후 회현동 3가인 욱정旭町 3정목丁目[2] 황조곡黃鳥谷에 살았는데 집이 위쪽에 있어서 서울을 한눈에 내려다볼 수 있었으며 조금 아래로 내려가면 일본인들이 많이 살고 있었다. 가족과 떨어져 적적하였던지 돼지 몇 마리를 키웠는데 세 마리나 도둑을 맞아 남은 한 마리는 볼얀, 분쉬와 같이 잡아 고기를 삶고 소시지와 베이컨을 만들어 먹는다. 마당에는 조그마한 동산이 있었으며 외손녀인 임마꿀라따 수녀가 어릴 적에 외할아버지와 공놀이 할 만큼 아주 넓었고

---

1) 『조선 재류 구미 각국인에 관한 조사표(朝鮮在留歐米各國人二關スル調査表)』조선총독부 편 조선총독부 1912. p46 주거지는 경성부 북부 송현(松峴)이다.

2) op. cit. p44, 욱정 3정목 4번지에 581평의 창덕궁 소유의 땅이 있어 이것이 에커트가 살던 집이 아닌가 추정된다. 『경성부 관내 지적목록』 1917년 대림도서출판사 1982. p39 현재 이곳은 회현동 3가 5-1, 5 일대로 충무교회 건물이 있는 곳이다.

집은 단층 양옥집이었다.3)

베를린 공과대학에 다니는 장남 프란츠(Franz Eckert Jr)와 칼 (Karl), 게오르크(Georg) 세 아들은 독일에서 학업을 계속하기 위해 기숙사에 남겨두고 1902년 1월 중순 벨기에 안트베르펜(Antwerpen) 항에서 가마쿠라마루鎌倉丸4)를 타고 고베神戸에 도착하는 부인 마틸데 에커트(Mathilde Eckert)와 아말리에(Amalie), 안나 이렌느 (Anna-Irene), 엘리자베트(Elisabeth) 세 딸을 마중하러 에커트는 3월 초순 일본으로 건너가 부산 제물포를 거쳐 3월 하순경에 돌아오는데 29일 바이퍼트 영사 집에서 분쉬(Wunsch) 박사와 마이어 상사 사장 뤼어스(Lührs) 가족과 아침 식사를 같이하고 저녁은 볼얀(J. Bolljhan)이 에커트 가족을 위해 만찬을 열어 주었다. 4월 5일 에커트의 쉰 번째 생일과 부인, 세 딸들의 도착을 맞이하여 겸사겸사 잔치를 벌여 독일어 교사 볼얀, 상인, 시의侍醫 리하르트 분쉬(Richard Wunsch 부언사富彦士) 박사를 초대하였다.5)

5월 17일 일요일 오후에 분쉬(Wunsch), 서북 철도국 기사 뷔르다레(Emile Bourdaret 무로다래武路多來)와 드 라페리에르(de Lapey rière 라백리喇伯梨), 샌즈(Sands 산도山島), 세관장 페고리니(Danie lle Pegorini 별리니別里尼), 볼얀, 마르텔(Martel 마태을馬太乙), 에커트 가족이 참석하여 자전거로 서울 상동 간 철로 변까지 소풍을 갔다 온다.6)

---

3) 『객석』 4월호 (주)예음 1984 「신음악의 씨를 뿌린 할아버지 엑켈트를 회상한다.」 정연수 기자 p99~102

4) 『프란츠 에케르트』 한스 알렉산더 크나이더(Hans-Alexander Kneider) 연암서가 2017 p119

5) 『고종의 독일인 의사 분쉬』 리하르트 분쉬(Richard Wunsch) 지음 김종대 옮김 학고재 1999. p56, 176, 65

6) op. cit. p181

리하르트 분쉬 박사는 손탁孫擇(Marie Antoinette Sontag 1838.10.1.~1922.7.7.) 여사가 운영하는 게스트하우스의 조수가 사고를 당하여 혼자서 도저히 일을 감당하지 못하는 것을 알고 아주 똑똑하고 알뜰할 뿐만 아니라 일본어 영어 프랑스어를 유창하게 하는 데다 피아노도 잘 치는 등 다재다능한 장녀 아말리에 에커트(Amalie Eckert)를 대단히 좋아하여 7월에 손탁 여사에게 추천하고 볼얀이 중재하여, 한 달에 200라이히스마르크(Reichsmark) 월급에 무료 숙박과 사무실을 따로 주는 일자리를 구해줘 8월부터 광무 9년(1905년) 1월까지 근무를 한다.[7]

8월 16일 아말리에는 분쉬집 커튼의 안감 및 겉감과 책상보 감을 싸게 사와 바느질을 하여 혼자서 커튼을 달고 아늑하게 꾸며 줘 분쉬는 답례로 정원에서 나는 과일과 채소류 대부분, 계란 등 많은 식료품을 주어 살림 잘하는 독일 부인들이 흔히 그렇듯이 삶고 즙을 내거나 하였다.[8]

아말리에는 광무 7년(1903년) 5월 하순 리하르트 분쉬와 약혼까지 할 뻔하였으나 분쉬의 신중한 성격 탓으로 하지 못하고 에커트 가족 모두는 6월 1일 월요일 아침 일찍 리하르트 분쉬의 생일을 축하하러 가 슐레지엔(Schlesien)식 케이크를 구워주는 등 흡족해하는 생일상을 마련해주었다.[9]

차녀 안나 이렌느는 장녀 아말리에보다 먼저 광무 8년(1904년) 12월 29일 10시 종현천주교당(명동성당)에서 내부 고문관으로 있던 비

---

7) 『프란츠 에케르트』 한스 알렉산더 크나이더(Hans-Alexander Kneider) 연암서가 2017 p120

8) 『고종의 독일인 의사 분쉬』 리하르트 분쉬(Richard Wunsch) 지음 김종대 옮김 학고재 1999 p73

9) op. cit. p92, 93. 『프란츠 에케르트』 한스 알렉산더 크나이더(Hans-Alexander Kneider) 연암서가 2017 p126

국比國(벨기에)인 아데마 델크와느(Adhémar Delcoigne 대일광戴日匡)와 결혼을 하는데 독일 잘데른(Conrad von Saldern 1847.1.3.~1908.6.8.) 변리공사와 분쉬는 신부의 증인으로, 러시아 의사 드 보스(de Voss)와 볼얀은 신랑의 증인으로 섰고 11시 정동 손탁호텔 피로연 잔치에 각부 대신과 내부 칙주임관, 각국 외교관들을 청요하였고 유럽인 참석자가 아주 많았으며 거류민은 거의 다 참석하여 춤추고 하였다.10)

"장녀 아말리에 결혼 기념촬영. 한스-알렉산더 크나이더 교수님 제공"

장녀 아말리에 에커트(Amalie Eckert 1876.1.31.~1969.4.21.)는 프랑스 공사관에서 열리는 정기 세미나에 참석하여 친숙해진 에밀

---

10) 『뮈텔 주교일기』 3권 한국교회사연구소 역주 한국교회사연구소 1993 p398, 399; 『대한매일신보』 광무 8년(1904년) 12월 29일 혼례 청첩; 『고종의 독일인 의사 분쉬』 리하르트 분쉬 (Richard Wunsch) 지음 김종대 옮김 학고재 1999 p228; 『황성신문』 광무 8년(1904년) 12월 30일 「대(戴) 씨 혼례」

마르텔(Emile Martel 1874.12.4.～1949.9.19.)과 광무 9년(1905년) 2월 7일 화요일 10시 종현천주교당에서 열린 혼배성사에 하객들이 꽉 들어찼으며 거의 모든 유럽 거류민들이 참석하였고 박제순朴齊純, 민영건, 학무국장 장세기張世基 등 여러 명의 한국인과 늦게 전 군부대신 윤웅렬尹雄烈(1840～1911.9.20.)도 참석하였으며 손탁호텔에서 잔치를 하고 신혼여행은 마르텔이 학교를 비우기 어려워 10월에 부산으로 5일 다녀온다. 11일 자 대한매일신보는 "교사혼례 법어 교사 마틔을 씨가 군악 교사 덕인의 령녀令女와 뎡혼ᄒ야 팔일 상오 일시에 법공관에서 셩례ᄒ엿다더라" 하고 이날 프랑스 공사관에서 찍은 사진에 신랑 신부와 친한 인사들 및 독일 프랑스 공사들과 촬영한 것이 보인다.[11]

"차녀 안나·이렌느 결혼 기념촬영. 한스·알렉산더 크나이더 교수님 제공"

11) op. cit. p407; 『대한매일신보』 광무 9년(1905년) 2월 11일 2면 교사혼례.

광무 10년(1906년) 3월 4일에 태어난 마리 루이즈 마르텔(Marie Louise Martel 마영순馬英順 1906.3.4.~1988.12.5.)[12]은 4월 부활 첨례瞻禮 때 세례를 받았고 4월 22일에는 영세 기념으로 대모代母인 프랑스 총영사관 베르토(Fernand Berteaux) 부영사 부인이 오찬을 열어 뮈텔 주교, 두세(EugAne Camille Doucet), 푸아넬(Victor Louis Poisnel), 비에모(Marie Pierr Paul Villemot) 신부들과 드 라 프라드(Georges Dufaure de la Prade) 통역관 부부, 에커트 부부, 마르텔 부부, 볼얀(Johannes Bolljahn)[13], 엘리자베트의 약혼자가 근무하는 페이호(Pei-Ho)[14] 승무원 등이 참석하였다.

광무 9년(1905년) 황실 고문으로 있다가 광무 10년(1906년) 5월 23일 베이징北京의 벨기에 공사관 고문관으로 임명된 델크와느(Adhémar Delcoigne)가 광무 11년(1907년) 5월 11일 그의 친지들과 장인 에커트를 보기 위해 서울에 온다. 막내딸 엘리자베트(Elisabeth)는 함부르크 · 아메리카해운회사(Hamburg Amerikanische Packetfahrt Actien Gesellschaft)의 페이호(Pei-Ho) 선장으로 있는 신교 신자인 오토 멘싱(Paul Otto Franz Mensing)과 광무 11년(1907년) 4월경 약혼을 하고 융희 원년(1907년) 12월 28일 11시 종현천주교당에서 결혼하는데 제실음악대가 짧은 혼례식을 좀 채워 주었고 참석자들도 대단히 적었다.[15] 융희 3년(1909년) 4월 3일 에

12) 『The Korea Review』 vol. 6 Homer B. Hulbert 경인발행사 1986 p120

13) 『뮈텔 주교일기』에 볼죄른(Bolljorn), 빌조른(Bihljorn) 이름이 등장하는데 이는 뮈텔 주교의 필체가 워낙 판독하기가 어려워 볼얀(J. Bolljahn) 볼야안佛耶安)을 잘못 번역한 것으로 보인다.

14) 1847년 함부르크에서 설립된 대서양 횡단 해운회사로 1904년 노스 저먼 로이드(North German Lloyd)사로부터 메단(Medan)을 구매, 페이호로 개명하여 중국 연안을 운항한다. 항로는 상하이-칭다오-톈진-옌타이-제물포, 『The Korea Review』 vol. 5 Homer B. Hulbert 경인발행사 1986 p38

15) 『뮈텔 주교일기』 4권 한국교회사연구소 역주 한국교회사연구소 1993 p226

커트와 델크와느는 뮈텔 주교를 만나러 갔으나 없어 만나지 못한다.

1916년 1월 31일 시위군악대 편성에 공이 컸던 양악대 음악 교사 에커트를 만기로 해고하고 전 황실에서 위로금으로 50원, 귀국 여비로 900원, 기념품비로 500원을 하사[16]하여 그의 다년간 노고를 위로하였다. 4월 아빠스(Abbas)는 에커트에게 부활절 영성체를 하고 가족과 함께 축일을 지내도록 재촉하나 아파서 귀찮고 짜증이 는 그는 권고를 진지하게 받아들이지도 않고 훗날로 미루고 싶다고 하였다. 그의 병은 이미 깊어 7월 25일 아빠스(Abbas)는 병세가 나날이 악화되어가는 에커트를 방문한다. 이후 8월 6일 오후 9시 반에 인후암으로 지금의 회현동 3가인 욱정 3정목 자택에서 64세 4개월의 일기로 타계한다.

이에 8월 7일 융희황제 폐하께서 제찬료금祭粲料金 100원을 하사[17]하여 그의 죽음을 애도하였으며 8월 8일 8시 종현천주교당에서 장례식은 일본 고베神戸에서 온 큰아들 프란츠 에커트(Franz Eckert Jr)가 주관하고 출관의식과 묘지의식은 푸아넬(Poisnel) 신부가 미사를 보고 사도예절赦禱禮節은 가시아노(Gatian) 신부가 했다. 수녀원 아이들도 사도예절 때 노래를 불렀으며 이왕직 양악대는 미사를 보는 동안 여러 곡을 연주하고 또 운구 행렬에서도 쇼팽(Frédéric François Chopin)의 장송 행진곡[18]과 여러 곡을 연주하였다. 전시로 프랑스 친구들은 부인들만 참석했으나 참석자들이 대단

---

16) 『순종실록부록』 권7 1916년 1월 p591; 『경성일보』 1916년 8월 7일 3면 「기미가요의 작곡자 (君が代の作曲者)」에서 4월까지 이왕직 양악대의 양성을 위해 노력하다가 계약 기간 만기로 해고되었다 한다.

17) op. cit. p594

18) 『프란츠 에케르트』 한스 알렉산더 크나이더(Hans-Alexander Kneider) 연암서가 2017 p254 피아노 소나타 2번 내림 B단조 Op. 35, 3악장 장송 행진곡(Piano Sonata No. 2 in B Flat Minor, Op. 35 - III. Marche Funébre: Lento)

히 많았으며 고미가와 구도 형제들도 참석을 했고 그밖에 알지 못하는 일본인들도 있었다. 쌍두마차의 영구차 뒤로 외손자 샤를(Charles)이 훈장을 벨벳 쿠션에 받쳐 들었고 두세 대의 자동차가 뒤따라 지금의 합정동인 양화진 외인묘지에 묻혔다.[19] 이날 매일신보는 악계은인의 장서長逝 양악 발전의 은인이라며 그에 관한 기사를 실었고 경성일보도 8월 7, 8일 양일간에 걸쳐 보도하고 있다.[20]

"군악대의 덕국 사람 교사라 하면 경성 안의 아동주졸兒童走卒까지 많이 아는 터라 연전까지 탑골공원에 음악당에서 멋더러지게 코러스를 지도하는 양樣을 보겠더니 근일에 와서는 철물교 근처로 지나다니는 모양도 오래 못 보겠더라 어쩐 일인고 하였더니 불행히 전쟁으로 인하여 금년 4월의 고용계약 기한을 한정 삼아 해고된 후 경성에서 여생을 보내더니 작금에 병이 침중하여 욱정의 자기 집에서 6일 오후 9시 반에 자는 듯이 운명하였더라…"[21]

양화진 외인묘지에 있는 그의 묘비는 화강석 받침의 사각뿔 오석烏石 기둥에 '프로이센 왕립 음악 감독 프란츠 에커트 씨 여기 신의 품속에 잠들다'라는 "Hirruht in Gott. HERR FRANZ ECKERT. Kgl preuss Musikdirektor. geb den 5 April 1852. gest den 6 August 1916. R・I・P"[22]라고 기록하고 있으며 윗부분의 흰 원은

---

19) 『뮈텔 주교일기』 6권 한국교회사연구소 역주 한국교회사연구소 2002 p41, 56, 57

20) 『경성일보』 1916년 8월 7일 3면 「기미가요의 작곡자 프란츠 에케르트 씨 경성에서 앓다.(君が代の作曲者フランス・エッケルト氏京城に病む).」; 1916년 8월 8일 3면 「기미가요 작곡자 죽다(君が代作曲者逝く).」

21) 『매일신보』 경인문화사 1986. 1916년 8월 8일 3면 '악계 은인의 장서'

22) 영결미사 때 라틴어 기도문 레퀴에스캇 인 파체(Requiescat in pace)의 뜻은 '영령이여 고이

원래 에커트의 사진이 유리로 덮여 있었으나 6·25전쟁 때 인민군이 파괴하여 1965년에 임마꿀라따 수녀가 시멘트로 때웠다 한다.

작품으로는 대한제국 애국가 외에 광무 7년(1903년) 8월 8일 온종일 걸려 작곡한 봉헌곡奉獻曲[23) 교주만행진지곡膠州灣行進之曲 (Der Kiautschouer Humor Marsch)[24) 결혼피로연 행진곡 엘리자베트(Hochzeits Fest Marsch Elisabeth) 도쿄의 추억(Souvenir de Tokio) 오보에 독주(Oboe Solo)와 늘 기생이나 농부의 노래를 듣고 영감을 얻어 많은 작곡을 하여 한국 민요에 의한 접속곡, 실내악곡 및 레코드판 등도 있었다. 임마꿀라따 수녀는 "독일행진곡 등 많은 작품이 있었는데 다 없어졌어요. 어머니가 많이 가지고 있었지만 모두 잃어버려 늘 아까워했습니다." 하고 궁에 보관되었는지 거처를 알 수 없었다고 한다.

한편 마틸데(Mathilde) 부인은 매우 쇠약하고 수척하였으며 1918년 11월 11일 제1차 세계대전이 휴전되고 재산은 '적국인 재산처

잠드소서.'이다.

23) 『뮈텔 주교일기』 3권 한국교회사연구소 역주 한국교회사연구소 1993 p275

24) 『음악교육』 7월호 단행본 부록 세광출판사 1987 「개화기의 한국음악 -프란츠 에케르트를 중심으로」에서 남궁요열은 금주만 행진곡이라고 하나 『한독수교100년사』 최종고 등 저 한국사연구협의회 1984 「독일제국과 동아시아의 초기접촉」 최종고 p17 지도에 교주(膠州)를 독일어로 Kiautschou로 표기한 것에 의하면 교주만 행진곡(膠州灣行進之曲)이 바른 표기며 『조선일보』 1939년 4월 15일 석(夕)2, 5면 학예 「조선학의 외인부대⑥ 처녀지 조선에 초빙되어 왕실 양악대를 창설지도」에 마르텔은 황태자(융희) 전하 정비(正妃) 순명왕후(純明王后 민 씨) 전하의 장식(葬式 1905년 1월 4일)에 에커트가 장송곡을 지휘하는 사진을 가리키면서 "그때가 바로 독일이 청도(靑島)를 점령한 날이 되어 그는 독일 해군을 위하여 청도 마치(靑島 March)를 쓰고 있었습니다."라고 하여 국장일이 광무 원년(1897년) 11월 22일(음력 10월 28일)인 명성황후(明成皇后 閔氏) 폐하와 혼동을 보이나 이 같은 언급에 의하면 교주만 행진지곡은 광무 8년(1904년) 11월에 작곡하였다.; 『매천야록』 卷之四 황현(黃玹) 국사편찬위원회 편 신지사 단기 4288(1955) p325 光武八年甲辰 (陰)十一月 二十九日癸卯, 葬太子妃閔氏 燈籠定數外 加備一千雙 他物稱是. 한편 국상에 장송곡 연주는 악기는 배치하되 연주하지 않는 진이부작(陳而不作)의 전례에 변화가 있었다.

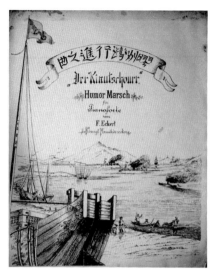
"교주만행진지곡 표지"

분규정'에 따라 경성부에서 공매하였으나 채 1만 원이 되지 않아 전부 다 해제되어 돌려받고[25] 1920년 5월 13일 볼얀(J. Bolljahn)과 함께 독일로 귀국하기 위하여 경성역에서 아말리에 마르텔 모녀, 뮈텔 주교의 전송을 받으며 이 땅을 떠나 일본에 있는 큰아들 프란츠와 3개월 지낸 후 독일의 오버슐레지엔(Oberschlesien) 수돌(Sudoll)[26]로 돌아가 작은아들 칼(Karl)과 살다가 1934년 10월 25일 세상을 떠났다.[27]

---

25) 『동아일보』 1920년 5월 8일 3면 「재경 독인 재산처분」

26) 『프란츠 에케르트』 한스 알렉산더 크나이더(Hans-Alexander Kneider) 연암서가 2017 p176, 1936년 10월 4일에는 트라흐키르히(Trachkirch)로 개명된다.

27) 『음악』 1-4권 7회 국민음악연구회 편 단기 4289년(1956) 5월 「우리 양악계의 발자취」 장사훈 p33; 『교회와 역사』 86호 한국교회사연구소 1982 「양악의 도입과 엑케르트의 활동」 남궁요열 p151; 『대한제국사 연구』 이화여자대학교 한국문화연구원 편 백산자료원 1999 「대한제국시대의 한독관계」 홍순호 p67, 82; 『뮈텔 주교일기』 6권 한국교회사연구소 역주 한국교회사연구소 2002 p355에 의하면 마틸데(Mashilde) 부인과 볼얀(Johannes Bolljahn 불아안佛耶安)이 1920년 귀국하였으나 『It's transactions』 Transactions of the Korea branch of the Royal Asiatic Society Vol. ⅩⅤ. The Christian Literature Society of Korea, SEOUL, KOREA. p85 회원목록 (list of members)에 독일어 교사 볼얀(Johannes Bolljahn)은 1924년까지 서울 회원으로 남아있다.

6.2 마르텔과 임마꿀라따 수녀의 삶

에밀 마르텔(Emile Martel)의 집은 정동 34-5번지에서 살다가 환구단圜丘壇이 가까운 지금의 북창동인 북미창정北米倉町 23번지에[28] 살았으며 장인 에커트의 남산 집까지는 약 40분 정도 걸렸다. 자녀는 2남 3녀를 두었고 건양 원년(1896년) 1월 6일부터 한성관립법어학교 교사로 있다가 일제의 강점으로 1911년 9월 관립법어학교가 폐교되어 경성고등보통학교에 편입되자 불어 교사직을 잃는다. 1913년 3월 12일에는 아이가 셋이 되었으며 1914년 7월 28일 1차 세계대전이 일어나자 1873년 이후 출생한 거의 모든 프랑스인이 해당하는 동원령이 8월 5일 내려져 8월 8일 서울을 떠난다. 이로서 에커트의 사위는 프랑스군으로, 아들은 독일군으로 참전하는 결과를 맞는다.

마르텔이 참전한 후 살림이 궁색하여지고 아말리에도 론돈 상사(L. Rondon & Co)[29]에서 해고되어 직장도 잃어 11월 23일 극빈자로 간주하는 동원병 가족들에게 지급하는 배상금을 청구한다. 배상금은 본인 앞으로 1.25프랑, 아이들 앞으로 0.5프랑씩 하루 3.75프랑이 지급되었다. 그러나 뮈텔 주교는 생활이 어려운 것은 그가 절약하지 않은 것이며 만리현萬里峴에 있는 정원은 저당을 잡혔고

---

28) 『조선 재류 구미 각국인에 관한 조사표(朝鮮在留歐米各國人ニ關スル調査表)』 조선총독부 편 조선총독부 1912 p44 집이 장곡천정(長谷川町)으로 되어있으나 이사를 했는지 『경성부 관내 지적목록』 1917년(대정 6) 대림도서출판사 1982 p112 북미창정으로 되어있고 1927년 판도 마르텔 소유로 되어있다. 대지 면적은 238평으로 현재 북창동 17-2번지 호텔 아로파와 북창동 12-2~4번지 비빔밥집, 편의점 자리로 추정된다.; 『경성부 일필매 지형명세도』 p251, p229; 『조선일보』 1939년 4월 15일 석(夕) 2, 5면 하에 「조선학의 외인부대⑥ 처녀지 조선에 초빙되어 왕실 양악대를 창설지도」 정동의 경신(儆新)학교 옆에 저택이 있다고 기술하고 있다.

29) 프랑스인 루이 론돈(Louis M. Rondon)과 동생 조제프 론돈(Joseph A. Rondon)이 설립한 상사로 광무 2년(1898년) 3월 5일부터 독립신문 영문판에 광고가 보이며 평양에 있는 탄광을 개발하기 위하여 용동회사(龍東會社)를 설립하여 황실이 투자한 관영기업이었다가 해지된다.

집도 마르텔 소유인 것을 은행에서 알았다면 저당 잡혔을 것이라고 하였다. 12월 21일 아말리에는 살타렐(Pierre M. Saltarel 철태래撤泰來)이 광산 관계의 대리권 행사를 위해 마르텔에게 지급해야 할 돈을 지급하되 이왕이면 서울에서 자기에게 지급하도록 살타렐에게 편지를 써 달라고 부탁하러 뮈텔 주교를 찾아간다.[30]

1916년 3월 7일 트리카르(Tricart)가 1월 28일 르 푸이(Le Puy)의 한 은행에서 마르텔에게 25,000프랑짜리 수표 한 장을 부쳤는데 이 금액의 5분의 4는 마르텔 부인에게 보내져야 한다는 것이다. 이 사실을 아말리에는 르 푸이(Le Puy)의 한 사촌으로부터 받은 편지로 이미 알고 있었으나 남편으로부터는 아무 연락도 받지 못하고 있었다. 아말리에는 3일 전에 4천 엔을 누가 보냈는지 모르고 조선은행에서 받았는데 더 받을 것이 있다고 말하나 은행 측은 이 금액밖에 없다고 한다. 4월 28일 아말리에는 그간 오랫동안 애타게 기다리던 소식인 남편이 현재 이브리(Ivry)에 있는 것을 알게 된다.[31]

아말리에 마르텔은 1917년 가을 도쿄東京 성심여자학원(Sacred Heard School, Tokyo)에 마리 루이즈(Marie-Louise)와 마리 앙투아네트(Marie-Antoinette)를 유학을 보내 방학 때 돌아온 두 딸을 데리고 1918년 7월 13일 뮈텔 주교를 방문하고 9월 7일에 떠나는 두 딸을 데리고 다시 방문한다. 또 이듬해 7월 2일에도 돌아온 두 딸을 데리고 뮈텔 주교를 방문한다. 제1차 세계대전에 참전한 에밀 마르텔은 1918년 11월 11일 강화조약이 체결되어 종전되자 1919년 11월 11일 입국한다. 1920년 7월 8일 도쿄東京의 자녀들을 데

---

30) 『뮈텔 주교일기』 5권 한국교회사연구소 역주 한국교회사연구소 1998 p342, 371, 373

31) 『뮈텔 주교일기』 6권 한국교회사연구소 역주 한국교회사연구소 2002 p29, 36, 41

리고 돌아와 7월 중순부터 영문일간지인 서울 프레스(The Seoul Press)32)에 번역사인 촉탁囑託 논설 기자로 고용된다.33) 그해 도쿄의 성심기숙학교에 플레장(Plaisant 부래상富來祥)의 자녀 수잔(Suzanne)과 동생 프랑수아(François)도 가게 되어 9월 6일 뮈텔 주교를 방문하고 9월 10일 10시 급행열차로 아말리에는 두 딸과 베르네트(Vernet) 양과 와다(Wada) 양34) 등도 데리고 간다. 마르텔은 10월 13일 오전 8시 30분경 만리재 언덕에 있는 그의 정원을 구경시켜 주기 위해 뮈텔 주교와 앙드리앵 라리보(Adrien Joseph Larribeau) 신부를 데리고 간다.

에밀 마르텔(Emile Martel)은 1934년 합동蛤洞에 있는 프랑스 영사관 드페르(Depeyre, Pierre) 영사와 명예영사 대리로 있으면서 지금의 북창동인 북미창정北米倉町에서 한산한 백이의白耳義(벨기에) 명예영사로도 활동하고 조선총독부 체신국 촉탁으로 경성제국 대학 법문학부法文學部와 동성상업학교35) 불어 강사로 일본기독교 청년회관 불어동호회 강사로 있었다.36) 1936년 8월 미나미 지로南

32) 서울 프레스(1906.12.1.~1937.5.30.)는 영국성공회에서 인쇄일을 맡아 하던 하지(John Weekley Hodge)가 자립하여 정동(貞洞)에서 발행한 주간지 서울 프레스 위클리(The Seoul Press Weekly 1905.6.3.~1906.11.30.)를 즈모토 모토사다(頭本元貞)가 인수하여 1906년 12월 5일 창간한 일제의 영문 기관지다. 『한국영어신문사』 홍순일 정진석 박창석 지음 커뮤니케이션북스 2003. p88~104

33) 『뮈텔 주교일기』 6권 한국교회사연구소 역주 한국교회사연구소 2002 p367, 373, 374

34) 『황성신문』 광무 6년(1902년) 8월 6일「선정의관」 임시위생원 의사로 선정된 일본 해군 군의 소감(小監) 출신인 와다 야치호(和田八千穗) 딸로 추정된다.

35) 지금의 동성(東星)고등학교는 1931년 4월 1일 위치 관계로 남대문상업학교를 동성상업학교로 개명한다. 마르텔은 구 직원 장기근속자로 1927년부터 근무하였다.

36) 『외국인이 본 조선외교 비화(外人に觀たる朝鮮外交秘話)』 마르텔(マルデル) 저, 외국인이 본 (外人の觀たる) 조선외교비화 출판회 1934「마르텔 씨의 인물」 p1, 2; 『삼천리』 제6권 제11호 1934. 11「반도에 배치된 영, 미 등 7국의 외교 진용」 p65; 『조선총독부 시정 25주년 기념 표창자 명감』 내외사정사 1935 p952; 『중앙일보』 1984년 8월 15일 11면 남기고 싶은 이야기들 (4091) 제81화 30년대의 문화계(24)「에케르트와 마텔 선생」 조용만

次郎가 총독으로 부임하여와 신사참배니 황국신민서사皇國臣民誓詞를 외우라고 하는 등 압정37)에 총독을 비난하였고 제2차 세계대전 중 일본과 프랑스의 관계가 악화하면서 1944년 12월 5일경에 추방되어38) 딸 마리 앙투아네트(Marie-Antoinette)와 같이 누이동생 가족과 맏이 샤를(Charles)이 있는 중국 톈진天津39)으로 가, 거기서 광복을 맞이하고 1947년 2월 27일 입국한 아들 샤를40)이 맥아더 (Douglas MacArthur 1880.1.26.~1964.4.5.) 사령부에 편지를 내 허가가 나 1947년 여름에 입국한다.

1948년 봄 프랑스로 돌아간다며 며칠 앞두고 절친한 친구였던 베델(Ernest Thomas Bethell 배설裴說 1872.11.3.~1909.5.1.)의 묘소를 경향신문사 주필이었던 조용만趙容萬(1909.3.10.~1995.2.16.)과 같이 찾았으나41) 1949년 1월 경복궁 동쪽 중학천中學川 옆에 영빈관42)이라 불리던 한옥에서 살다가 이사하여 프랑스 영사관 명

---

37) 일제는 한국인들의 황민화(皇民化)를 가속하기 위하여 1939년 11월 제령 제19호로 조선민사령(朝鮮民事令)을 개정, 한민족 고유의 성명제를 폐지하고 일본식 씨명제(氏名制)로 하여 1940년 2월부터 8월 10일까지의 씨(氏)를 결정해서 제출할 것을 명령하였다. 조선총독부는 관헌들을 동원, 협박과 강요를 하고 창씨를 하지 않는 자의 자녀는 각급 학교의 입학을 거부하고 호주는 비국민, 후테이센징(不逞鮮人)으로 낙인을 찍어 사찰 미행을 하고 노무 징용의 우선 대상으로 삼거나 식량 등의 배급대상에서 제외하는 등 갖은 사회적 제재를 가하였다.

38) 『프란츠 에케르트』한스 알렉산더 크나이더(Hans-Alexander Kneider) 연암서가 2017 p281; 『중앙일보』1984년 8월 24일 남기고 싶은 이야기들(4099) 제81화 30년대 문화계(32) 「마텔 선생과의 재회」『문헌보국』조선총독부도서관 편 조선총독부도서관 1939(소화 14) Vol 제5권 2~4호 p4, 5 「한국 불교의 영향; 부흥, 쇠퇴, 복원(L'influence du Bouddhisme en Corée; renaissance, décadence, restauration.)」에밀 마르텔에 의해(par Emile Martel) 4월까지 연재한 글이 보인다.

39) 아버지 알퐁스 마르텔(Alphonse Martel) 어머니 루이즈 곤도(Louise 近藤)와 작은 숙부 루이(Louis)가 살았고 마르텔이 중등교육을 받은 프랑스학교가 있던 곳이다. 『교회와 역사』93호 한국교회사연구소 1983 「에밀 마르텔의 생애와 활동」홍순호 p4

40) 유엔 한국 임시위원단으로 활동한 기록도 보인다. 유엔 한국 임시위원단 관계문서 2~7

41) 『중앙일보』1984년 8월 23일 7면 남기고 싶은 이야기들 (4098) 제81화 30년대의 문화계(31) 「마텔 선생과 총독부」; 8월 24일 11면 남기고 싶은 이야기들 (4099) 제81화 30년대의 문화계(32) 「마텔 선생과의 재회」조용만

42) 1941년 12월 7일 태평양전쟁으로 철수한 미국인 선교사 집에 살았으나 1945년 종전 몇 달 전

예영사로 있던 중 1949년 9월 19일 현 4·19기념도서관 자리인 충정로 1가 자택에서 74세의 일기로 뇌졸중으로 숨을 거둬 9월 21일 10시 명동성당에서 프랑스대사 직무대리 조르주 페뤼슈(George Perruche), 라리보(Adrien Joseph Larribeau) 주교, 교황 사절인 번(Patrick James Byrne) 주교, 노기남盧基南 주교 등 많은 신부가 참석한 가운데 앙투안 공베르(Antoine Gombert) 신부가 영결미사를 집전하고[43] 이후 김규식 박사와 신익희 국회의장의 조사를 끝으로 장지로 향하였으며 음악인은 육군군악학교장 김판기 소령, 해군군악학교장 남궁요열 중위 등이 참석한 가운데 양화진 외인묘지에 묻혔다.[44] 그의 묘비에는 EMILE MARTEL. 4 DEC 1874, 19 SEPT 1949. R. I. P. 라고 기록하고 있다.

외손녀 마리 루이즈 마르텔(Marie Louise Martel 1906.3.4.~1988.12.5.)은 광무 10년(1906년) 3월 4일생으로 1917년 가을에 떠나 1918년 3월 12세에 도쿄東京 성심여자학원에 입학하여 6년 과정을 거쳐 1924년 졸업하고 돌아와 지내다가 1925년 11월 21일 독일 바이에른(Bayern)주 툿찡 포교 베네딕도수녀회(Missionary Benedictine Sisters of Tutzing 분도회芬道會)에서 4명의 수녀를 파견[45]하여 시작한 원산 조선 베네딕도 수녀회에 1928년 1월 31일

에 근처 중학교에 주둔한 일본군에 수용을 당하고 철수로 비어 있던 정동 미국영사관 뒷방으로 밀려나 9월 9일 미군이 들어올 때까지 살았다. 둘째 딸 앙투아네트는 일본인 친구의 추천으로 경성전기주식회사 통역으로 들어가 지금의 국무총리공관(종로구 삼청동 106-11번지)인 경전京電 사장 호즈미 신로쿠로(穗積眞六郞) 사택에 살게 되어 미군정청 경전 관리관과 1947년 3월에는 어떤 대령 부부와 같이 살다가 1948년 8월 4일 선출된 신익희 국회의장 관저로 사용하기 위하여 정부에서 임차하여 비워주고 일제 강점 시 영빈관으로도 이용되던 소격동 종친부로 이사한다.

43) 『프란츠 에케르트』 한스 알렉산더 크나이더(Hans-Alexander Kneider) 연암서가 2017 p295

44) 『한성일보사』 1949년 9월 22일 2면 「마르텔 씨 영결식 명동천주교당서 거행」; 『경향신문』 1949년 9월 21일 2면 「한국을 위해 싸운 마르텔 씨 서거 장의는 오늘 명동천주교회당서」

45) 『원산수녀원사』 포교성베네딕도수녀회 편저 포교성베네딕도수녀회 1988. p184 아말리에 마르

스물두 살에 어머니가 독일인이라 독일계 수녀회에 더 친밀감을 느껴 입회하여 서원 전 청원서를 낭독하는데 너무 감동에 벅차 목이 메 제대로 낭독하지 못하자 마틸데 원장이 도와주어 마치며 1931년 5월 16일부터 8일간 피정避靜을 마치고 5월 25일 보니파시오(Bonifatius Sauer, 신상원辛上院) 주교의 주례로 첫 서원을 하였다. 1934년 5월 26일에 종신서원을 하여[46] 영어, 독일어, 불어, 일어에 능통하여 번역 관계의 일을 많이 맡아보게 되었고 원산분도수녀원에서 광복을 맞는다.

차녀 앙투아네트(Marie Antoinette 1907.4.23.~1989.12.?)는 경성전기주식회사의 통역으로 있던 중 미 군정 본부중대 공병인 리차드 디폴드(Richard G. Dippold) 병장을 만나 1948년 7월 10일 명동성당에서 라리보(Adrien Joseph Larribeau) 주교의 주례로 결혼하여[47] 곧바로 미국으로 떠났고 임마꿀라따(Immaculata Martel 마영순馬英順 1906.3.4.~1988.12.5.) 수녀가 있던 덕원수도원은 1949년 5월 9일 공산당에 의해 수녀원이 강제 해산되어 수도원 가족들은 모두 잡혀 감옥에 투옥되고 서양인 수도자들은 평양으로 압송되었다가 8월 5일 평안북도 강계군 진천리 옥사독으로 끌려가 외부와 완전히 단절된 채 4년 동안 숯 굽는 강제노동에 동원된다.

텔 부인은 독실한 신자로서 독일인 신 보니파시오 주교와 동향(同鄕)이라 각별한 친분을 맺었고 처음 파견된 수녀들에게 당시 구하기 어려운 일용품과 제의(祭衣)에 수놓을 비단실을 사서 주기도 하고 조선은행에서 몇 주씩 걸려야 찾는 돈도 쉽게 찾아주는 많은 도움을 주었다.

46) op. cit. p140

47) 국립중앙도서관〉 해외수집기록물〉 RG 554 Records of General Headquarters, Far East Command, Supreme Commander Allied Powers, and United Nations Command / 저자: General Headquarters Far East Command Supreme Commander Allied Powers and United Nations Command 미 극동군 사령부 연합군 최고사령관 및 유엔사령부 1948〉 54 USAFIK Adjutant General, General Correspondence (Decimal Files) 1945~1949〉 1086. Adjutant General Files 291 Marriages 1948 Folder 1 of 2〉 p53, 54

프랑스에서 군인으로 복무하던 차남 프랑수와(François 1911.9.26.
~?)를 제외하고 주한 프랑스 총영사관에서 근무하던 중 6·25전쟁이
나 7월 10일 총영사 조르주 페뤼슈(George Perruche)와 서기관 샤를
(Charles 1909.3.1.~?)이 체포되고 7월 30일 아말리에 마르텔 부인과
삼녀 마게르트(Marguerite 1912.7.1.~1995.12.12.)가 납북되어[48] 갖
은 고초를 겪으며 수용소 생활을 하다가 1953년 4월 16일 석방되어
신의주 선양瀋陽 모스크바 베를린을 경유, 파리로 돌아간다.

"독일로 귀환한 임마꿀라따 수녀 일행"

---

48) 1952년 1월 26일 휴전회담 회의록 첨부 문건에 인민군에 억류된 외국인의 명단에 들어가 있
다. 휴전회담 회의록 5: 제4 의제에 관한 제1-71차 분과위원회 기록(1951.12.11.~1952.3.15.)
〈남북한관계사료집〉 군사휴전회담 제4 의제에 관한 분과위원회 제44차 판문점 회의기록
(Transcript of Proceedings, Forty-fourth Session, Meeting at Pan Mun Jom, Sub-Delegations
on Agenda Item 4, Military Armistice Conference.)〉 보호 아래 있는 외국 민간인에 관한 조
선인민군 최고사령관 성명서(Statement of Supreme Commander, Korean People's Army, on
foreign civilians held in custody)〉 4. 우리 측에 억류된 외국인의 명단은 다음과 같다(The
roster of foreign civilian held by our side is as follow).

억류되어 있던 임마꿀라따(Immaculata Martel 마영순馬英順) 수녀는 독일 정부의 호소로 다른 수녀들과 함께 1953년 11월 19일 석방되어 평양으로 후송되었다가 1954년 1월 8일 북한의 순안역을 출발, 중국의 안둥安東(단둥) 하얼빈哈爾濱을 거쳐 소련의 시베리아철도 급행열차로 횡단하여 바르샤바(Warszawa)를 거쳐 1월 22일 독일 프리드란트(Friedland)에 송환된다. 그 후 다시 한국을 찾기 위하여 카리타스 호펜지츠(Caritas Hopfenzitz 허애덕許愛德 1913.11.2.~2005.1.24.)⁴⁹⁾ 수녀와 함께 화물선을 타고 두 달 만에 일본에 도착하여 호펜지츠 수녀는 1955년 11월 29일 입국하고 임마꿀라타 수녀는 와카야마和歌山현 하시모토橋本와 다나베田邊시의 어느 유치원에서 있다가 1961년 문을 닫자 입국하여⁵⁰⁾ 1955년 6월 21일 설립된 대구시 동구 신암동 4구 320의 1 분원分院에서 승격된 대구 프리오랏(Priorat)에 1961년 1월 제2대 원장으로 임마꿀라따 마르텔(Immaculata Martel) 수녀가 임명되어 1967년까지 재임한다.

1968년 8월 당시 아말리에 마르텔(92)과 삼녀 마게르트(Marguerite 56)는 미국인과 결혼한 차녀 앙투아네트(Marie Antoinette Dippold 61)가 있는 미국 오리건(Oregon)주 항구 도시인 포틀랜드(Portland)시로 이민을 가 노후를 보내고 있었으며 장남 샤를 마르텔(Charles Martel 59)은 아르헨티나의 프랑스 대사관에 근무하고 있었다.⁵¹⁾ 이

49) 『매일경제』 1981년 1월 24일 11면 「벙어리들과 수화 40년 카리타스 수녀 도봉구 수유 3동 애덕(愛德) 농아…」;『경향잡지』 한국천주교중앙협의회 1973년 2월호 「벙어리 마을의 태양 -까리따스 호펜지츠 수녀-」 p34

50) 『Prima』 통권 제62호 한독협회 2004 여름호 「(허애덕)수녀의 한국사랑 I」 p19, 『프란츠 에케르트』 한스 알렉산더 크나이더(Hans-Alexander Kneider) 연암서가 2017 p146

51) 『한국일보』 1968년 8월 10일 3면 「한국에 바친 3대, 외손녀 대구수녀원에 생존」(용)

후 샤를은 1982년 1월 파리 교외 남동부지역인 메종 알포르(Maisons Alfort)시에 살고 있었으며 차남 프랑스와(François)는 벨포르(Belfort)시에 있었다.52) 임마꿀라따(Immaculata) 수녀는 1987년 7월 성당에 가다가 낙상하여 대구 성베네딕트수녀원의 파티마병원에 입원하였으나 대퇴골 경부골절상으로 걷지를 못하고 휠체어에 의지하며 고혈압과 유방암으로 투병하시다가 1988년 12월 5일 사수동 본원에서 82세 9개월로 선종善終하였다.53)

---

52) 『교회와 역사』 86호 한국교회사연구소 1982 「양악의 도입과 엑케르트의 활동」 남궁요열 p151; 『대한제국사 연구』 이화여자대학교 한국문화연구원 편 백산자료원 1999 「대한제국시대의 한독관계」 홍순호 p67, 82

53) 『객석』 4월호 (주)예음 1984 「신음악의 씨를 뿌린 할아버지 엑켈트를 회상한다.」 정연수 기자 p99~102, 『프란츠 에케르트』 한스 알렉산더 크나이더(Hans-Alexander Kneider) 연암서가 2017 p147

7부

군악대 관련 움직임의 발자취

7.1 1929년~1970년대

1929년 9월 '경성편람'에 각계 인사의 경성관京城觀에서 음악계의 김영환金永煥은 조선에서 서양음악의 수입은 대략 50년 전으로 선교사의 입국부터이며 교회의 찬송가는 일반인에게는 아무런 자극을 주지 못하였다고 하고 당시 한국 황실에서는 서양인과 교류가 많아 조선에도 육군군악대가 있어야 한다고 주장하여 독일 음악가 에커트를 초빙 황실 악대를 조직하였으며 그는 일본의 국가 기미가요君が代를 작곡하였고 또한 한국의 국가도 작곡하였다고 한다.[54]

1939년 4월 15일 조선일보의 「조선학의 외인부대」라는 연속기사에서 'K기자'라는 필명을 쓰는 기자가 에커트에 관한 취재로 에밀 마르텔을 방문[55]하여 40년 전 옛적에 멀리 독일에서 건너와 조선에 처음으로 양악의 기초를 세우려고 노력하다가 이 땅에 흙이 된 '푸란즈 엑켈트'라면서 그는 1901년에 내항來航하여 곧바로 궁내부 소속의 악대를 창설하여 겨우 6개월 만에 60명 악단을 훌륭하게 조직하였다 하고 그 외 당시 군악대의 능숙한 연주 실력과 있던 자

---

54) 『경성편람』 백관수 저 홍문사 1929 p288

55) 이미 1937년 2월 15일 오후 4시 총독부 제일식당에 마르텔 부부는 "국가 기미가요의 유래" 영사회에 기미가요 작곡자의 영양(令孃)으로 초대를 받아 소재지가 알려진다.; 『매일신보』 1937년 2월 16일 3면 「국가 작곡자의 영양(令孃)의 경성 재주(在住)가 판명」

리 대원들의 지금의 처지 등을 말하면서 에커트의 저서에 관해서는 마르텔이 2, 3일 전 유품을 정리하면서 나온 것이라며 1898년(명치 31년)에 편찬한 '해군군악 학리적 교과서 제2편'을 보여주어 분명히 대한제국 애국가 악보도 보관하고 있었을 것으로 보이나 시대적인 상황으로 언급을 못 하고 있다.[56]

한편 남궁요열南宮堯悅도 1939년 일본 유학 중 음악학자인 다나베 히사오田邊尙雄(1883.8.16.~1984.3.5.) 교수로부터 에커트에 관한 이야기를 처음 접하고 이후 도쿄음악학교에서 음악사를 가르치던 엔도 히로시遠藤宏(1894.3.20.~1963.2.2.) 교수로부터 다시 한 번 접한다. 그 후 유학 생활을 마치고 1945년 3월 1일 귀국하여 군악대 자료를 수소문하던 중 창덕궁 안에 군악대 관련 자료와 악기들이 보관되어 있다는 사실을 입수하였으나 일본군의 경비로 확인할 수 없었다. 1946년 12월 5일 일간 예술통신에 '취주악 운동의 확립'에서 45, 6년 전 조선군악대가 조직되었다 하고 일본에 강점된 뒤에는 1917년까지 일본인이 관리하는 군악대가 있었다 한다.[57]

또 1947년 4월 25일 문화일보에 기고한 '군악대 연주회 평'이란 글에서 30여 년간 절단되었던 군악을 회복하여란 말로 시위연대 군악대의 존재를 언급하고 있으며 9월 24일 자 '해군 악대 참관기'에서는 해안경비대 인천기지사령부에 1946년 4월 2일 대원 18명으로 군악대를 창설하여 10월에 김석창 소위를 악대장으로 임명하고 47년 2월에 모병하여 42명으로 편성한 군악대의 참관기에서 40여 년 전 독일인 에커트에 의하여 군악대를 육성하여 6개월 만에 연주

56) 『조선일보』 1939년 4월 15일 석(夕) 2, 5면 학예 「조선학의 외인부대⑥ 처녀지 조선에 초빙되어 왕실양악대를 창설 지도」

57) 『예술통신』 일간 예술통신사 1945. 12. 5 시평 「취주악 운동의 확립(상)」 남궁요열

했다는 사실을 언급하고 있다.

1948년 가을 해군 총사령부 임시군사고문단(Provisional Military Advisory Group) 윌리엄 버크(William Alden Burke 1921~2013. 5.7.) 대위와 마사(Martha Jane Burke) 부인 그리고 후에 동덕여대 교수가 된 박동현朴同玄과 함께 당시 74세인 쉬르바움(Paul Henry Theodore Schirbaum)의 인천 자택58)을 찾아 대한제국 때의 많은 사진과 에커트에 관한 자료를 8mm 필름으로 촬영하였고 마르텔 부부의 소재도 알아낸다. 12월 10일에는 충무로 2가 전 해군본부 자리 옆 명동 입구 골목에 있던 이학二鶴이라는 일식집 2층에서 당시 생존자 9명을 모두 만나 군악대 이야기를 속기하였다.

1949년 1월 경복궁 동쪽 중학천中學川 옆에 살고 있던 마르텔 부부를 찾아 군악대 자료와 대한제국의 사회상을 알 수 있는 대형 사진 3백여 장과 원판 필름 1백여 장을 해군본부 사진부에 일체를 복사하였다. 2월 22일에는 양화진 외인묘지를 찾아 에커트의 추모식을 열고 마르텔 부부 및 외손자들 구 군악대원 9명과 쉬르바움이 참석한 가운데 남궁요열 소위의 사회와 추모사, 쉬르바움의 추모사, 군목 정달빈 대위의 설교, 해군군악대의 대한제국 애국가를 광복 후 최초로 연주하였고 이날 추모식을 공보처는 대한전진보大韓前進報로 제작하여 상영하였다.59) 11월 11일 명동 시공관市公舘60)에서

---

58) 『조선 재류 구미 각국인에 관한 조사표(朝鮮在留歐米各國人二關スル調査表)』 조선총독부 편 조선총독부 1912 p48 지금의 인천시 송학동 1가인 인천부 산수정(山手町) 1정목에 살다가 송 월동 3가 9로 이사하여 6·25전쟁 전까지 살았다. 둘째 딸 수잔나 자헬트(Susanna Zachert)의 회고에 산수정 집에 대한 기록이 있다.

59) 당시 공보처에서 제작한 대한 뉴스의 전신인 대한전진보(大韓前進報)의 추모 필름을 남궁요열 이 소장하고 있었으나 2005년 여름 선생님의 차남과 몇 차례 통화에서 소장자료를 음악을 전 공한 지인에게 준 것 같아 없다고 했다. 대한전진보는 국가기록영상관을 검색해 봐도 없으며 KBS 방송박물관 대한뉴스관에 1편의 대한전진보가 소장되어 있다.

60) 중구 명동에 있는 이 건물은 1934년에 건축되어 1945년 8월까지 영화관으로 사용되었고 이후

열린 해군 창설 4주년 기념연주회에 민영찬, 아말리에 마르텔, 쉬르바움, 구 군악대원들을 초청하였다.

남산 국립민족박물관[61] 서남쪽 앞 전 경성신사가 있었던 예장동 해군군악학교에서 1950년 4월 22, 23일 이틀 동안 창립 1주년 기념식을 하고 제1, 제2학년생의 연주회에 민영찬, 아말리에 마르텔, 쉬르바움, 구 군악대원 모두를 다시 초청하였고 교내에서 구 군악대 자료, 3.1운동 선언서, 대한제국 애국가 진본, 일제의 탄압 사진들을 전시하고 배구와 농구 시합도 하였다. 그리고 6월 1일 시공관에서 11시, 2시 30분, 7시 30분 3회에 걸쳐 김준덕金俊德 소위의 지휘로 제1기생 졸업기념연주회를 열었다.[62]

1953년 12월 숙명여대 음악과 강사로 있던 장사훈張師勛은 6·25전쟁 후 자하문 밖 한 제지소[63]에서 집더미 같이 쌓여 휴지처럼 거들떠보지도 않던 이왕직 서무 잡문서를 발견하여 귀중한 자료들을 정리, 1954년 9월 서울신문사 발행 『신천지』 9월호에 「군악의 창설 지도자 엑켈트 씨 그의 제39주기에 제하여」[64] 라는 글에서

1959년 11월까지 시공관으로 불렸으며 1959년 11월부터 1973년 9월까지 국립극장으로 사용되면서 예술가들과 시민으로부터 많은 사랑을 받았다.

61) 광무 9년(1905년) 11월 17일 을사늑약으로 광무 10년(1906년) 2월 1일 한국주차군사령관 하세가와 요시미치(長谷川好道)가 임시 통감대리가 되어 광화문 앞 구 외부 청사를 통감부로 사용하고 예장동 2-1번지 일본공사관은 통감 관저로 사용되며 1910년 8월 29일 강점된 이후 총독 관저로 사용되다가 1940년 11월 22일 총독부 시정기념관이 되었으며 광복 후 1946년 4월 25일 민족박물관으로 개관하여 송석하가 관장으로 있었는데 6·25전쟁으로 국립박물관 유물을 2차로 부산으로 소개(疏開)한 1950년 12월 15일 이전에 국립박물관 남산 분관으로 흡수된다.

62) 『음악교육』 7월호 단행본 부록 세광출판사 1987(국회도서관) 「개화기의 한국음악 -프란츠 에케르트를 중심으로」 p129, 머리말;『부인신문』 1950년 4월 22일 2면 「해군군악학교, 1주년 기념연주회」;『한성일보』 1950년 6월 2일 2면 「본사 후원, 해군 군악 연주 시공관서 성황」 이날 푸치크(Julius Fučík) 작곡 '검사(劍士)의 입장(入場)', 김교숙(金敎淑) 작곡 행진곡 '해군' 외 9곡을 연주한다.

63) 세검정이 있는 이곳은 물이 많아 조선 시대 때부터 한지를 만드는 조지서(造紙署 현 신영동 삼거리 평창문화로 시작점쯤)가 있던 곳으로 1970년대 후반까지 제지공장이 있었다.

64) 『신천지』 9월호 서울신문사 출판국 1954(국회도서관) MF002937 「군악의 창설 지도자 엑켈트

칙령 제59호 군악대 설치하는 건, 에커트의 약력, 대한국 군부 외부 위정립합동사, 증보문헌비고의 악기 명과 곡명, 1915년 2월 말부 대원명단 등을 간략하게 소개하고 있고 1955년 11월부터 1958년 4월까지 국민음악연구회발행 『음악』이란 잡지를 통하여 신천지新天地에 발표했던 내용을 좀 더 자세하게 연구하여 「우리 양악계의 발자취」로 발표한다. 이후 그 당시 발표했던 내용을 정리, 1974년 『여명의 동서 음악』에서 「양악계의 여명기와 애국가고」로 소개를 하고 있다.

양태희楊台熙는 1950년 6·25전쟁 전에 쓴 원고를 1·3 남하 때 두고 간 것을 수복 후에 되찾아 1955년 1월 『신태양』이란 잡지에 「한국양악 50년의 발자취」 글에서 군악대의 설치 경위와 프랑스 함대와 교환연주를 광무 6년(1902년) 프리안트호로 기록하고[65] 있으나 5월 8일 독립관에서 서울 송도松都 간의 철도기공식에 참석한 당트르카스토(d'Entrecasteaux)호의 착오인 것 같다. 서울중앙방송국 제2 방송과에 근무하던 이상만李相萬 씨는 1959년 3월 14일부터 5월 30일까지 서울신문에 「연예 천일야화」 양악의 수입에서 황성신문의 기사 내용을 인용하면서 에커트의 입국 경위, 시위군악대의 교육과정, 탑골공원에서의 독일 해군군악대와 시위군악대 간에 교환연주 사실 등을 소개하고 있다.

남궁요열도 1961년 1월 『음악문화』 1권 1호에 「엑켈트 씨의 편모片貌」란 제목에서 에커트를 간략하게 소개하고[66] 1966년 『음악

씨 그의 제39주기에 제하여」 장사훈 p90~93 제39주기는 38주기의 착오다.
65) 『음악과 현실』 박용구 저 민교사 단기 4282년(1949) p111, 박용구의 1949년 1월 '주간 서울' 에 쓴 글의 영향을 받은 것으로 보인다.
66) 『음악문화』 vol.1 no.1 음악문화사 편 음악문화사 1961 「엑켈트 씨의 편모」 남궁요열 p78

년감』에서 시위연대 군악대와 에커트에 관해 소개하고 있고 1969년 MBC TV에서 남궁요열과 임마꿀라따 수녀, 해군군악대가 출연하여 대담하고 대한제국 애국가를 연주하였다. 1965년 이유선 저 『한국양악80년사』에서 에커트와 양악의 연주를 소개하고 있다.

1968년 8월 7일 조선일보 3면 '66년 만에 발견된 대한제국 애국가. 한글-독어 가사로 된 악보' 동아일보 '대한제국 애국가 악보를 발견' 중앙일보 1면 분수대 '애국의 곡조' 경향신문 7면 '대한제국의 애국가 인쇄로 된 악보 발견' 조선일보 8월 8일 5면 '대한제국 애국가. 군주-국가의 번영 뜻해' 한국일보의 '대한제국의 애국가 악보 발견' 제하題下에 대한제국 애국가를 발견했다고 보도하고 있으나 8월 10일 중앙일보 5면에 '20년 전 진본 연주 대한제국 애국가 발견에 이론異論'이라면서 20년 전 이미 발견되었음을 말하고 있으며 한국일보 3면에 「한국에 바친 3대, 외손녀 대구수녀원에 생존」이라면서 그의 외손녀인 임마꿀라따(Immaculata) 수녀가 한국에 남아 있다는 사실을 알리고 있다. 8월 27일 오늘의 동아방송 프로그램에 7시 연속극 '고종황제' 주제가는 대한제국 애국가라고 소개하고 있다.[67]

1969년 10월 27일 음악 예술의 향상 발전에 노력의 공로가 크다며 '신음악80주년기념 제1회 서울음악제'에 즈음하여 한국음악협회 이사장 박태준이 백우용 후손에게 상패와 표창장을 주었고 시위군악대 출신으로 김재호, 백우용, 정사인, 프란츠 에커트가 유공자로 표창 명단에 들어있다.[68] 1970년 이재호(1935.11.22.~2009.6.19.)

---

67) 『동아일보』 1968년 8월 27일 「오늘의 동아방송 790KC」

68) op. cit. 1969년 10월 25일 「우리 악단 80년 결산 27일 막 올릴 서울음악제」

교수는 월간지 『시사영어연구』에 「영·불시가 한국 시가詩歌에 끼친 영향고①: 애국가고」[69]에서 애국가의 노랫말 성립 배경을 영국 국가 'God Save the King'의 영향을 많이 받은 것으로 보고, 3회에 걸쳐 연재하고 다시 1973년 10월 『문예사조 2』에 이를 재게재하고 10월 13일 중앙일보는 '우리 애국가의 발생과 변천 -이재호 교수의 고찰-'을 소개하고 있다.

남궁요열은 1972년 『월간음악』 24, 27, 29, 31, 32호에 걸쳐 에커트의 입국에서 군악대설치 등에 관한 내용과 관련 사진 등을 게재하고 1973년 8월 4일 경향신문에 '양악 도입의 선구자 에케르트' 제하의 글에서도 에커트를 간략하게 소개하고 있다. 1976년 『한독문학비교연구 I』 이유영 저에서 대한제국 애국가의 한글 가사와 독일어 가사를 소개하고 있다.[70]

7.2 1980년~1990년대

8, 90년대는 재조명 작업이 가장 활발했던 시기로 1982년 7월 14일 한국일보에 남궁요열은 '구한말 이래 양악 80년사 정리'란 글에서 내년 한독수교 100주년을 맞이하여 34년 전 에커트의 친구 쉬르바움을 찾아 한국에서 에커트가 군악대를 조직하여 가르치고 연주했던 내용을 소개하고 한국교회사연구소 간담회에서 발표한 에커트의 약력에 관한 내용을 정리, 9월 25일 『교회와 역사』 86호

---

69) 『시사영어연구』 통권 134 시사영어사 1970.6. 「영·불시가 한국시가에 끼친 영향고①: 애국가고」 이재호 p118

70) 『한독문학비교연구 I』 이유영 김학동 이재선 삼영사 1976 p55~57

「양악의 도입과 엑케르트의 활동」이란 제목으로 소개하고 있다.

1983년 2월 17일 서울신문 임영숙任英淑 기자는 '한국 양악의 아버지 에케르트 -고종의 초빙 받아 대한제국 군악대 조직 지휘' 글에서 한독수교 100주년을 맞아 재평가 작업이 활발히 이루어질 것 같다고 하고 3월 11일 동아일보도 '우리 양악 발전에 큰 목 … 대한제국 군악대 교사 에케르트 재조명 작업' 한독수교 100주년 계기로 재평가 작업이 일고 있다 하고 『월간음악』 3월호도 우리 음악발전 은인 중 한 사람인 에커트에 대해서 재평가 있어야 한다고 한다.

7월 29일과 8월 1일 중앙일보는 음악평론가 이상만, 남궁요열은 오는 8월 6일 오후 3시에 한국 양악의 은인인 프란츠 에커트 추모 모임을 양화진 외인묘역에 있는 그의 묘소에서 갖는다고 보도를 하고 그날 연주에 쓸 악보는 8월 5일 포교성베네딕도수녀회 김베다 원장님이 수소문하여 대구시 수성동에 사는 유만식兪萬植이 소장하고 있던 대한제국 애국가 진본을 복사하여 보내 6일 양화진 외인묘지에서 열린 추모 모임에 대한제국 애국가를 연주한다.[71]

『여학생』 9월호 「한국을 사랑한 서양음악의 아버지」에서 에커트의 출생에서 사망까지 일생을 소개하고 있고 『음악세계』 9월호 「한국 서양음악의 은인 프란츠 엑켈트」에서 8월 6일 오후 3시에 열린 에커트의 추모식에 독일대사, 한국음악협회, 한독협회, 문화재보호협회, 한국문화예술진흥원, 국제문화협회, 육해공 군악대장과 대원, 각 음대학장 등 200여 명이 참석하여 서현석 씨 지휘로 서울 윈드앙상블이 대한제국 애국가와 타이후추안太湖船 행진곡을 연주

---

71) 필자가 2009년 11월 말에 남궁요열 차남으로부터 빌린 유품에서 관련 편지를 발견하고 수소문 끝에 유만식 차녀를 찾아 대한제국 애국가 악보를 27년 만에 사진으로 확인하였다.

하였다고 보도한다.[72]

1984년 『객석』 4월호 「신음악의 씨를 뿌린 할아버지 엑켈트를 회상한다.」 정연수 기자의 기사에서 에커트의 남산 집과 임마꿀라따(Immaculata 마영순馬英順) 수녀의 어릴 적 살던 이야기를 들려주고 있다. 4월 5일 에커트의 생일과 한독수교 100주년 기념으로 양화진 외인묘지에서 에커트 추모 행사로 장사훈 남궁요열 이상만 등이 주축이 되어 대한제국 애국가를 연주하고 7월 3일 조선일보 7면과 7월 31일은 '구한말 대한제국 국가 재현, 양악 첫 도입한 에켈트 추모 모임' 코리아 타임스는 '에커트 추도식(Memorial Service Due for Eckert)'[73] 8월 1일 동아일보는 '구한말 양악의 길잡이, 독일인 에케르트' 중앙일보는 '한국 최초의 서양식 군악대 육성, 독일인 프란츠 에케르트 추모 모임' 8월 2일 서울신문은 '최초의 군악대 지휘자, 에케르트의 기일忌日 맞아 열리는 추모 모임서 대한제국 국가 연주된다.'라고 보도한다.

8월 3일 일간스포츠는 '한독수교 100주년 기념, 양악의 은인 에케르트 재평가 … 6일 추모 모임' 제목의 글들로 일제히 한독수교 100주년을 기하여 에커트에 관한 기사를 싣고 8월 6일 오후 3시 그의 묘소에서 한독수교100주년기념사업위원회의 후원과 프란츠 에커트 추모위원회 주최 추모 모임에서 이상만 이유선 장사훈 남궁요열 볼프강 이글(Wolfgang Eagle) 주한독일대사 등이 참석, 에커트의 악력 소개와 추모사, 서현석 씨 지휘로 서울윈드앙상블의 대한제국 애국가 연주가 있었다. 한편 대한제국 애국가의 악보가 독

---

72) 『음악 세계』 통권 114호 음악세계사 1983 「엑켈트 추모식(프란츠 엑켈트)」 남궁요열 p144
73) 『The Korea Times』 1983년 7월 31일 「Memorial Service Due for Eckert」

창용이나 합창용이 없어 노래 부르기가 어렵다며 작곡가 김동진, 성악가 김대진과 남궁요열이 여러 차례 걸쳐 피아노곡으로 편곡도 하였다.

1984년 3월『객석』창간호에서 7월호까지「한국의 서양음악 100년」에서 이상만 씨는 군악대 창설 배경과 에커트가 들어와서 악대를 조직하고 훌륭한 연주 실력을 갖춘 것을 소개하고 있다. 11월 3일 고려대학교 독일문화연구소 주관 한독수교 100주년 한독문화교류 심포지엄에서 남궁요열의 '한국 땅에 양악의 씨를 뿌린 프란쯔 엑카르트'란 제목의 발표가 있었고[74] 한일기독교사편찬위원회에도 강연을 하고 독일문화원 강연회에서도 에커트와 한독관계에 대한 자료를 제공하였다.

1985년 9월 12일 조선일보 '에케르트와 대한제국 애국가'의 글에서 대한제국 애국가는 1902년 7월 1일에 반포되고 에커트의 약력 및 가사 원문과 발문을 소개하고 작사자를 민영환으로 보고 있는데 기고자는 김원모 교수의 글로 보인다. 11월 2일 경향신문의「한국음악 백 년 일화로 엮어본 이면사(4)」에서 음악평론가 이상만 씨는 에커트가 입국하여 군악대원들의 머리채를 때려가면서 가르치던 것과 대한제국 애국가 작곡을 위해 우리나라의 고유한 가락을 찾아 나섰던 이야기를 하면서 대한제국 애국가 가사를 소개하고 있다.[75]

1985년 11월 30일 중앙일보 '구한말 독일인 작곡한 애국가 악보 일서 발견'과 12월 1일 조선일보 11면 색연필 '불리지 않은 제2의 애국가 악보 발견. 구한말 민영환 의사 의뢰로 독일인이 작곡' 12

---

74)『한독수교100주년기념사업종합보고서』한독수교100주년기념사업위원회 사무국 1986. p73, 74
75)『경향신문』1985년 11월 2일「한국음악 백 년 일화로 엮어본 이면사(4)」

월 3일 조선일보 이규태 코너 '엑케르트의 애국가' 1986년 1월 11일 코리아 타임스는 '아직도 알려지지 않은 대한제국 애국가 원 작사가(Original Writer of Korea Nat'l Anthem Still Remains Unknown)'로 일본에서 입수한 것으로 가사를 독일어식으로 음역한 대한제국 애국가를 보도하고[76] 동아일보사 발행『음악 동아』3권 1월호에「황제의 명을 받아 민영환이 가사를 지은 에케르트의 대한제국 애국가」글에서 전성환 기자는 일본에서 입수한 음역 가사 원본 외에 국내에 몇 개의 원본이 더 있었는지 살폈는데 남궁요열은 몇 개의 원본을 보관하고 있었으나 6·25전쟁 때 분실하였고 에커트의 외손녀인 임마꿀라따 수녀로부터 다시 입수하였으나 이마저 분실하고 현재는 정우택으로부터 사본을 만들어 가지고 있다고 소개하고 있다. 2월『일양』7권 2호 '역사의 창'란에「에케르트와 대한제국 애국가」김원모 교수의 글이 소개되어 있고『주간경향』3월호「대한제국 애국가 85년 만의 발굴…」역시 김원모 교수는 앨런 문서(Korea; Horace Allen Paper)에서 입수한 대한제국 애국가를 소개하고 있다.[77]

1987년 2월 24일 동아일보 10면에 윤정국尹正國 기자는 '대한제국 애국가 작사자는 민영환, 에케르트 작곡 악보도 실려, 황제 안녕 기원 … 애국심 호소' 김원모 교수가 미국서 원본 발견이라고 하고 있으나 국내에 이미 알려져 있으며 최영희 선생 회갑기념『한국사학논총』에「에케르트 군악대와 대한제국 애국가」란 제목으로 김원모 교수의 논문이 게재되어 있다. 4월 30일 서독 제1 텔레비전 방

---

76) 『The Korea Times』 1986년 1월 11일 5면 「Original Writer of Korea Nat'l Anthem Still Remains Unknown」 (CWS) 권호 No11001. 신문 070-k941-11001

77) 『주간경향』 3월호 경향신문사 1986 「대한제국 애국가 85년 만의 발굴…」 p44

송국이 내한하여 프란츠 에커트에 관해서 취재하고 덕수궁에서 남궁요열 이용도 지휘로 명지고등학교 밴드부가 대한제국 애국가를 연주하였다. 『음악교육』 7월호 단행본 부록 「개화기의 한국음악 -프란츠 에케르트를 중심으로-」에서 남궁요열은 지금까지 연구한 내용을 발표하고 8월호 논증 「개화기의 한국음악에 나타난 몇 가지 문제점」 글에서 남궁요열의 글에 덧붙여 김종욱 씨는 김원모 교수의 논문을 인용, 민영찬이 독일에서 고빙 업무를 본 것과 서울 프레스(The Seoul Press)와 매일신보에 게재된 군악대 연주 프로그램을 소개하고 있다. 「서양음악 도입과정 연구 -개화초기와 F. Eckert를 중심으로-」 강석남 연세대학교 교육대학원 1989 논문에서 에커트의 약력과 초기 일본에서의 활동과 1980년대 언론에 소개한 제목을 싣고 있다.

1991년 8월 22일 조선일보 22면 '안익태의 달 행사' 8월 25일 서울신문 '전래 애국가 3곡 한자리 연주' 제하의 기사에 26일 오후 7시 30분 국립중앙극장 대극장에서 안익태의 달 기념음악회에서 안익태 작곡 애국가, 올드 랭 사인(Auld Lang Syne) 곡조의 애국가, 대한제국 애국가가 함께 연주된다 하고 있다. 11월 23일 동아일보 '한국 양악 터 닦은 독일인 에케르트 -구한말 군악대 교사로 입경… 음악의 새 방향 제시'의 이상만 씨 글에서 30여 년 전 당시 창덕궁 수위장으로 있던 유순근劉順根의 증언에 의하면 군악대원으로 있을 때 에커트는 국가의 착상을 위해서 궁중음악을 자주 접하고 비 오는 날 천둥소리까지도 열심히 살필 만큼 국가에 한국 사람의 마음을 열심히 담으려 노력했다 한다.

1992년 2월 효성여자대학교 대학원 김강하 석사 논문 「한국 근대사에 나타난 애국가의 성립과정과 제 양상」부록에 가사를 독일 어식으로 음역한 대한제국 애국가 악보 중 2쪽이 낙장된 사본이 첨 부되어 있는데 이는 1985년 11월 30일 보도한 일본에서 입수한 대 한제국 애국가 음역본音譯本을 첨부한 것이며 1992년 7월 4일 동 아일보 '횡설수설' 칼럼에 우리 애국가의 최초는 1902년 고종황제 의 명으로 만들어진 5음 음계 4분의 3박자 형식이며 이 애국가는 당시 황실군악대 지휘자 에커트가 작곡한 것으로 황실에 대한 충성 이 주제인 이 애국가는 일제 강점 후 사라졌다 하고 있다.

1994년 8월『주간경향』에「대한제국 애국가 독일어 컬러판 원본 첫 공개」라면서 가사가 독일어식으로 음역된 독일어판이라 하는데 김연갑 씨가 1989년 독일 교포로부터 입수한 것이라 한다. 이는 1985년 11월 30일 중앙일보에 애국가 악보 일서 발견과 어떻게 다 른지 의문이다.[78] 1996년 노동은 교수의『한국 근대음악사 1』에서 대한제국 애국가에 대하여 전반적으로 자세하게 소개를 하고 있다.

1997년『낭만음악』겨울호 제10권 제1호(통권 37호)에 나까무라 리헤이中村理平 저 민경찬 교수가 옮긴「한국의 이왕조 궁정 음악 교사 에케르트」에서 에커트가 일본을 떠난 날과 한국 오기 전 독일 에서의 거취가 언급되어 있다. 1998년 김연갑 저『애국가 작사자 연구』에서 대한제국 애국가가 언급되어 있고 5월 6일에서 1999년 11월까지 SBS 기획 다큐멘터리 2부작 8.15 특집극에 '역사 속의 노래 에케르트와 애국가'로 김민선 씨가 제작에 매달려 있다고 하 고 있다.

---

78) 『주간경향』 26권 33호 경향신문사 1994.8. 「대한제국 애국가 독일어 컬러판 원본 첫 공개」 p20

1999년『실학사상연구』10, 11합집에 독립기념관 연구원 이명화 씨의 「애국가 형성에 관한 연구」에서 광무 8년(1904년) 5월 13일 황성신문과 안창호의 가칭 '애국창가집'에 실린 대한제국 애국가를 소개하고 있으며[79]『대한제국시대의 한독관계』이화여대 한국문화 연구원 편 「대한제국시대의 한독관계」에서 홍순호 교수는 여러 쪽에 걸쳐 프란츠 에커트에 관해서 소개하고 있다. 11월 24일 국민일보 '되돌아보는 한국음악 1백년사(5) 양악의 역사'에서 민경찬 교수는 창가 제1호는 1896년 9월 9일 새문안교회 신도들이 부른 '황제탄신 경축가'이며 한국인이 작곡한 창작 창가 제1호는 1905년 김인식金仁湜(1885~1963)이 만든 '학도가'이고 1902년 군악대 교사인 프란츠 에커트가 작곡한 대한제국 애국가가 우리나라 최초의 국가가 되었다고 하고 있다.[80]

7.3 2000년대

2000년 3월 8일 0시에 KBS1 수요기획 '부르지 못한 대한제국 애국가'라는 제목으로 코리아 아트센터 대표 박성미 씨가 제작한 프로를 방영하였다.[81] 4월 15일 한국고전문화진흥회 제3회 월례학술발표회에서 김연갑 씨는 「대한제국 애국가와 에케르트」란 제목으로 대한제국 애국가 제정과 악보 발간 생애와 활동 등을 발표한

79)『실학사상연구』10·11합집 -홍기섭 선생 25주기 기념호- 무악실학회 1999 「애국가 형성에 관한 연구」이명화 p644
80)『국민일보』1999년 11월 24일 18면 「되돌아보는 한국음악 1백년사(5) 양악의 역사」 민경찬.
81) KBS1의 '수요기획' 「부르지 못한 대한제국 애국가」 Korea Art Center 박성미 2000

다.82) 4월 21일 일본에서 제작된 것으로 창가가 일본에서 탄생 또
는 출발하여 동아시아지역에 전파, 변천하여 불린 것으로 보고 구
만주, 한국, 대만, 중국의 창가를 '근대창가집성' [25]한국의 창가
(1)에 6번 국가로 수록되어 있고83) 2001년『우리 양악 100년』이
강숙 김춘미 민경찬 저에 건양 원년(1896년) 9월 9일 찬송가인 동
시에 영국 국가의 선율에 불렀던 창가 제1호인 '황제탄신 경축가'
11월 21일 독립문 정초식에 올드 랭 사인(Auld Lang Syne)의 선율
에 불렀던 '성자 신성 오백 년…' 애국가 및 윤치호 편찬 찬미가에
수록된 3편의 애국가와 일제 강점기에 불린 애국가류 등을 소개하
고 있다.

  2001년 9월 17일 한국예술종합학교 크누아(KNUA)홀에서 안익
태 기념재단 이사장 이강숙 총장 주최 '우리의 애국가를 찾아서'라
는 제목으로 19세기 말부터 1945년 광복까지 100여 곡의 애국가를
수집해 학술적으로 분석하고 복원하여 당시 애국가를 재조명하는
강의를 하고 합창단 '음악이 있는 마을'이 이 곡들을 불러 재연하
였다. 이 총장님은 이들 애국가는 일제의 탄압과 말살로 잊힌 노래
였으나 학술적으로 연구를 할 수 있는 여건에 접어들었다고 하고
1995년 일본 외무성 사료실에서 발견된 1914년 발간 만주 조선인
이 설립한 광성중학교 교과서인 '최신창가집', 최근 한 소장가가 독
립기념관에 기증한 하와이에서 간행한 '애국가집', 1902년 프란츠
에커트가 작곡한 '대한제국 애국가', 올드 랭 사인(Auld Lang

---

82) 「대한제국 애국가와 에케르트(F. Eckert)」 김연갑 한국고전문화진흥회 제3회 월례학술발표회
    2000

83) 「근대창가집성」 탄생 변천 전파, 동아시아의 창가~구 만주, 한국, 대만, 중국, [25]한국의 창
    가(1) 빅터 엔터테인먼트 2000.4.

Syne)의 선율을 빌린 상해임시정부 '애국가', 작사자 미상인 안익
태 작곡의 '애국가' 등을 들려주고 이들 애국가를 악보집과 음반으
로 제작해 보급 운동을 펼 계획이라며 다양한 형식의 애국가를 소
개하는 연주회를 열었다.[84]

2002년 8월 14일 조선일보에 경북대학교 백두현 교수가 대한제
국 시위기병대에서 불렀던 '대한군인 애국가' 발견을 발표하고 그
뒤 『어문학』 제77호에 연구 내용을 발표한다. 2003년 3월 『육군』
제262호에 육군본부 국방부 팡파르대장 정진섭 소령이 애국가의
변천을 소개하고 있다. 4월 3일 중앙일보에 '대한제국 애국가 100
년 만에 연주 무대 오른다.' 하고 29일 예술의전당 콘서트홀에서
서울윈드앙상블 제75회 정기연주회에 「대한제국 애국가 100년 만
에 무대 위로」 제하로 한국예술종합학교 음악원 음악학과 민경찬
교수의 프란츠 에케르트에 관한 해설과 서현석 교수의 지휘로 대한제
국 애국가 삼중창과 타이후추안太湖船 행진곡이 연주되었고 필자도
대한황실재건회 운영진과 같이 이 연주회에 참석하였다.

2004년 5월 8일 시작으로 2005년 현재 한국예술종합학교 주관
예술학교와 함께하는 문화여행 프로그램의 주말 문화예술학교에서
민경찬 교수의 '노래의 역사, 역사의 노래'에서 대한제국 애국가를
8회 소개하였다.[85] 8월 13일 『경향신문』에 예술의전당 서예박물관
큐레이터 이동국 씨가 1910년 하와이 호놀룰루의 코리안 클럽에서
간행한 애국가 악보 발견을 발표하고 2005년 2월 5일 KBS-TV
'스펀지' 프로그램에서 우리나라 최초의 애국가였던 대한제국 애국

---

84) 『문화일보』 2001년 8월 21일 22면 「해방 전 애국가 100곡 다시 부른다.」

85) 「노래의 역사, 역사의 노래」 한국예술종합학교 예술학교와 함께 하는 문화여행 주말 음악 교
실. 2004.

가가 하와이에서 발견된 과정을 자세히 보여주면서 성악가가 노래 부르는 장면을 방영하였다. 8월에는 국가보훈처 주관 '광복 60년 기념 독립군가 다시 부르기'의 대중가요 버전 CD에 11번 대한제국 애국가가 수록되어 있다.[86]

---

86) 「다시 부르는 노래」 광복 60년 독립군가 다시 부르기, 국가보훈처 주관 에그뮤직 기획 제작. 2005.

8부

'대한제국 애국가'의 명맥을 잇다

시위군악대 설치 이전 군인들의 행진을 위한 악대인 나팔수와 고수鼓手의 교육은 건양 원년(1896년) 5월 17일 대군주 폐하 명에 의하여 정학停學되었다가 8월에 개교한 무관학교 사관생도 33명이 러시아공사관 수비를 맡은 순양함 '아드미랄 코르닐로프(Адмирал Корнилов)'호의 해병대 흐멜레프(Lieutenant S. L. Hmeleff) 중위로부터 교육을 받는 모습을 소개한 독립신문 10월 17일 자 사설에 "러시아 고수는 북을 치고 생도들이 절도 있게 걷게 한다. 단지 10일 동안 배운 나팔수 4명이 있는데 그들은 가장 명확하고 엄숙한 음색으로 다른 음보音譜로 불었다. 다른 4명의 군인은 북을 치는 방법을 배우고 있었다."라고 하여 군사교관 1진이 오기 전에 이미 2월부터 군사훈련을 시킨 기록이 보인다.[87]

건양 원년(1896년) 10월 21일 러시아 군사교관 1진이 들어와 교육한 훈련병들의 행진에 필요한 악대를 건양 2년(1897년) 2월 20일 대군주 폐하께서 경운궁으로 환궁하실 때 소수인이 연주하는 군악을 들으시고 매우 장쾌한 음악이라고 칭송한 일이 있다는 김화진金鑰鎭(1895~1974.1.1.)의 대담이 있고[88] 또 6월 9일 10시 경운궁

---

87) 『독립신문』 영문판(THE INDEPENDENT) 건양 원년(1896년) 10월 17일 사설(EDITORIAL)
"a Russian drummer beat time to which cadets kept good step. There were four bugler who had been taught only for ten day; they blew the different signals in the most clear and serious tons. Four other soldier were learning how to beat the drum."

88) 『여명의 동서 음악』 장사훈 보진재 1974 p182

영성문永成門 내 융무정에서 대군주 폐하와 각부 대신 러시아 미국 프랑스의 공사, 영국 총영사, 독일영사, 기타 각국 공사관의 서기관, 무관 등이 참석하는 관병식89)을 대비하여 5월 17일 뿌짜따 대령은 프랑스 장교들이 참석한 가운데 시위대의 일제사격 시범을 보이는데 성적이 너무 좋아 프랑스 장교들이 큰 감명을 받았고 이어 부사관과 참교參校들도 사격을 하는데 대대에 구성된 부사관단 표를 보면 참모 나팔수 부위副尉 1명, 나팔수 10명, 고수鼓手 10명이 포함되어90) 있으며 매일 교육을 마치고 나면 의식행진을 하는데 이때 나팔수 1명과 고수 4명은 모든 학습을 다 마쳐 구보와 도보 행진에 따른 연주를 매우 잘하였다.91)

다시 건양 2년(1897년) 5월 5일 군악대장과 군악대원 3명을 포함한 교관들을 요청하였으나 7월 25일 포함 시부츠(Сивуч)호로 입항하여 7월 29일 밤 11시에 한성에 도착한 러시아 군사교관 2진은 군악대장이 포함되어 있지 않고 나팔수 2명만 있어 군악대는 결국 설치되지 못하였다.

칙령 제59호에 군악 2개 대를 설치하여 1개 대는 시위연대에 부속하고 1개 대는 시위기병대에 부속할 것에 대해 육당 최남선崔南

---

89) 『군사』 제48호 국방부군사편찬연구소 2003 「주한 러시아 군사교관단 활동보고서 해제」 심헌용 p372;『친목회 회보』 제6호 대조선인 일본유학생 친목회 1898 p75, 76 「융무정의 관병식」 각 중대에서 2, 30명씩 선발하여 전우기 정위(正尉)의 지휘로 제5중대 준비체조, 제4중대 기계체조, 제3중대 총검술과 거총법, 제2중대 중대교육과 행진, 제1중대의 제자리 사격과 이동 사격 시범을 보이고 다음은 대대 대열로 집합하여 대대 검열은 구보와 분열식으로 관병식을 마쳤다. 대대장 장기렴 참령 이하 각 중대장은 폐하로부터 은시계를 하사받았고 양반이 되었다.

90) 주한일본공사관기록 12권〉 一. 기밀본성왕복(機密本省往復)〉 시위대절제방략서 송부의 건에 의하면 참모 나팔수 부위가 나팔장 하사로 되어있고 나팔수는 평상시에 각 중대 1명씩 5명과 행군할 때와 분열할 때 각 중대 1명씩 5명을 더하여 합계 10명이며 고수(鼓手)는 각 중대 2명씩 합계 10명이라고 한다.

91) 『군사』 제48호 국방부군사편찬연구소 2003 「주한 러시아 군사교관단 활동보고서 해제」 심헌용 p371, 372

善과 장사훈張師勛 교수는 시위연대에 군악 1개 대가 설치되었을 뿐 기병대에는 그 실현을 보지 못하였다[92]고 하였으나 시위기병대의 군악대는 군악 1대의 교육을 마친 후 바로 편성하지 못하고 에커트는 광무 6년(1902년) 8월부터 제2대를 편성하고 매일 4시간씩 더 근무하는 것에 대한 봉급 인상을 요구하면서 11월 15일까지 교육을 하다가 봉급을 더 받지 못하자 교육을 3개월 반 중단하였다가 광무 7년(1903년) 3월부터 다시 교육을 재개하여 7월 말까지 8개월 반을 교육하는데 8월 11일 이후 봉급 인상 관련 기록은 더는 보이지 않다가 융희 4년(1910년) 3월 3일 통감부로 발송한 '음악대교사 덕국인 에커트에 관한 이유서'에 인상분 150원을 매월 내탕금內帑金에서 주다가 해관海關에서 봉급을 지급하여 교육이 이후 계속 이루어져 이듬해 광무 8년(1904년) 3월 15일 칙령 제6호에 의거, 군악 2개 대를 1개 중대로 편성하는 밑바탕이 된다.

한편 2002년 8월 14일 발표한 대한군인 애국가를 백두현白斗鉉 교수는 가사가 적힌 종이에 말머리 그림이 있는 것을 근거로, 창작 시기를 시위기병대가 창설된 광무 4년(1900년)에서 광무 10년(1906년) 사이로 잡았으나[93] 앞에서 살펴본 바와 같이 시위기병대 소속의 군악 제2대의 교육은 광무 6년(1902년) 8월부터 11월 15일까지와 광무 7년(1903년) 3월부터 7월 말까지 두 차례에 걸쳐 나누어 이루어졌는데 이때 만들어진 것으로 보인다.

애국가의 최초 연주는 광무 5년(1901년) 9월 7일(음력 7월 25일)

---

92) 『어명의 동서 음악』 장사훈 보진재 1974 p182

93) 『조선일보』 2002년 8월 14일 23면 「대한제국 시기 '대한군인 애국가' 발굴」 김기철 기자; 『중앙일보』 8월 15일 '대한군인 애국가' 첫 발굴; 『어문학』 제77집 한국어문학회 2002.9. 「최초로 발견된 '대한군인 애국가'에 대하여」 백두현 p427

만수성절萬壽聖節 오전에 경운궁 경운당에서 각부 대신들과 각국 공·영사公領事가 폐현한 가운데 애국가와 기타 한 곡을 연주하였고 진찬進饌은 다음날 9월 8일(음력 7월 26일)부터 함녕전에서 외연外宴이, 9월 9일 내연內宴과 밤에 야진연夜進宴이 열렸고 9월 10일은 행사가 없고 9월 11일은 황태자의 회작會酌과 야연夜讌이 열렸다.

양악에서 군악대장의 계보는 고종 19년(1882년) 일본의 육군교도단 군악기본대에서 신호나팔 악대교육과 군사교육을 받고 졸업하여 10월 22일 귀국길에 오른 이은돌李殷乭로부터 시작하여 개국 503년(1894년) 10월 동학농민운동란에 출전한 곡호대의 십장什長 유봉길柳奉吉과 박대봉朴大奉으로 이어지고 건양 2년(1897년) 5월 시위대의 부사관단에 포함된 참모 나팔수 부위副尉로 이어지고 광무 6년(1902년) 3월 1일 시위 제1연대 제2대대 향관餉官에서 육군 정위로 시위 제1연대 초대 군악대장이 된 김학수金學秀와 광무 11년(1907년) 3월 10일 군악 중대장보에서 3월 26일 2대 군악 중대장이 된 1등 군악장 백우용白禹鏞으로 이어진다.

대한제국 애국가 최초의 가사는 한글 궁체로 7행 9자로 되어있는데 이것은 영국 국가 God Save the King의 영향을 많이 받아 7행과 같고 아홉 자는 동양의 음양 사상에서 1, 3, 5, 7, 9 홀수는 양陽의 수며 그중에 9는 가장 길흄하며 하늘의 힘을 나타내고 방위는 8방의 9번째는 중심을 뜻하여 이처럼 가장 길하고 중심이고 하늘의 힘을 뜻하는 9자로써 국가의 위엄을 나타내고 있다.

대한제국 애국가 가사를 외국인을 위하여 독일어식으로 음역한 음절수가 정확한 것으로 보아 통역으로 가서 군악대장이 된 백우용이 음역한 것으로 유추가 되며 한글 가사의 유려한 필체와 민영환의 발문 끝에 악보가 이미 완성되어 인쇄됨에 그간의 일을 서둘러 적다는 내용에 따르면 인쇄 과정을 보고 발문을 썼으며 당시 민영찬이 프랑스까지 가는데 약 44일이 걸린 먼 독일에서 간행되었다면 과정을 알고 쓰기에는 쉽지 않아 국가의 훈장 증서나 관청의 인지 우표 등을 발행한 서서西署 용산방 탁지부 전환국 인쇄과에서 발행한 것이 타당하다.

황성신문의 광무 6년(1902년) 8월 15일 자에 "찬악제장撰樂製章 반기頒旗 성유聖諭 재작일再昨日 황상皇上 폐하陛下쯰옵셔 조칙詔勅을 하下ㅎ셧ᄂ딕 음악音樂을 문신文臣 중으로 ㅎ야곰 찬정撰定ㅎ라 ㅎ셧고…"에 의하면 재작일再昨日 즉 8월 13일 황제 폐하께서 국가를 문신이 찬정하라는 조칙을 재차 확인하자 당일 의정부는 대한제국 애국가를 아직 주지 못한 러시아 같은 경우 8월 13일 쉬테인(E. F. Stein)이 외무성에 보낸 보고서에 대한제국 정부에서 출판한 국가 2부를 동봉한다는 기록처럼 이날 배포를 하고 8월 14일 의정부 의정이 원수부 군무국총장 이종건과 의정부 찬정 궁내부대신임시서리 의정부 찬정 윤정구에게 국가찬진사國歌撰進事를 조회하여 당일 조복을 받아 신속하게 15일 자 관보에 게재하는데 반포일은 황제 폐하께서 재가를 한 8월 14일로 봐야 할 것이다.

관민官民을 상대로 한 첫 연주는 장충단에서 3월과 9월 정일丁日에 제사를 지내고 조곡弔曲으로 충혼을 위로한 연주며 군사상의 연주도 이때부터이고 노래에 군악대 장단에 맞추어 '받들어 총'만 한다는 사설도 이때 생긴 것이다.[94] 광무 6년(1902년) 5월 8일 독

---

94) 『동명』 동명사 1922(대정 11); 마이크로필름 No5(국회도서관) 「조선 양악의 몽환적 내력」 일

립관에서 서울 송도松都 간의 철도기공식에 많은 인사와 군중들, 프랑스 기함旗艦 당트르카스토(d'Entrecasteaux)호 해군 소장 베일(Bayle) 제독, 프랑스공사 꼴랭 드 쁠랑시(Victor Collin De Plancy), 일본공사 하야시 곤스케林權助 등이 참석한 가운데 에커트가 지휘하는 시위군악대와 제독의 악대가 교환연주를 하고 모든 나라의 국가를 연주한 것이다.

또 탑골공원에서 최초로 연주한 기록은 광무 9년(1905년) 3월 독일제국 기함 퓌르스트 비스마르크(Fürst Bismarck)호가 입항하여 독일 해군군악대와 우리나라 시위군악대가 팔모정과 호리존트(Horizont)에서 교환연주를 한 것이고 다음은 에커트가 연주시각을 도쿄 시각에 맞춘 초대장을 1주일 전 윤치호에게 보내고 광무 10년(1906년) 6월 16일 토요일에 음악회를 연 기록이고 지금까지 알려진 가장 오래된 연주 프로그램은 서울 프레스(The Seoul Press)에 난 광무 11년(1907년) 5월 18일 토요일 오후 4시 30분부터 시작한 시위군악대(Imperial Military Band)의 탑동공원 연주회 프로그램이다.

1929년 4월 21일부터 경성부 주최 관앵觀櫻음악회의 연주기록이 일어판인 조선신문에 보이고 경성악대로서 마지막 연주기록은 1930년 6월 16일 오후 8시 25분 중앙기독교청년회관에서 신간회新幹會 경성지회 주최 창립 3주년 기념식에 각 단체에서 900여 명이 참석한 가운데 주악으로 개회를 선언하고 9시 20분 주악으로 여흥餘興이 이어진 것이다. 광복 후 최초로 대한제국 애국가를 연주한 것은 1949년 2월 22일 남궁요열南宮堯悅 소위가 지휘한 해군군악

기자(一記者) 제14호 p12

대의 에커트 추모연주며 근년에 와서는 1983년 8월부터 서현석 교수가 지휘하는 서울윈드앙상블(Seoul Wind Ensemble)이 꾸준히 연주를 이끌어 왔다.

참고문헌

단행본

『近代韓國公演藝術史 資料集1』 개화기~1910년 단국대공연예술연구소 편 단국
　　　대출판부 1984

『近代韓國外交史年表』 김원모 편저 단국대출판부 1984

『근대 한미관계사』 이민식 백산자료원 2001

『嘉藍 李秉岐의 國文學 硏究와 時調文學』 한국어문교육연구회·한국어문회 편
　　　한국어문교육연구회·한국어문회 2001

『京城府管內地籍目錄』 1917년(대정 6) 대림도서출판사 1982

『국역 윤치호 영문일기』 3집, 5집

『家藏圖書帖』 白仁海 편 9책(국회도서관)

『高宗純宗實錄』 중

『高宗純宗實錄』 하

『고종의 독일인 의사 분쉬』 리하르트 분쉬(Richard Wunsch) 김종대 옮김 학고
　　　재 1999

『開港과 洋館歷程』 최성연 경기문화사 1959

『舊韓國外交文書』 제16권 德案(2) 고려대학교 아세아문제연구소 1966 (서고
　　　659-10-16. c2)

『舊韓國外交文書』 제21권 (義,比,瑞,鮭,荷,西案) 고려대학교 아세아문제연구소
　　　1971

『開化期 韓美 交涉關係史』 단국대학교 출판부 2003

『교학 大漢韓사전』 감수 이가원 안병주 (주)교학사 2004

『꼬레아 꼬레아니(Corea e Coreani)』 까를로 로제티(Carlo Rossetti) 저 서울학연
　　　구소 역 숲과 나무 1996

『노을에 띄운 가락. 나의 人生觀』 성경린 휘문출판사 1978

『獨立運動史 硏究』 朴成壽 저 창작과비평사 1980

『독립운동사자료집』 제5집 독립운동사편찬위원회 편 독립유공자사업기금운용위원회 1984

『獨立有功者 功勳錄』 제6권 국가보훈처 편 국가보훈처 1988

『덕수궁 정관헌』 문화재청 근대문화재과 편 문화재청근대문화재과 2004

『대한계년사 6』 정교, 변주승 역주 한국학술진흥재단 소명출판 2004

『大韓帝國官員 履歷書』 국사편찬위원회 1972

『대한제국시대 훈장제도』 이강철 백산출판사 1999

『대한제국사 연구』 이화여자대학교 한국문화연구원 편 백산자료원 1999

『러시아 國立文書保管所 所藏 韓國關聯文書 要約集』 편역 朴鍾涍 한국국제교류재단 2002.

『미국 북장로교 한국선교회사』 해리 로즈(Harry A. Rhodes) 최재건 옮김 연세대학교출판부 2009

『文藝思潮 2 比較文學-理論 方法 展望』 문학사연구회간 1973

『민 충정공 유고』 이민수 역 민홍기 공 편 일조각 2000, 권3 海天秋帆, 권4 使歐續草, 권5 부록 閔忠正公實錄, 권5 부록 閔忠正公盡忠錄

『梅泉野錄』 卷之四 黃玹 국사편찬위원회 편 신지사 단기 4288년(1955)

『뮈텔 주교일기』 6권 한국교회사연구소 역주 한국교회사연구소 2002

『뮈텔 주교일기』 5권 한국교회사연구소 역주 한국교회사연구소 1998

『뮈텔 주교일기』 4권 한국교회사연구소 역주 한국교회사연구소 1993

『뮈텔 주교일기』 3권 한국교회사연구소 역주 한국교회사연구소 1993

『뮈텔 주교일기』 2권(Ⅱ:1896-1900) Gustave Charles Marie Mutel 저 천주교명동교회 편 한국교회사연구소 역주 한국교회사연구소 1986

『法規類編』 vol:2 내각 기록과 편 융희 2년(1908)

『普燈錄』 정수(正受) 가태(嘉泰) 4년(1204)

『普成80年史』 보성80년사편찬위원회 편 보성중고등학교 1986

『新舊妓生 타령』 申泰三 세창서관 1950

『禪林類聚』 권제2 석도태(釋道泰) 등 편 만치(萬治) 2년(1695)

『續陰晴史』 金允植 김익수 역 제주문화 2005

『애국가 작사자 연구』 김연갑 집문당 1998

『옛노래, 옛사람들의 내면 풍경』 임형택 소명출판 2005

『六堂 崔南善 全集』 고려대학교 아세아문제연구소 육당전집편찬위원회 편 현암사 1973 「朝鮮常識問答・朝鮮常識 3」, 「韓國歷史辭典 12」

『우리 양악 100년』 이강숙 김춘미 민경찬 현암사 2001

『黎明의 東西 音樂』 장사훈(張師勛) 보진재 1974

『여명의 양악계』장사훈 저 세광음악출판사 1991

『원산수녀원사』포교성베네딕도수녀회 편저 포교성베네딕도수녀회 1988

『연세대학교 백년사』1885-1985, (1) 연세통사(상) 연세대학교 1985

『音樂과 現實』朴容九 평론집 박용구 저 민교사 단기 4282년(1949)

『音樂年鑑』세광출판사 1966「音樂七十年史」남궁요열,「樂界의 動向, 管樂」남
　　　궁요열

『洋樂導入者の軌跡』나까무라 리헤이(中村理平) 토스이쇼보(刀水書房) 1993

『音樂 文化』vol. 1, no. 1 음악문화사 편 음악문화사 1961「國樂器圖說」장사훈,
　　　「엑켈트 씨의 片貌」남궁요열

『李王職 雅樂部와 음악인들』국립국악원 국악연구실 국립국악원 1991

『梨花女專梨花保育學校一覽』이화여자전문 1937(소화 12)

『林川白氏 族譜』임천백씨족보편찬위원회 기종족보사 1993

『朝鮮人事興信錄』조선신문사 조선인사흥신록편찬부 1935

『朝鮮の板本』마에마 교사쿠(前間恭作) 마츠우라쇼텐(松浦書店) 1937

『朝鮮遊覽歌』崔南善 作 동명사 1947

『鐘路圖書館 六十年史』종로도서관편집위원 종로도서관 1980

『從容錄』권3 만송행수(萬松行秀) 가정(嘉定) 16년(1223)

『職員錄』총무처 감수 대한출판문화사 1952

『프란츠 에케르트』한스 알렉산더 크나이더(Hans-Alexander Kneider) 연암서가
　　　2017

『프랑스 외부문서. 8, 대한제국(1) 1897-1898』국사편찬위원회 편 2009

해외의 한국독립운동사료(ⅩⅥ) 일본 편④『最新唱歌集』국가보훈처 영인출판
　　　1996

한국근대사 자료집성 4『韓佛關係資料』-주불 공사 파리박람회 홍종우- 국사편
　　　찬위원회 2001

『한국 근대 음악사 1』노동은 한길사 1995

『한국 가톨릭 교회음악 사료집 2』조선우 최필선 서우선 주은경 편저 1996

『한국민족음악 현 단계』「개화기 음악연구Ⅰ」노동은 1989

崔永禧 선생 회갑기념『한국사학논총』논총간행위원 탐구당 1987「에케르트
　　　군악대와 대한제국 애국가」김원모

『한국의 군복식 발달사 1』고대~독립운동기. 국방군사연구소 편 국방군사연
　　　구소 1997

『한국영어신문사』홍순일 정진석 박창석 지음 커뮤니케이션북스 2003

『韓國音樂史 年表』장사훈 저 청주대학교 출판부 1990

『韓國洋樂 百年史』이유선 음악춘추사 1985
『韓獨文學 比較研究 I』李裕榮 金澤東 李在銑 삼영사 1976
『韓獨修交 100年史』최종고 등 저 한국사연구협의회 1984「獨逸帝國과 東아시
　　아의 初期接觸」崔鍾庫,「舊韓末의 韓獨關係」崔鍾庫
『한독수교100주년기념사업종합보고서』한독수교100주년기념사업위원회 사무
　　국 1986
『한말 군 근대화 연구』국방부군사편찬연구소 2005
『徽文 七十年史』휘문70년사편찬위원회 편 휘문중고등학교 1976
『Globetrotter Abenteuer Goldgräber』Hans-Alexander Kneider, Iudicium 2009

온라인검색

『宮內府案』규17801. 8책
『各部指令存案』규17750의1
『各部請議書存案』규17715, 1책, 2책, 6책, 9책, 15책, 16책, 17책, 20책, 23책, 28책
『各部軍來牒』규19146
『軍部來去文』규17803 제4책
『起案』규17746 제5책, 제13책
『京城府史』vol:1, vol:2 경성부 편 경성부 1936-41(소화 11-16)
『(京城府壹筆每)地形明細圖』카와이 신이치로(川合新一郎) 편 조선도시지형도간
　　행회 1929
『京城便覽』白寬洙 저 홍문사 1929
『京城協贊會報告』간사자 미상 1916
『高宗太皇帝御葬士監儀軌』이왕직 편 1919 寫 고종태황제어장주감의궤 v3 159b,
　　160a, 150a, 150b
『구한국관보』의정부 총무국 관보과
『국역 승정원일기』한국고전번역원
『軍樂師合同』(侍衛聯隊所管軍樂隊敎師에커트雇傭契約書) 규23434 韓鎭昌, 李應翼,
　　Eckert 공저 규장각 광무 6년(1902), 4부 분류 사부 정법류 외교・통상
　　외교문서 독일, M/F번호 M/F80-103-132-O
『軍樂師合同』(侍衛聯隊所管軍樂隊敎師(에커트)雇傭契約書) 규23435 규장각 광무
　　6년(1902), 4부 분류 사부, 정법류 외교・통상 외교문서 독일, M/F번호
　　M/F80-103-132-P. (독일어 합동)

『內閣往復文』 규17755, 1책

『男爵目賀田種太郎』 목하전남작전기편찬회 편 목하전남작전기편찬회 1938(소
　　　화 13)

『독립운동 관련 판결문 형사판결 원본』 국가기록원

『德壽宮史』 오다 세이고(小田省吾) 저 이왕직 1938(소화 13)

『大韓國軍部外部爲訂立合』 한국정신문화연구원 조선왕실소장문서〉 1610(합동
　　　초안)

『大韓國外部軍部爲訂立合同』 청구기호 k2-4857, 등록번호 41022848y01, 한국정
　　　신문화연, MF NO MF16-1425, 주제분류 史部, 政書類, 군정〉 14

『大韓國軍部外部爲訂立合同事』 한국정신문화연구원 조선왕실소장문서〉 1611
　　　(군악 제2대 초안)

『大韓軍部大臣과德國人布國合同議定』 한국정신문화연구원 조선왕실소장문서〉
　　　1612(국한문 초안, 독일어 합동포함)

한국고전문화진흥회 제3회 월례학술발표회「대한제국 애국가와 에케르트」 김
　　　연갑 2000. 4

『來牒存案』 규17749 제1책 문서81

『佛敎』 제7호 불교사 신문관 1925(대정 14)

『鳳棲・鳳南日記』 국사편찬위원회 편 국사편찬위원회 1979

『西巡幸時 禮式上 注意件』 궁내부 융희 3년(1909)

『新民』 제14호 신민사 1926「甲申政變」 박영효

『新民』 신민사 1930. 8「納凉音樂會」 李秉岐

『侍衛軍樂隊敎師薪金加給合同請議書』 한국정신문화연구원, 조선왕실소장문서〉
　　　2495

『侍衛軍樂隊敎師結約』 한국정신문화연구원 조선왕실소장문서〉 2494(군악 제2
　　　대 초안)

『侍衛大隊官案』 시위대 편 고종년간

『思想에 關한 情報綴』 제6책 1930 국사편찬위원회

『續陰晴史』 권8 김윤식 국사편찬위원회 1960

『一光』 창간호 중앙불교전문학교 교우회 1928(소화 3), 제3호 1931(소화 6)

『外部日記』 규17841, 3책, 4책

『日本外交文書』 14권

『日新』 저자 미상 국사편찬위원회 1983

『日省錄』 규12816, 266책, 281책, 475책, 490책, 496책, 500책, 511책, 518책, 522
　　　책, 529책, 533책, 541책, 552책, 553책, 559책, 562책, 14책, 33책

『(外人に觀たる)朝鮮外交秘話』 マルデル 저 外人の觀たる朝鮮外交秘話出版會 1934

『議政府來去文』 규17793, 9책

『李王職人事關係書類』 이왕직 편 융희~1916

『李王職職員錄』 이왕직 서무과 1918년(대정 7)

『(故大勳位)李太王葬儀心得書』 이왕직 편력 이왕직 1919(대정 8)

『暗黑なる朝鮮』 우스다 잔운(薄田斬雲 개명 薄田貞敬) 저 일한서방 1908

『朝光』 조선일보사 출판부 1935-42 「京城舊址와 遺話」 金華山人

『奏本』 규17703, 5책, 49책, 58책, 66책, 67책, 113책, 117책

『奏本存案』 규17704, 1책, 6책, 7책, 28책, 32책

『增補文獻備考』 광무 8년(1904)~융희 2년(1908)

『朝鮮在留歐米各國人ニ關スル調査表』 조선총독부 편 조선총독부 1912

『朝鮮最近史』 토카노 시게오(戶叶薰雄), 나라사키 칸이치(楢崎觀一) 봉산당 1912

『朝鮮總督府官報』 제106호, 제297호 조선총독부인쇄국

『朝鮮總督府施政二十五周年紀念表彰者名鑑』 內外事情社 내외사정사 1935

『朝鮮風俗風景寫眞帖』 권1 히노데쇼코(日之出商行) 편 간사자 미상 1914

『職員錄』 內閣記錄課 융희 3년(1909) 6월 장악부

『職員錄』 內閣記錄課 융희 2년(1908) 6월 장례원

辛丑『進宴儀軌』 券首~三 국립국악원 편 국립국악원 1987

『詔勅 ①』 議政府 編 규17708의1 고종 32년-광무 11년(1895-1907) 19책 15권

『(通俗)唱歌集』 洪永厚 편 박문서관 단기 4250년(1917)

『駐韓日本公使館記錄』 8권, 11권, 12권

『統監府文書』 4권, 9권

『韓國歲入歲出豫算說明書』 탁지부 이재국 광무 10년(1906). 11

『韓國寫眞帖』 사이키 히로시(齋木寬直) 편 박문관 1905

『해외 항일운동 자료-만주지역(1910-1926)』 국사편찬위원회

『KOREA』 Constance J. D. Coulson Adam and Charles Black 1910

『KOREA: FACT AND FANCY』 BY Dr. HORACE N. ALLEN METHODIST
    PUBLISHING HOUSE 1904. Horace Allen Paper The New York Public
    Library 1984 MF005988~MF005993~MF005996 PART Ⅱ(국회도서관)

『The Korea Review』 (1901.1.1.~1906.12.31.) Homer B. Hulbert The Methodist
    Publishing House, Reprint Kyung-In Publishing 1986 vol. 1, vol. 2, vol.
    3, vol. 4, vol. 5, vol. 6(국회도서관)

『The Tarasov Saga: From Russia through China to Australia』 Gary Nash,

Rosenberg Publishing 2002

『It's transactions』 Transactions of the Korea branch of the Royal Asiatic Society
Vol.ⅩⅤ The Christian Literature Society of Korea, SEOUL, KOREA.

『United States Legation in Korea, Miscellaneous Papers, 1882~1905』(국립중앙도
서관)

연속간행물

『갈돕』 최현 조선고학생갈돕회 갈돕사 1922

『軍史』 국방부군사편찬연구소

제18호 1989 「교련병대(속칭: 왜별기) 연구」 최병옥

제44호 2001 「19세기 말 러시아 군사교관단의 활동과 역할」 이민원

제48호 2003 「주한 러시아 군사교관단 활동보고서 해제」 心憲用

제61호 2006 「러시아 군사교관 단장 뿌짜따와 조선 군대」 金榮洙

『객석』 (주)예음

창간~7월호 1984.3. 「한국의 서양음악 100년」 이상만

4월호 1984 「신음악의 씨를 뿌린 할아버지 엑켈트를 회상한다」 정연수 기자

『경성휘보』 제80호 경성부 편 경성부 1928년(소화 3)

『경향잡지』 한국천주교중앙협의회 1973년 2월호

『교회와 역사』 한국교회사연구소

86호 1982 「양악의 도입과 엑케르트의 활동」 남궁요열

93호 1983 「에밀 마르텔의 생애와 활동」 홍순호

『낭만 음악』 제10권 제1호(통권 37호) 낭만음악사 1997 겨울 「번역 한국의 이
왕조(李王朝) 궁정 음악 교사 에케르트(Franz Eckert)」 나까무라 리헤이
(中村理平) 민경찬 옮김

『東明』 동명사 1922(대정 11) 마이크로필름 No5(국회도서관)

제13호 「朝鮮 洋樂의 夢幻的 來歷」(1) 一記者 11/26

제14호 「朝鮮 洋樂의 夢幻的 來歷」(2) 一記者 12/ 3

제15호 「朝鮮 洋樂의 夢幻的 來歷」(3) 一記者 12/10

제16호 「朝鮮 洋樂의 夢幻的 來歷」(4) 一記者 12/17

『東洋學』 32집 단국대학교 동양학연구소 2002 「한국의 영국 축하사절단 파견
과 한・영 외교 관계」 김원모

『文獻報國』 조선총독부도서관 편 조선총독부도서관 1939(소화 14) 제5권 제2~
4호, 1940년 제6권 제1호, 1941년 제7권 제9호, 1943년 제9권 제2, 3호

『福音과 實踐』 제30집 2002(가을호) 침례신학대학교 출판부 「찰스 웨슬리
　　(Charles Wesley)의 교회음악에 관한 소고」 강만희

『新東亞』 동아일보사

60호 1969.8. 「洋樂의 開拓者 鄭士仁 선생」 劉漢撤

144호 1976.8. 「韓國의 草創期 音樂家들」 李惠求

『시사영어연구』 통권 134 시사영어사 1970.6. 「英・佛詩가 한국 詩歌에 끼친 影
　　響考① : 愛國歌考」 李在浩

『서울학 연구』 Vol. no. 35 서울시립대학교 서울학연구소 2009 「대한제국 악제
　　의 성립 배경과 성격」 이숙희

『삼익악기』 6권 2호 1986.3. 「양악 100년사」 나운영

『三千里』 제6권 제11호 1934.11. 「半島에 配置된 英 米 等 7國의 外交 陣容」

『新天地』 9월호 서울신문사 출판국 1954, MF002937(1993)

「軍樂의 創設 指導者 엑켈트 氏 그의 第39週忌에 際하여」 장사훈

『新太陽』 제3권 신태양사 4288(1955).1 「韓國洋樂 五十年의 발자취」 楊台熙

『實話』 1956년 9월호 「舊韓末 王室에서 일했던 生存者들」 鄭志園

『實學思想研究』 10. 11합집 -홍이섭 선생 25주기 기념호 무악실학회 1999.

『월간음악』 24호 월간음악사 1972.9, 27호(72.12.), 29호(73.2.), 31호(73.4.), 32
　　호(73.5.) 「이 땅에 음악의 씨앗을 뿌려준 은인 프란츠 에케르트」 남궁
　　요열

『語文學』 제77집 한국어문학회 2002.9. 「최초로 발견된 '대한군인 애국가'에 대
　　하여」 백두현

『亞細亞研究』 제6권 제1호(통권 제11호) 고려대학교 아세아문제연구소 1963.5.

『音樂』 1-4권. 국민음악연구회 편 단기 4288년(1955).11.~4291년(1958).4. 「우
　　리 양악계의 발자취」 장사훈 55년/11, 12. 56년/1.2.3.4.5.6.7.8. 58년/3.4.

『음악계』 제1호 다키모도 카쿠죠(瀧本覺造) 연악회 1925

『一洋』 7권 2호 일양약품공업 1986.2. 역사의 창 「에케르트와 대한제국 애국가」
　　김원모

『음악교육』 세광출판사(국회도서관)

7월호 단행본 부록 1987 「개화기의 한국음악-프란츠 에케르트를 중심으로」 남
　　궁요열

8월호 1987 논증 「개화기의 한국음악에 나타난 몇 가지 문제점」 김종욱

『음악동아』 3권 1호 동아일보사 1986.1. 「황제의 명을 받아 민영환이 가사를
　　지은 에케르트의 대한제국 애국가」 전성환 기자

『音樂世界』 통권 114호 음악세계사 1983. 「엑켈트 추모식(프란츠・엑켈트)」 남

　　　궁요열
『여학생』 9월호 여학생사 1983 「한국을 사랑한 서양음악의 아버지」
『주간경향』 경향신문사
3월호 1986 「대한제국 애국가 85년 만의 발굴…」
26권 33호 1994.8. 「대한제국 애국가 독일어 컬러판 원본 첫 공개」
『친목회 회보』 제6호 대조선인 일본유학생 친목회 1898
『Prima』 통권 제62호 한독협회 2004 여름호 「(허애덕許愛德)수녀의 한국사랑
　　　Ⅰ」
『한국기독교역사연구소 소식』 제64호 「1910년대 학교·교회의 음악상황」 노
　　　동은 2004.4.
『韓國學報』 49집 일지사 1987 「구한말 애국창가집」
『鄕土서울』 서울특별시사편찬위원회
　第2號 단기 4291년(1958). 6. 「선소리(立唱)」 成慶麟
　50호 1991 「漢城府地圖와 六曹의 歷史地理硏究」 李鎭昊

논 문

『國樂院論文集』 제7집 국립국악원 편 국립국악원 1995
「辛丑年 "進宴義軌"의 呈才伴奏音樂 硏究」 고방자(高芳子)
「백우용과 경성악대가 기악교육과 취주악대 조직에 끼친 영향에 관한 사적연
　　　구」 방정현 성신여자대학교 교육대학원 1998
「西洋音樂 導入過程 硏究」-개화초기와 F. Eckert를 중심으로-강석남 연세대학교
　　　교육대학원 1989
「한국 근대사에 나타난 애국가의 성립과정과 제 양상」 김강하 효성여자대학
　　　교 대학원 1992

신 문

『국민일보』『경성일보』『공업신문사』『가정신문』『경향신문』
『독립신문(1896.4.7.~1899.12.4.)』『독립신문-영문판』『동아일보』
『대한매일신보(1904.7.8.~1905.3.10.)　(1905.8.11.~1908.5.31.)　(1909.1.30.~
　　　1909.5.1.)』
『만세보(1906.6.17.~1907.6.30.)』『대한신문(1907.7.18.~1910.8.30.)』
『매일경제』『매일신문』

『매일신보(1910.8.30.～1938.4.29.)』경인문화사 1986.

『문화일보』『부인신문』『서울신문』『예술통신』

『제국신문(1898.8.10.～1910.8.2.)』

『조선신문』『조선일보』『조달계보』『중앙일보』『중외일보』

『The Seoul Press(1906.12.5.～1937.5.30.)』 한국학문헌연구소 아세아문화사 1988(국회도서관)

『The Korea Times』(CWS) 권호 No11001. 신문 070-k941-11001

『한국일보』『황성신문(1898.9.5.～1910.8.28.)』『한성일보』

CD, VIDEO

「近代唱歌集成」탄생 변천 전파, 동아시아의 창가～구 만주, 한국, 대만, 중국, [25]한국의 창가(1) 빅터 엔터테인먼트(ビクター エンタテインメント) 주식회사 2000.4.

「대한제국 애국가」한글본 사진 국가기록원 1968

「다시 부르는 노래」광복 60년 독립군가 다시 부르기 국가보훈처 주관 에그뮤직 기획, 제작 2005.8.

KBS1의 '수요기획'「부르지 못한 대한제국 애국가」Korea Art Center 박성미 2000.3.

인터넷 사이트

국가기록원: www.archives.go.kr 조선총독부기록물, 독립운동 관련 판결문

국립국악원: www.ncktpa.go.kr 진연의궤

국립중앙도서관: www.nl.go.kr 황성신문, 독립신문. 기타.

군사편찬연구소: www.imhc.mil.kr 한국의 군 복식 발달사 I

국회도서관: www.nanet.go.kr

국사편찬위원회: www.history.go.kr 동아일보, 근대 각사 등록

규장각: e-kyujanggak.snu.ac.kr

고려대학교 도서관: library.korea.re.kr 구한국외교문서

대한의사학회: medist.kams.or.kr

부다피아: www.buddhapia.com 봄마지

아시아 역사자료센터(アジア歷史資料センター):www.jacar.go.jp

조선총독부관보 활용시스템: www.gb.nl.go.kr

포교성베네딕도수녀회 대구수녀원: www.benedictine.or.kr
한국고전번역원: www.itkc.or.kr 승정원일기
한국역사정보통합시스템: yoksa.aks.ac.kr 증보문헌비고
한국천문연구원: www.kasi.re.kr
한스-알렉산더 크나이더: www.kneider.info

부록 Ⅰ

서울 프레스(The Seoul Press)에 게재된 시위군악대(Imperial Military Band)와 제실음악대(帝室音樂隊 Imperial Band)로써 연주 프로그램과 매일신보 조선신문 중외일보 경성휘보에 게재된 이왕직 양악대와 경성악대로써 탑골공원과 경성 각처에서 연주한 프로그램 이다.

※ **시위군악대(Imperial Military Band)로 광무 11년(1907년) 5 월 18일 토요일 오후 4시 30분부터 탑동공원 연주다.**

1. 행진곡 프리드리히 황제(Marsch. Kaiser Friedrich) - 프리드만 (Friedmann)

2. 서곡 잔 다르크(Overture. Jeanna d'Arc) - 케셀즈(Kessels)

3. 왈츠 칼리오스트로(Walzer. Cagliostro) - 슈트라우스(Strauss)

4. 헝가리 무곡 6번(Ungarischer Tanz. No.6) - 브람스(Brahms)

5. 가보트(Gavotte) - 마티니(Martini)

6. 환상곡 트루바도르(Fantaisie. Troubador) - 베르디(Verdi)

7. 아라베스크 카드리유(Arabesken Quadrille) - 부디크(Budick)

8. 로망스(Romanze) - 바하(Bach)

9. 행진곡 아탈리아(Marsch. Athalia) - 멘델스존(Mandelssohn)

※ **대한제국군이 해산되고 시위군악대가 제실음악대(帝室音樂隊 Imperial Band)로 된 후 탑동공원 연주다.**

융희 2년(1908년) 9월 3일 금요일 오후 5시부터 6시 30분까지.

1. 영웅 행진곡(Heroi cher Marsch) - 슈베르트(F. Schubert)

2. 서곡 발렌슈타인의 진영(Overture. Wallensteins Lager) - 커링 (S. Kerling)

3. 왈츠 남국의 장미(Walzer. Rosen aus dem Süden) - 슈트라우스(Z. Strauss)

4. 경기병輕騎兵의 기행騎行(Husarenritt) - 스핀들러(A. Spindler)

5. 로망스(Romanze) - 카를 바하(E. Bach)

6. 사자의 기상(Reveil du Lion) - 안톤 콘스키(A. Kontsky)

7. 콘서트 갈롭(Conzert Galopp) - 볼프 강(W. Gang)

8. 대한제국 애국가(Korea National Anthem)

융희 2년(1908년) 9월 9일 목요일 오후 5시부터 6시 30분까지.

1. 분열 행진곡(Defilir Marsch) - 칼 에케르트(Carl Eckert)

2. 서곡 스트라델라(Overture Stradella) - 플로토(F. v. Flotow)

3. 왈츠 유쾌한 미망인(Walzer Die lustige Witwe) - 프란츠 레하르(F. Lehar)

4. 환상곡 탄호이저(Fantaisie Tannhäuser) - 바그너(R. Wagner)

5. 간주곡 카발레리아 루스티카나(Intermezzo Cavalleria Rusticana)

- 마스카니(Masgagni)

6. 세레나데(Ständchen) - 슈베르트(F. Schubert)

7. 대한제국 애국가(Korea National Anthem)

융희 2년(1908년) 9월 16일(목) 오후 4시 30분에서 5시 사이 시작.

1. 헝가리 행진곡(Ungarischer Marsch) - 겅글(Gung'l)

2. 서곡 빌라르의 용기병(Overture. Les dragons de villars) - 메야르(Maillart)

3. 왈츠 암뵈르터제(Walzer Am Woerther See) - 코스체트(T. Koschat)

4. 환상곡 마르타(Fantaisie Martha) - 플로토(F. v. Flotow)

5. 아다지오 G장조 심포니(Adagio G dur Symphonie) - 하이든(J. Haydn)

6. 이탈리아 가보트(Italienische Gavotte) - 마티니(B. Martini)

7. 마주르카 차르를 위한 삶(Mazurka Das Leben für den Czar) - 글린카(Glinka)

8. 대한제국 애국가(Korea National Anthem)

융희 2년(1908년) 9월 23일 목요일 오후 4시 30분 시작.

1. 행진곡 프리드리히 대제(Kaiser Friedriech Marsch) - 프리드만(Friedmann)

2. 서곡 잠파(Overture. Zampa) - 에롤드(Herold)

3. 왈츠 청혼(Walzer. Die Werber) - 란너(Lanner)

4. 환상곡 트루바도르(Fantaisie. Troubador) - 베르디(Verdi)

5. 마주르카 한마음 한뜻(Mazurka. Ein Herz, ein Sinn) - 슈트라우스(Strauss)

6. 투우사와 안달루시아 가면무도회에(Toreador et Andolouse .sur Balcostume) - 루빈스타인(Rubinstein)

7. 가보트 생각나는군(Gavotte. J'y pense) - 아일렌베르크(Eilenberg)

8. 대한제국 애국가(Korea National Anthem)

융희 2년(1908년) 9월 30일 목요일 오후 4시 시작.

1. 행진곡 승리의 기치 아래(Marsch. Unter dem Siegesbanner) - 블론(F. Blon)

2. 서곡 윈저가의 유쾌한 아낙네들(Overture. Die lustigen Weiber v. Windsor) - 니콜라이(O. Nicolai)

3. 왈츠 아름답고 푸른 도나우(Walzer. An der schönen blauen Donau) - 슈트라우스(J. Strauss)

4. 결혼 행진곡(Brautchor. Lohengrin) - 바그너(R. Wagner)

5. 카드리유 거지학생(Quadrille. Bettelstudent) - 밀뢰커(C. Millocher)

6. 뮈제트 마리아 스튜어트 여왕(Musette der Königin Maria Stuart) - 몰리(C. Morley)

7. 접속곡(Lieder Potpourri) - 에커트(F. Eckert)

8. 대한제국 애국가(Korea National Anthem)

융희 2년(1908년) 10월 7일 목요일 오후 4시 시작.

1. 행진곡 늠름한 출정(Marsch. Frisch in 's Feld) - 슈트라우스 (J. Strauss)

2. 서곡 멜로드라마 젤바(Overture. Melodrama Jelva) - 고틀립 라이시가(G. Reissiger)

3. 왈츠 오스트리아 가곡(Walzer. Oestereichische Lieder) - 베르너(G. Werner)

4. 아리아 슬픔의 성모(Arie. Stabat Mater) - 로시니(G. Rossini)

5. 군대 팡파르(Fanfare Militaire) - 아셔(C. Ascher)

6. 폴카 하트의 여왕(Polka. Herz-Dame) - 안톤 파르바하(Anton Fahrbach)

7. 접속곡 오펜바히아나(Potpourri. Offenbachiana) - 콘라디(A. Conradi)

8. 대한제국 애국가(Korea National Anthem)

융희 2년(1908년) 10월 14일 목요일 오후 3시 30분 시작.

1. 행진곡 칼왕(Marsch König Carl) - 칼(M. Carl)

2. 서곡 세미라미스(Overture Semiramis) - 로시니(G. Rossini)

3. 왈츠 파란(Valse Bleu) - 마르지(C. Margis)

4. 환상곡 파우스트(Fantasie Faust) - 구노(C. Grounod)

5. 가보트 루이 13세(Gavotte. Louis XⅢ)

6. 가곡 바닷가에서(Lied Am Meer) - 슈베르트(F. Schubert)

7. 축혼 행진곡(Hochzeits marsch) - 멘델스존(B. Mendelssohn)

8. 대한제국 애국가(Korea National Anthem)

융희 2년(1908년) 10월 21일 목요일 오후 3시 30분 시작

1. 행진곡 워싱턴 포스트(Marsch Washington Post) - 수자(J. Sousa)

2. 서곡(Overture) - 오베르(E. Auber)

3. 왈츠 칼리오스트로(Walzer Cagliostro) - 슈트라우스(J. Strauss)

4. 환상곡 앙고 부인(Fantasie Madame Angot) - 루코크(Ch. Lecocg)

5. 사제의 전쟁 행진곡 아탈리아(Kriegsmarsch. der Priester Athalia) - 멘델스존(B. Mendelsohn)

6. 헝가리 무곡 6번(Ungarischer Tanz. No.6) - 브람스(J. Brahms)

7. 합창 구세주 할렐루야(Chor. Halelujah der Messias) - 헨델(F. Handel)

8. 대한제국 애국가(Korea National Anthem)

융희 2년(1908년) 10월 28일 목요일 오후 3시 30분 시작

1. 행진곡 핀란드 기병대(Marsch Der finlandischen Reiterei) - 1618-1648

2. 서곡 빌라르의 용기병(Overture Les dragons de villars) - 메야르(A. Maillart)

3. 왈츠 유쾌한 미망인(Walzer Die lustige Witwe) - 프란츠 레하르(F. Lehar)

4. 환상곡 박쥐(Fantasie Feldermause) - 슈트라우스(Z. Strauss)

5. 경기병의 기행騎行(Husarenritt) - 스핀들러(F. Spindler)

6. 야상곡 수도원의 종(Nocaurne Die Klosterglocken) - 웰리(L.

Wely)

7. 샴페인 갈롭(Champagner Galopp) - 럼비(A. Lumby)

8. 대한제국 애국가(Korea National Anthem)

융희 2년(1908년) 11월 5일 목요일 오후 3시 30분 시작

1. 행진곡 케른트너 민요(Marsch. Kärnthner Lieder) - 사이페르트(A. Seifert)

2. 서곡 잠파(Overture. Zampa) - 에롤드(Herold)

3. 왈츠 청혼(Walzer. Die Werber) - 란너(F. Lanner)

4. 발췌곡 영국 노래(Selection. British Songs) - 프란츠 에커트(F. Eckert)

5. 가보트 비밀사랑(Gavotte. Heimliche Liebe) - 레스크(C. Resck)

6. 환상곡 트루바도르(Fantasie. Troubador) - 베르디(G. Verdi)

7. 갈롭 들뜬 마음(Galopp. Leicht Blut) - 슈트라우스(J. Strauss)

8. 대한제국 애국가(Korea National Anthem)

융희 2년(1908년) 11월 11일 목요일 오후 3시 시작

1. 행진곡 라데츠키(Marsch. Radetzky) - 슈트라우스(J. Strauss)

2. 서곡 오를레앙의 처녀(Overture. Fungfrau v. Orleans) - 케셀즈(J. Kessels)

3. 왈츠 바다에 꿈을(Walzer. Träume auf dem Ocean) - 겅글(J. Gung'l)

4. 환상곡 마르타(Fantasie. Martha) - 플로토(F. Flotow)

5. 라 팔로마(La Paloma) - 즈라디에(A. Jradier)

6. 로망스(Romanze) - 바하(E. Bach)

7. 카드리유 거지학생(Quadrille. Bettelstudent) - 밀뢰커(C. Mil locker)

8. 대한제국 애국가(Korea National Anthem)[95]

※ 이왕직 양악대로서 1910년 10월 미국에서 귀국한 이승만 박사 환영 신춘음악회를 1911년 봄 기독교청년회관 강당에서 연다.
프로그램

제1부

1. 밴드 - 이왕직 악대

2. 풀룻 독주 - 정사인

3. 테너어독창 - 후커(Hooker, Capt. Jacob T. 영)

4. 피아노 독주 - 스나이더(Snyder, Lloyd. H. 申愛道)

5. 고음독창 - 임배세

6. 피아노 독주 - 허카트(미)

7. 밴드 - 이왕직 악대

---

95) 『The Seoul Press』(1906.12.5.~1937.5.30.) 한국학문헌연구소 아세아문화사 1988(국회도서관) 광무 11년(1907년) 5/18(토요일), 융희 2년(1908년) 9/3(금요일), 9, 16, 23, 30, 10/7, 14, 21, 28, 11/5, 11.

제2부 신파(新派)

1913년 8월 31일 탑동공원 연주곡목

1. 행진곡.

2. 서악 백석白石귀부인(La Dame Blanche) - 보아루잔(François Adrien Boieldieu) 작

3. 무곡 - 다루만 스도라우스(Johann Baptist Strauss) 작

4. 우에헤베두 가부키歌舞妓 가극 - 에루겟도 작

5. 즉위의 행진곡(Le prophète, Coronation March) - 마이에루베루(G. Meyerbeer) 작

6. 마리아녀女 5소쿄쿠箏曲 - 모리森 작

7. 군악 - 아쓰헤루 작

8. 일본속요俗謠 나카 시라호仲白帆 - 동인소人 작

9. 가로쓰푸 군인의 수하誰何 - 가우쓰 등

1915년 7월 8일 오후 8시 주악곡목은 다음과 같다.

1. 전쟝할발

2. 에치고지시越后獅子(월후ᄉᄌ)

3. 셰미우라미스 서곡(Overture Semiramis)

4. 츔곡됴

5. 극곡됴(극곡)

6. 바다 밧긔 흰 돗딕(沖中白帆 일본악곡)

7. 서곡 쏀루데지 방어리(La muette de Portici)

8. 셔반아西班牙 무도곡

9. 륙군암호

10. 기미가요君が代(일본국가)

1915년 7월 22일 「목요」 오후 여덟 시부터 열시ᄭ지 탑골공원 쥬악당에서 리왕직 양악ᄃᆡ가 쥬악

1. 행진곡 푸레더릭 대뎨大帝(Marsch. Kaiser Friedrich)

2. 나가우타長唄 거문머리黑髮(구로카미)

3. 서곡 긔려(奇麗 뛰어나게 아름다운)흔 카라데 녀신女神

4. 원무곡 왈테루(Werther) 강가

5. 극곡 박쥐(Fantasie Feldermause)

6. 하우타端唄 삼하곡三下曲(산사가쿄쿠)

7. 서곡 스테라테라 빗우俳優(Overture Stradella)

8. 가곡 카바레리아 루스테가나 즁막中幕(Intermezzo Cavalleria Rusticana)

9. 거화(矩火 횃불)무곡

10. 기미가요君が代 일본국가

금 이십구일 목요 오후 여덟 시부터 열시ᄭ지 탑골공원에서 리왕직 양악ᄃᆡ가 주악

1. 행진곡 화성돈華盛頓통신(Marsch Washington Post)

2. 하우타端唄 오키나카 시라호冲中白帆

3. 서곡 이공 급 쇄장泥工及鎖匠

4. 원무곡 가쳥佳靑흔 또나우 하반河畔(Walzer. An der schönen blauen Donau)

5. 까봇테곡 비밀의 애愛(Gavotte. Heimliche Liebe)

6. 나가우타長唄 에치고지시越後獅子

7. 서곡 소인騷人의 원족遠足

8. 가곡 전서구傳書鳩(No.14 Die Taubenpost, Schwanengesang D.957)

9. 용기병龍騎兵의 구보곡(Overture Les dragons de villars)

10. 기미가요君が代

1915년 8월 5일 탑골공원의 주악, 목요일 오후 8시부터

1. 행진곡 프레더릭 카알친왕(Marsch König Carl)

2. 하우타端唄 산사가쿄쿠三下曲

3. 서곡 올레아의 소녀(Overture. Fungfrau v. Orleans)

4. 원무곡 카루멘 낭자(Carmen)

5. 가데리례곡(Quadrille) 적서생賊書生

6. 소쿄쿠箏曲 로쿠단六段

7. 서곡 군기야공軍器冶工

8. 가곡 야간호외주곡夜間戶外奏曲(Serenade)

9. 창가행진곡 단호이셰루 배우(Tannhauser)

10. 기미가요君が代

1915년 8월 12일 탑골공원 주악, 목요일 오후 8시부터

1. 나폴네온 행진곡(Napoleon Marsch)

2. 하우타端唄 오츠에大津繪

3. 서곡 마귀의 형제(Fra Diavolo)

4. 원무곡 아我의 왕후

5 카테레리곡 아름다온 헤레나 낭자(Helena Quadrille)

6. 하우타端唄 하루사메春雨

7. 서곡 에라미덴 산신의 소종小鍾(Overture. Les dragons de villars)

8. 야간의 호외주곡戶外奏曲(Serenade)

9. 서반아 창가 행진곡(Spanischer Marsch)

10. 기미가요君が代

1915년 8월 19일 탑골공원 쥬악, 목요일 오후 8시부터

1. 행진곡 성기星旗(Stars And Stripes Forever)

2. 나가우타長唄 구로카미黑髮

3. 서곡 마리다나(Ouverture Maritana)

4. 무곡 천天의 색色

5. 카데리레(Quadrille)곡 환화幻畵

6. 기요모토淸元 우메니모 하루梅にを春(매에도 춘)

7. 극곡 호-스트(Faust)

8. 카붓테곡 루이스 13세(Gavotte Louis X Ⅲ)

9. 가로부(Gavotte)곡 삼편주三鞭酒(샴페인)

10. 기미가요君が代

1915년 8월 26일 곡조목록 목요일 오후 8시부터

1. 일본의 육군분렬행진곡

2. 하우타端唄 오키나카 시라호冲中白帆

3. 서곡 셰미라미스(Overture Semiramis)

4. 무곡 여汝는 단독인 자

5. 카데레리곡(Quadrille) 학생가

6. 하우타端唄 키이노쿠니紀伊之國

7. 서곡 야수사수野獸射手

8. 찬미곡 구세주 위리고 마리아

9. 가로부곡 경솔한 혈血

10. 기미가요君が代

1915년 9월 2일 목요 오후 8시부터 탑골공원에서 이왕직 양악대의 주악이 있더라.

1915년 9월 9일 탑골공원의 쥬악, 목요일 오후 8시부터

1. 일본 군칸軍艦 행진곡

2. 나가우타長唄 구로카미黑髮

3. 서곡 이에베도도노 왕

4. 무곡 게로후례부 夫와 게로후라부 婦

5. 사수의 까테리레곡(Quadrille)

6. 나가우타長唄 에치고지시越後獅子

7. 도루바도루 극곡(Fantaisie. Troubador)

8. 흉아리(匈牙利 헝가리) 무답곡舞踏曲 제6(Ungarischer Tanz. No.6)

9. 까로부곡(Gavotte) 요괴妖怪

10. 기미가요君が代

1916년 5월 31일 자 연주곡목(목요) 6월 1일 제1회 연주곡목

1. 행진곡 일본 육군분렬행진곡

2. 나가우타長唄 에치고지시越后獅子

3. 왈쓰곡 다니엘

4. 하우타端唄 하루사메春雨

- 30분간 휴식 -

5. 극곡 편복蝙蝠(Fantasie Feldermause)

6. 서곡 향연饗宴

7. 탄곡 전서구傳書鳩(Die Taubenpost)

8. 서곡 마리다나(Ouverture Maritana)

9. 카틔리레곡 고학생(Quadrille. Bettelstudent)

10. 폴카곡 소객騷客의 쾌활

11. 기미가요君が代

1916년 6월 8일 자 연주곡목(목요)

1. 행진곡 해엽懈葉과 검劍

2. 소쿄쿠箏曲 로쿠단六段

3. 왈츠곡 카루멘 낭자(Carmen)

4. 하우타端唄 산사가쿄쿠三下曲

- 30분간 휴식 -

5. 종합곡 오벤바히아나(Potpourri. Offenbachiana)

6. 서곡 유랑녀流浪女

7. 가곡 가바레리아 루스데카나 중막(Intermezzo Cavalleria Rusticana)

8. 서곡 훈이야듸라스졔로 대장

9. 카트리레곡 헤루미넨(Herminen Quadrille)

10. 마쓰루카곡 일심일졍一心一情(Mazurka. Ein Herz, ein Sinn)

11. 기미가요君が代

1916년 6월 16일 자 15일 탑골공원 주악곡목

1. 로서아露西亞 육군행진곡

2. 나가우타長唄 구로카미黑髮

3. 와루쓰곡 파도상波濤上에(Waltz Sobre Las Olas)

4. 극곡 안코 부인(Fantasie Madame Angot)

- 30분간 휴식 -

5. 서곡 셰미라미스(Overture Semiramis)

6. 탄곡 폴류트 급 와·드포 독주

7. 서곡 군기야공軍器冶工

8. 카퇴례곡(Quadrille) 환화幻畵

9. 하우타端唄 오키나카 시라호沖中白帆

10. 단호이셀 창가행진곡(Tannhäuser)

11. 기미가요君が代

1916년 6월 22일 자 탑골공원 주악곡목

1. 나폴네온 행진곡(Napoleon Marsch)

2. 하우타端唄 오츠에大津繪
3. 와루쓰곡 디로부레부 夫와 지로부라부 婦
4. 서곡 스테라테라 배우(Overture Stradella)

- 30분간 휴식 -

5. 극곡 마루다 낭자(Martha)
6. 카봇테곡 루이스 13세(Gavotte Louis XⅢ)
7. 서곡 야수사수野獸射手
8. 나가우타長唄 우메니모 하루梅にを春
9. 카틔리레곡 선연嬋娟흔 혜레네 낭자(Helena Quadrille)
10. 육군의 암호
11. 기미가요君が代

1916년 6월 29일 자 탑골공원 주악목록
1. 행진곡 화성돈華盛頓 통신(Marsch Washington Post)
2. 나가우타長唄 구로카미黑髮
3. 와루쓰곡 쏘나우하의 파랑波浪(Walzer Donauwellen)
4. 서곡 소객騷客의 원족遠足

- 30분간 휴식 -

5. 극곡 돌바도루 배우(Fantaisie. Troubador)
6. 거화무곡炬火舞曲
7. 악한의 괴수魁首 삼바
8. 하우타端唄 기이의 국紀伊之國

9. 사수의 카틔리레곡(Quadrille)

10. 서반아의 무답舞踏 행진곡

11. 기미가요君が代

1916년 7월 6일 자 탑골공원 주악목록

1. 행진곡 개선기의 하下에(Marsch. Unter dem Siegesbanner)

2. 하우타端唄 하루사메春雨

3. 와루쓰곡 아我 왕후

4. 서곡 마귀의 형제(Fra Diavolo)

- 30분간 휴식 -

5. 마리아스데아루트 왕후의 쟁곡

6. (누락)

7. 서곡 미려흔 가라데 여신

8. 카틔리레곡(Quadrille) 학생가

9. 하우타端唄 오키나카 시라호沖中白帆

10. 용기병龍騎兵의 구보곡(Overture. Les dragons de villars)

11. 기미가요君が代

1916년 7월 13일 자 탑골공원 주악곡목

1. 행진곡 프레더릭 제帝 (Kaiser Friedriech Marsch)

2. 소쿄쿠箏曲 로쿠단六段

3. 와루쓰곡 베테루(Werther) 하반河畔

4. 서곡 이베도도의 왕

5. 사자를 경오警悟식이는 신호

6. 서곡 신의 종

7. 소쿄쿠筝曲 만돌린곡

8. 카틔리레곡(Quadrille) 환화幻畫

9. 하우타端唄 오츠에大津繪

10. 카부로곡(Gavotte) 삼편주三鞭酒

1916년 7월 19일 자 20일 탑골공원 주악곡목

1. 행진곡 성기星旗(Stars And Stripes Forever)

2. 나가우타長唄 구로카미黑髮

3. 와루쓰곡 주酒와 색급가요色及歌謠

4. 서곡 이공泥工과 쇄장鎖匠

5. 단호이셀 배우(Tannhauser)

6. 하레루야곡(Chor. Halelujah der Messias)

7. 서곡 메로데라마 에루바(Overture. Melodrama Jelva)

8. 카퇴리례곡(Quadrille) 인데고 해적

9. 나가우타長唄 우메니모 하루梅にを春

10. 카로부곡(Gavotte) 경쾌흔 혈血

1916년 8월 2일 자 3일 탑골공원 쥬악곡목

1. 행진곡 전지戰地의 쾌활

2. 나가우타長唄 에치고지시越後獅子

3. 활계滑稽의 과부(Walzer Die lustige Witwe), 뷔에베두의 오베
라 종합곡

4. 서반아 소쿄쿠箏曲

5. 서곡 셰미라미쓰(Overture Semiramis)

6. 카테리레곡 고학생(Quadrille. Bettelstudent)

7. 하우타端唄 산사가쿄쿠三下曲

8. 가부로곡(Gavotte) 요괴

(8월 8일 에커트의 장례식 참석으로 10일 연주가 없는 것으로 보임)

1916년 8월 17일 자 탑골공원 주악곡목

1. 해군행진곡

2. 사담적史談的 단시곡短詩曲

3. 와루쓰곡 천天의 색色

4. 서곡 올레안의 소녀(Overture. Fungfrau v. Orleans)

5. 극곡 편복蝙蝠(Fantasie Feldermause)

6. 행진곡 대관례식(Le prophète, Coronation March)

7. 서곡 군기야공軍器冶工

8. 카틔리레곡 선연嬋娟흔 해레네 낭자(Helena Quadrille)

9. 하우타端唄 기이의 국紀伊之國

10. 군인의 곡 보루가

1916년 8월 25일 자 24일 탑골공원 쥬악곡목

1. 행진곡 카알 왕(Marsch König Carl)

2. 서곡 즈데라데라 배우(Overture Stradella)

3. 와루쓰곡 조양보朝陽報

4. 가곡 카바레리아 루즈데가ㄴ 중막(Intermezzo Cavalleria Rusticana)

5. 극곡 마루다 낭자(Martha)

6. 흉아리凶牙利 무곡 제5(Ungarischer Tanz. No.5)

7. 서곡 쏜루데지아의 아啞(La muette de Portici)

8. 카틔리레곡(Quadrille) 학생가

9. 하우타端唄 오츠에大津繪

10. 카로부곡(Gavotte) 이다 처녀

1916년 8월 31일 자 탑골공원 주악곡목

1. 행진곡 프레더륵 카알 친왕(Marsch König Carl)

2. 서곡 빈데쇼루의 활계세군滑稽細君들(Die lustigen Weiber v. Windsor)

3. 와루쓰곡 구애자求愛者

4. 탄곡歎曲 전서구傳書鳩(Die Taubenpost)

5. 오헨바기아나 종합곡(Potpourri. Offenbachiana)

6. 스단도헤인곡

7. 서곡 산신의 소종小鍾(Overture. Les dragons de villars)

8. 카틔리레곡(Quadrille) 환화幻畵

9. 하우타端唄 하루사메春雨

10. 서반아西班牙 행진곡(Spanischer Marsch)

1916년 10월 30일 오후 7시 반 종로 청년회관에서 계동공립학교

경비보조 자선음악회

1. 주악 이왕직 양악대

2. 독창 스미쓰목사 하듸(Hadie) 양 우드(Wood) 양 김인식외 제씨

3. 사현금 됴선호텔 음악주임 이와사키 사토루岩崎覺 군

4. 양적독주 양악대장 백우용 군

5. 피아노 독주 내외국 부인

6. 합창

7. 구악연주 정악전습소

1917년 7월 20일 탑동공원 음악개시 제하에 7월 20일부터 9월 말일까지 매주 목요일 오후 8시부터 11시까지 다른 해와 같이 음악당에서 이왕직 양악대의 연주가 있다고 하나 9월 20일 연주기록밖에 보이지 않는다.[96]

1917년 9월 20일(목) 군악대 야외주악 파고다공원 연주곡

1. Musian March - Carl

2. Japan Song Harusame(하루사메 春雨)

3. Kaiser Walzer(황제 왈츠) - Strauss

4. Ouverture Die Iustige Wieber Windsor(서곡 윈저가의 유쾌한 아낙네들) - Nicolar

5. Korean Song Pangaka(방아타령)

6. Fantasie Tanhauser(환상곡 탄호이저) - Wagner

---

96) 『매일신보』(1910. 8. 30- 1938. 4. 29) 경인문화사 1986. 1915년 7/8. 8/5. 8/12. 8/19. 8/26. 9/2. 9/9, 1916년 3/17. 5/31, 6/9. 6/16. 6/22. 6/29. 7/6. 7/13. 7/19. 8/2, 8/17. 8/25, 8/31, 1917년 7/20 탑동공원 음악개시.

7. Herminen Quadrille(헤르미넨 카드리유) - Ivanovici

8. Intermezzo Cavalleria Rusticana(카발레리아 루스티카나의 간주곡) - Masgagni

9. Ouverture Die Sanger-fahrt(가수의 여행) - Conradi

1918년 5월 17일 오후 1시부터 4시까지 창경원에서

1. 나푼레온 행진곡(Napoleon Marsch)

2. 소쿄쿠箏曲 쇼단少段

3. 서곡 개선凱旋 성聲

4, 원무곡 남방의 장미화(Walzer. Rosen aus dem Süden)

5. 극곡 데토-바트

6. 후아데리곡 가가한佳 헤레네 낭자(Helena Quadrille)

7. 가봇트곡 비밀의 애愛(Gavotte. Heimliche Liebe)

1918년 5월 26일 오후 1시부터 창경원 식물원 옆에서

1. 행진곡 가루 왕(Marsch König Carl)

2. 나가우타長唄 구로카미黑髮

3. 서곡 셰미라미쓰(Overture Semiramis)

4. 원무곡 가루멘(Carmen)

5. 극곡 편복蝙蝠(Fantasie Feldermause)

6. 마리놋트곡 아-드 여왕의 소쿄쿠箏曲

7. 과데리곡 헬멘 낭자(Quadrille Herminen)

1918년 6월 23일 창경원에서 취주한 곡목

1. 행진곡 후레데릿구 친왕(Kaiser Friedriech Marsch)
2. 나가우타長唄 구로카미黑髮
3. 서곡 야野의 수수獸狩
4. 와룻쓰곡 활발흔 과부(Walzer Die lustige Witwe), 극곡劇曲
   후오스트(Faust)
5. 가데곡 헤루미멘 양(Quadrille Herminen)
6. 지나支那의 가곡 따하오치오판大好就飯

※ 경성악대 1919년 11월 18일(화) 오후 7시 종로 청년회관에서 제1회 음악연주회를 개최하였다.

제1부

1. 행진곡 코코란 사관생도(The Corcoran Cadets) - 경성악대
2. 합창 백합화 핀 곳으로 오라 - 이화학당 6인
3. 사현금 헝가리 안무곡 - 홍영후
4. 독창 고진감래 - 빌링스(Billings, P. M.)부인
5. 서곡 마티나타(Mattinata) - 경성악대

제2부

1. 원무곡 오페라 카르멘(Carmen) 중 - 경성악대
2. 피아노 연탄連彈 쾌활한 동작 - 김영매 임배세
3. 하모니카 피아노 합주 - 한대위(韓大衛 David E. Hahn)
4. 독창 용감한 마음 - 스미스(Frank H. Smith)목사
5. 2절 무곡 포와(布哇 하와이) 미인 - 경성악대

1920년 4월 10일 오후 7시 30분부터 종로 청년회관에서 상동예배당의 엡윗청년회 주최로 경성고아구제 자선음악연주회가 열렸다.

1. 힝진곡 - 경성악듸
2. 사현금四弦琴 독주 - 리상준
3. 합챵 - 졍교찬양듸
4. 단셔 양금 합쥬 - 빅용진 됴동섭
5. 사현금 독쥬 - 어륵손(魚勒孫 Ericksson) 양[97]
6. 슈심가 - 김한영
7. 검은고 독쥬 - 고익상
8. 피아노 듸사현금(쳴로) 합쥬 - 구례구(具禮九 George A. Gregg)
9. 고아지애원孤兒之哀願 독챵 - 박틔원

1. 원무곡圓舞曲 - 경성악듸
2. 합창 - 리화학당 녀학싱
3. 피아노 독주 - 김활란
4. 사인합챵 - 박하두 박틔원 최동준 최용진
5. 독챵 - 아편셜나(Appenzeller) 양
6. 히금 단셔 양금 합주
7. 셔곡 - 경성악듸[98]

1920년 6월 9일(수요) 오후 8시 30분에서 11시 30분까지 종로 중앙기독교 청년회관에서 동아일보사 주최 경성악대원찬援贊음악

---

97) 1914년 스웨덴에서 2진으로 파송된 구세군 여선교 사관으로 경성 본영(本營)에 있었다.
98) 『매일신보』 1920년 4월 12일 4면 「종로 청년회관에 개최된 자선음악연주회, 불쌍한 고아를 위하여 엡윗청년회의 주최로」

대회

제1부

1. 경성악대 - 행진곡

2. 이상준李尙俊 - 수심가愁心歌, 얼나듸나- 놀령가

3. 신양무申陽武여사 - 피아노 독주

4. 김재호金載鎬 - 플룻 독주

6. 경성악대 - 서곡 윌리암 텔의 역사(Overture 'William Tell')

7. 최동준崔東俊 만돌린, 류심희柳潯熙 사현금(四弦琴 바이올린),
   김재호金載鎬 플류ㅅ - 관현악

8. 경성악대-방아타령

- 10분간 휴식 -

제2부

1. 경성악대 - 극곡劇曲 마루타의 계집애(Martha)

2. 그로부(Grove, Rev. P. L 고로부 高路芙) - 피아노 독주

3. 이와사키 사토루岩崎覺 - 사현금 독주

4. 경성악대 - 원무곡 또나우강의 물결(Donauwellen Walzer)

5. 김영희金英熙여사 - 도라오랴느냐 독창

6. 경성악대 - 행진곡

1920년 7월 16일 오후 7시 남산현교회당에서 평양청년회 주최
대음악회

　제1부

　　1. 경성악대 - 주악

　　2. 리겸냥李謙良, 한선부韓善富 - 병창

　　3. 계정식, 김영환 - 쌔이오린 독쥬

　　　　김영환 - 피아노 독주

　　4. 박성심朴誠心, 최신영崔信永 - 독창

　　5. 황복리黃福利 - 피아노 독쥬

　　6. 여자 4인, 남자 4인 - 합창

　　　　　　　- 10분간 휴식 -

　제2부

　　1. 경성악대 - 쏘나우하의 줄기(Donauwellen Walzer)

　　2. 평양장대현章臺峴찬양대 - 합창

　　　　남산현남여찬양대 - 합창

　　3. 길진쥬 송복신宋福信 - 피아노 병주

　　4. 김득수金得洙 - 피아노 독쥬

　　5. 문확실文確實, 송복신, 림쎅셰 싀벽노릭 - 독창

　　6. 경성악대 - 방아타령

1921년 3월 14일 오후 7시 반 단성사에서 어려움에 부닥친 경성
악대를 돕기 위한 연주회

　○경성악대 - 류량한 음악쇼리

○한성권번

김츈외츈金春外春　왕월츌王月出　홍쇼월洪素月　차금홍車錦紅　김
계홍金桂紅　한취홍韓翠紅　등 - 오양선五羊仙 춤

한취홍韓翠紅 - 승무僧舞

○대정권번

신채선申彩仙　김쇼희金素姬　현매홍玄梅紅　셔산호쥬徐珊瑚珠　등 -
봉래의鳳來儀

김반도츈金蟠桃春　승옥셤承玉蟾　권경란權瓊蘭　윤채운尹彩雲　이
옥랑李玉娘　등 - 팔금무八禁舞

김순홍金純紅　대동권번 대표로 감사인사

○대동권번

김계홍金桂紅　리진봉李眞鳳　김순홍金純紅　리금희李錦姬　셔명옥
徐明玉　배해즁월裴海中月　강비취康翡翠　김롱월金弄月　정금홍鄭
錦紅　등 - 셔도쇼래 좌창坐唱

○한남권번

리롱월李弄月　황국향黃菊香　양경월楊景月　강향선姜香仙　윤옥향
尹玉香　최향심崔香心　박옥화朴玉花　오류색吳柳色 - 가야금 병창

○경화권번

박채션朴彩仙 - 무산양武山羊 춤

김쇼담金昭淡　김란향金蘭香　김옥희金玉姬　김화홍金花紅　신섬홍
신섬紅　최금희崔錦姬　등 - 서도입창西道立唱

○경성악대 - 류량한 쥬악

○ '곡마단의 비밀' 활동사진 영사

1921년 3월 15일 오후 7시 반 단성사에서 경성악대를 돕기 위한
제2회연주회

○경성악대 - 류량한 주악

○한성권번

강련월姜蓮月 한취홍 전월향全月香 홍쇼월洪笑月 차금홍 김계홍
등 - 장생보연지무長生寶宴之舞

○대정권번

리쇼도李小桃 김도화金桃花 신채선 김금랑金錦娘 리단심李丹心
김롱옥金弄玉 오비연吳飛燕 권경란權瓊蘭 등 - 양복으로 남장한
서양식 가족원유家族園遊

○한성권번의 박접무撲蝶舞, 대정권번의 서양무도, 한성권번의
입창立唱, 대정권번의 서양무도, 한성권번 한취홍의 승무, 대정권
번의 셔양무, 한성권번의 좌창

1921년 3월 16일 오후 7시 반 단성사에서 경성악대를 돕기 위한
제3회연주회

○경성악대 - 주악

○한남권번

오벽쥬吳碧珠 오류색吳柳色 강선옥姜仙玉 양경월楊景月 윤옥향
尹玉香 송산월宋山月 안금향安錦香 등 - 박접무撲蝶舞

○경화권번 박채선朴彩仙 - 춘향무春香舞

○대동권번

리진봉李眞鳳 변단심邊丹心 원채옥元彩玉 한경심韓瓊心 손릉운
孫凌雲 김농쥬金弄珠 위채봉韋彩鳳 한농쥬韓弄珠 등 - 서도잡가

립창立唱

○한남권번

오류색吳柳色 강선옥姜仙玉 정향옥鄭香玉 백쵸월白初月 윤옥향
尹玉香 안금향安錦香 - 가야금 병창

○대동권번 - 셔도 좌창

○한남권번

김해선金海仙 오류색 백초월白初月 강선옥姜仙玉 양경월 윤옥향
안금향 등 - 남도립창南道立唱

김연화金蓮花 - 장고와 창

○대동권번

방벽도方碧桃 김죽엽金竹葉 노산월盧山月 김백오金百五 등

동기童妓 - 금무劍舞와 좌창

1921년 3월 17일 우미관에서 조선일보 후원 독자위안과 경성 고
학생 갈돕회 돕기 남선명기연주회

○군창예기조합 김록쥬金綠珠 리화즁션李花中仙, 대구예기조합
김쇼옥金小玉 리산옥李山玉 리미화李美花 백금옥白錦玉 우달경
禹達卿 등 - 단가短歌, 육자백이, 가야금 병창, 남도창

김득쥬 - 장고

화즁션, 록쥬 - 성쥬푸리

김정문金正文 - 창

리도령李道令 역 김쇼옥, 방자房子 역 화즁션 - 춘향春香 노름

○대정권번

리쇼도李小桃 리단심李丹心 김롱옥金弄玉 김도화金桃花 신채선

申彩仙 김옥엽金玉葉 오비연吳飛燕 송채봉宋彩鳳 셔산호쥬徐珊
瑚珠 현매홍玄梅紅 최홍련崔紅蓮 김쇼희金素姬 윤채운尹彩雲 김
옥랑金玉娘 김반도춘金蟠桃春 승옥섬承玉蟾 - 사고무四鼓舞
○대구기생 - 승무
○대정기생 - 삼절무三絶舞 흥무興舞 오인도五人蹈 가족려행원유
家族旅行園遊
○대정권번 오비연 리단심 김롱옥 등 - 남장을 한 가족원유
○경성악대 – 쥬악

1921년 5월 5일 오후 8시 평양 남산현예배당 평양음악대연주회
1. 경성악대 - 양악
2. 남산현찬양대 - 사부홉챵
3. 박홍규 - 할모니
4. 위혜진韋惠珍 - 셀녀(쳌로) 독쥬
5. 박셩심 - 독챵
6. 경성악대 - 양악
7. 김영환 - 쌔요링 독쥬
8. 감리교찬양대 - 사부합챵
9. 백우용 최동쥰 - 플늣 병쥬
10. 김영환 - 피아노 독쥬

1921년 7월 1일 오후 8시 반 개성 남부예배당 여자야학회설립
목적으로 개성음악회
1. 행진곡, 기타 무도곡, 조선속가 - 경성악대

2. 플릇 - 최동준 정사인

3. 성악 - 김형준

4. 풍금 독주 - 김영환

5. 민도린, 쌔요링 - 김니골라이

6. 최신식 조선악 - 경성악대[99]

1921년 12월 16일 오후 7시 반부터 장곡천長谷川공회당에서 스미스(Frank H. Smith) 박사 마쓰나가 다케요시松永武吉 외사과장 주최로 미국, 불국佛國, 일본, 조선 4개국 음악인이 참가하는 음악회 곡목

제1부

1. 행진곡 - 경성악대

2. 더음독창 - 스밋스(Frank H. Smith)

3. 피아노 련탄 - 부릭상(富來祥 Plaisant) 부인, 쇠만(Kathleen Gorman) 부인

4. 사현금 독주 - 쌕쓰(Florence S. Boots) 부인

5. 피아노 독주 - 쇠만(Kathleen Gorman) 부인

6. 서곡 - 경성악대

제2부

7. 거화炬火무곡 - 경성악대

8. 사현금 독주 - 오바 유노스케大場勇之助

---

99) 『매일신보』 1921년 7월 7일 면 「개성음악회」

9. 저음독창 - 스밋스(Frank H. Smith)

10. 현악합주 - 유지자 일동有志者 一同

11. 고음독창 - 부릭샹(富來祥 Plaisant)부인

12. 행진곡 - 경성악대

1922년 2월 4일 저녁 7시 반부터 중앙기독청년회 소년부 주최로
신춘음악대회

1. 경성악대 - 주악

2. 라덩옥羅貞玉 - 피아노 독주

3. 한진구韓鎭九 됴창식趙昌植 - 생황 단소 합주

4. 최동준 - 민돌린 독쥬

5. 구레구(George A. Gregg 具禮九) - 설노 독쥬

6. 림빅셰 - 써레네데 쌔된 독창

7. 스미스 박사 지휘 - 할닐누야 대합창

8. 김영환 - 피아노 독주

9. 이화학당 학생 - 4인합창

10. 쌋쓰(Florence S. Boots)부인 - 독창 및 사현금 독주

11. 김인식 - 월月게 노릭

12. 소년부 관현악단 - 관현악 합주

1922년 3월 27일 오후 8시 종로 기독청년회관에서 중앙유치원
베스트대회

제1부

1. 경성악대 주악

2. 어화 벗 츔츄즈 무도

3. 산수구경 합창

4. 거북과 톡기 연극

5. 월계츔

제2부

1. 부모은덕가

2. 꿈 갓흔 셰샹츔

3. 사인교담四人交談

1923년 2월 3일 오후 7시부터 종로 중앙기독교청년회 소년부에
서 열린 신춘음악대회

1. 경성악대 - 쥬악

2. 김영환金永煥 - 피아노 독쥬

3. 정만긔鄭萬基 - 단쇼短簫 독주

4. 비화녀학싱培花女學生 - 흡창

5. 홍란파洪蘭坡 - 바이올린 독주

6. 김익스터 양 - 독창

7. 김인식金仁湜 - 독창[100]

100) 『매일신보』 1923년 2월 1일 3면 「신춘음악대회」

1923년 10월 13일 오후 8시부터 종로 중앙기독청년회에서 추기 음악대회를 개최한다.

제1부

1. 파우스트(Faust) - 경성악대
2. 피아노 독탄 판타이시 - 리(Lee, Ruby K.) 양
3. 2인 합창 주 함씌 게심 - 쌜마터(Jean Delmarter) 신의경
4. 1) 아리아 힌델(Aria/Handel), 쎌노(Cello 첼로) 독탄
   2) 노터노 멘델쏠름(Nocturne/Mendelssohn) - 구례구(具禮九 그레그 George A. Gregg)
5. 독창 애란愛蘭의 연가 - 허에스터 부인
6. 바이올린 독주 춘희椿姬(La Traviata) - 이보민李輔敏
7. 조선가 독창 - 김한영金漢泳
8. 합창 인니 라우리(Annie Laurie) - 이화여학생

제2부

1. 독주 카글리오스투로(Cagliostro) - 경성악대
2. 피아노 독탄(미정) - 김영환
3. 독창 불꽃치 타지안느다 - 윤심덕 양
4. 바이올린 독주 콜 니두라이(Kol Nidrei 신의 날) - 홍난파
5. 독창 제화製靴자의 가歌 - 콕(Mabel A. Cocke) 양
6. 2인 합창 아등我等의 산으로 - 윤심덕 윤기성
7. 합창 한강가漢江歌 - 정신여학생
8. 주악 니벨룽거(Das Nibelungenlied) - 경성악대

1924년 2월 8일 오후 7시 반부터 종로 중앙기독교청년회 소년부
에서 열린 신춘음악대회

제1부

1. 취주악 스타리 엠블렘(Starry Emblem) - 경성악대
2. 피아노 독탄獨彈 찬손루스 씨드네이 작 - 콜넘보스키아 부인
3. 독창 - 윤심덕 양

    (가) 성 루시아(Santa Lucia) 나폴니 민요(Napoli Song)

    (나) 너와 나 스라아벨 작

4. 하모니카 독주 - 정성채鄭聖采

    쏘나월렌(Donauwellen) 이바노비치(I. Ivanovich) 작

5. 피아노 병탄拜彈 - 윤심덕 양, 윤기성

    휴모레스크(Humoresque) 쓰썬싹(Dvořák) 작

6. 여성합창 수부水夫의 합창 - 배화培花합창대

    (Der fliegende Holländer 'Steuermann, lass die Wacht')

7. 바이올린 독주 - 쌕스(Boots) 부인

    카바티나(Cavatina) 랍프(Raff) 작

8. 조선 가곡 - 김한영金漢泳

제2부

1. 취주악 영국가곡 중 - 경성악대
2. 현악합주 컬럼비아 행진곡 - 연악회원研樂會員
3. 피아노 독탄(미정) - 합컥 부인
4. 독창 - 윤심덕

    신부의 가歌(Mad Scence From Lucia) 쏘니제티(G. Donizetti)

작

5. 바이올린 독주 - 홍난파

집시 무곡(Gipsy Dance) 위어(Wier, Albert Ernest) 작

6. 피아노 독탄 추로이카 드라이브(The Seasons Op.37a Novem
ber: Troika Drive) 차이코우스키(Tchaikovsky) 작 - 김영환

7. 2인 합창(미정) - 윤심덕, 윤기성

8. 단소 독주(미정) - 정만기

9. 주악(미정) - 경성악대

1924년 5월 17, 18일 노량진 은로恩露학교 주최 연악회 및 조선
일보 후원 교외음악대회

1부

1. 취주악(미정) - 경성악대

2. 피아노 독탄 산상의 광光 오메스텐 작 - 김영환

3. 보음독창 프라 데아올로(Fra Diavolo) 아우베르(D. Auber) 작 -
윤기성

4. 바이올린 독주 신神의 일日(Kol Nidrei) 쌕르흐(M. Bruch) 작 -
홍난파

5. 양금 단소 합주 염불 급 타령 - 정만기 홍재유

6. 취주악 - 경성악대

- 휴 식 -

2부

1. 현악합주 - 연악회원

가극 푸라이슛스(Freischütze 마탄의 사수) 발췌 웹버(Carl Maria von Weber) 작

2. 고음독창 - 윤심덕

루치아(Lucia) 중의 영탄조詠歎調 쏘니제티(G. Donizetti) 작

3. 바이올린 독주 - 홍난파

집시 무곡(Gipsy Dance) 위어(Wier, Albert Ernest) 작

4. 2인합창 - 윤심덕, 윤기성

가극 카르멘(Carmen) 중의 1절 쎄제(G. Bizet) 작

5. 피아노 독탄 마쯔르카(Mazurka) 무곡 칼쏨(Carl Bohm) 작 - 김영환

6. 취주악(미정) - 경성악대[101]

1924년 6월 20일 장소 중앙청년회관 연악회 주최 서울구락부 후원 연주회 곡목

1. 취주악 - 경성악대

서곡 니공泥工과 쇄공鎖工 아우베르(D. Auber) 작

2. 양금 단소합주 타령 - 홍재유, 김상준

3. 피아노 독탄 솔ヽ부는 봄바람 ○○ 작 - 김원복

4. 보음독창(미정) - 반복기(潘福奇 J. D. VanBurskirk)

5. 취주악 - 경성악대

환상곡 안코토 부인(Fantasie Madame Angot) 레콕(Ch. Lecocg) 작

번외 가야금병창 조선 단가 - 심정순沈正淳

---

101) 『음악계』 제1호 다키모도 카쿠죠(瀧本覺造) 연악회 1925. 4 「1924년도 음악계 총결산」 p

- 15분 휴식 -

1. 현악합주 – 연악회원

   가극 파우스트(Faust) 발췌 구노(C. Gounod) 작

2. 고음 독창(미정) - 아펜셀라(Appenzeller)

3. 쌘죠(Banjo) 독주(미정) - 커(William Charles Kerr)

4. 피아노 독탄 – 김앨리스

   음영의 무도(Shadow Dance) 멕쬬웰(E. MacDowell) 작

5. 여성 3중창 인도하심 쌕렉켓 작 - 이화학당

6. 바이올린 독주 – 홍난파

   D장조 싸보데(Gavotte in D major) 환곡幻曲 폽퍼(David Popper) 작

7. 취주악 – 경성악대

   화성돈 우편행진곡(Washington Post) 쏘사(J. P. Sousa) 작

1924년 8월 15일(금), 22일(금) 파고다공원과 8월 18일(월), 25일(월) 9월 2일(화) 남산공원에서 8시부터 10시까지 시민납량연주회 연주곡목

금요일

1. 호기虎騎행진곡 토마쓰 작

2. 가데릴 카를 작

3. 마리타나 낭娘(Ouverture Maritana) - 왈나쓰(William V. Wallace) 작

4. 오키나카 시라호沖中白帆

5. 외더 하반河畔 - 토마쓰(Thomas) 작

6. 파우쓰트(Faust) - 고노(C. Gounod) 작

7. 셰미라니쓰(Overture Semiramis) - 로신(G. A. Rossini) 작

8. 호노루루(Honolulu) 풍경 등

월요일

1. 쌍취기雙鷲旗(Unter dem Doppel-Adler) - 왁네(W. R. Wagner) 작

2. 이공 급 쇄토공泥工及鎖土工 - 아우베(D. Auber) 작

3. 에치고지시越後獅子, 인화刃畵 - 스테라우쓰(Z. Strauss) 작

4. 안코트 부인(Fantasie Madame Angot) - 레콕크(Ch. Lecocg) 작

5. 외더 하반河畔 - 토마쓰(Thomas) 작

6. 마리타나 낭娘(Maritana) - 왈나쓰(W. V. Wallace) 작

7. 군칸 마취軍艦マーチ[102]

1924년 10월 11일 오후 8시 종로 중앙기독교청년회 종교부에서 추계음악회를 개최한다.

음악순서

1. 취주악 서곡 세미라미스 왕후(Overture Semiramis) - 경성악대

2. 피아노 독주 노적(露滴 이슬방울) - 이복선李福善

3. 독창 – 윤심덕

   가극 아이다(Aida) 중에서 ○곡, 그리운 고향

4. 바이올린 독주 D장조 싸보데 – 홍난파

---

102) 『매일신보』 1924년 8월 11일 「京城樂隊의 시내 납량연주회, 금요일은 탑동공원에서, 월요일은 남산공원에서」

(Gavotte in D major)

5. 독창 표랑자(漂浪者 방랑자) - 김형준

   (Fantasy in C major, "Wander") 슈베르트(Franz Schubert) 작

6. 합창 쾌활한 파도 - 이화학당

7. 취주악 원무곡 우리의 왕후 – 경성악대

- 휴 식 -

1. 취주악 행진곡 와싱톤 통신 – 경성악대

   (Marsch Washington Post)

2. 피아노 독탄 월광 – 김원복

   (Piano Sonata No.14 in c♯minor "Moonlight" Op.27-2)

3. 독창 벗아 우슴을 찌우라 - 윤심덕

4. 코넷(Cornet) 독주(미정) - 조창항趙昌恒

5. 독창 - 노정일盧正一

1) 여름아 너는 가느냐(Luna d'estate) 토스티(Francesco Paolo Tosti) 작

2) 물거품

6. 바이올린 독주 유랑의 곡 – 홍난파

   (Zigeunerweisen) 사라사테(Pablo de Sarasate) 작

7. 2인 합창 가극 호프만의 선가(船歌 뱃노래) - 윤심덕, 윤기성103)

   (Barcarolle in "Les Contes d`Hoffmann")

---

103) 『음악계』 제1호 다키모도 카쿠죠(瀧本覺造) 연악회 1925. 4 「1924년도 음악계 총결산」 p32; 『매일신보』 1924년 10월 11일 3면 「일류 명가의 대음악회」

1925년 10월 12일 오후 7시 반 종로 중앙기독교청년회관에서 추기음악대회를 개최

제1부

1. 관현합주 - 경성악대 및 연악회원 중

2. 피아노 독주 - 김원복

3. 보음保音독창 - 안기영

4. 만돌린 2중주 – 최동준, 워슨(Wasson, Alfred Washington)

5. 바이올린 독주 - 김종완金鍾完

6. 심음深音독창 - 스투데니(Joseph B. Studený)

제2부

1. 피아노 3중주 - 김원복 홍난파 백명곤

2. 바이올린 독주 - 훗스(Joseph F. Huss)

3. 첼로 독주 - 백명곤

4. 심음독창 - 안대선(安大善 Anderson, Wallace Jay)

5. 바이올린 독주 - 홍난파

6. 피아노 독주 - 김영환

7. 혼성 4중창 - 정동남여합창대

1926년 8월 13일 탑동공원 부민위안납량음악회 연주곡목

1. 마지 쌍취가雙鷲歌(Unter dem doppel-adler)

2. 서악 올레안스노 소녀(序樂オルレアンの少女 Overture. Fungfrau v. Orleans)

3. 와쿄쿠 구로카미和曲 黑髮

4. 왈쓰 아我의 왕후

5. 환상악 마루다(Martha)

6. 와쿄쿠 산사가쿄쿠和曲 三下曲

7. 카테리곡(Quadrille) 학생가

8. 마지 벤실파니아 대학생[104]

8월 14일 오후 8시 남산음악당(부민위안음악)

1. 행진곡 스미아로다 장군マーチ スミアルツタ將軍

2. 서악 세여라미스(Overture Semiramis)序樂 セミラミス

3. 와쿄쿠 오키나카 시라호和曲 沖中白帆

4. 왈츠 주와 가ワルツ 酒及歌

5. 환상곡 파우스트幻想曲 ホウスト

6. 와쿄쿠 에치고지시和曲 越後獅子

7. 가보트 비밀연애ガボット 舞 秘密戀愛

8. 행진곡 돌격マーチ曲 突擊曲[105]

8월 16일 우천연기 장충단

1. 마치 유야(Wien)의 영구マーチ 維耶(納)の永久

2. 서곡 후라 데야부로(Fra Diavolo)序曲 フラ・デアボロ

3. 와쿄쿠 로쿠단和曲 六段

4. 원무곡 파상圓舞曲 波の上

5. 영국속요 종합곡英國の俗謠 綜合曲

---

104) 『매일신보』 1926년 8월 14일 3면 「부민위안음악 제1일 곡목」

105) 『조선신문』1926년 8월 15일 2면 「부민위안음악」; 『조선일보』 1926년 8월 15일 2면 「납량음
  악회 14일 남산공원」

6. 와쿄쿠 매에도 봄和曲 梅にを春

7. 극가 가바제에아 루스데카나(Cavalleria Rusticana)歌劇 カレリ
ア ルステカナ

8. 군칸 마치軍艦 マーチ106)

8월 17일 부청府廳 앞에

1. 마취 쌍취マーチ 雙鷲

2. 극곡 마루다劇曲 マルタ

3. 왈스 타인 아론ワルツ曲 タインアローン

4. 중국곡 타이후추안支那曲 太湖船

5. 와쿄쿠 오키나카 시라호和曲 沖中白帆

6. 서곡 오루레안스序曲 オルレアンス少女

7. 카테리곡 학교가カテリ曲 學校歌

8. 마취 킨가루マーチ曲 キンカル107)

8월 20일 밤 경성역전 앞, 21일 동보교洞普校

1. 마취 펜실빤아 대학생가マーチ曲 ペンシルバニア大學生歌

2. 서악 세미라미스序樂セミラシス

3. 와쿄쿠 로쿠단和曲 六段

4. 왈스 창천ワルツ 蒼天

5. 중국곡 타이후추안支那曲 太湖船

---

106) 『조선신문』 1926년 8월 17일 2면 「부민위안음악 16일 곡목」; 『조선일보』 1926년 8월 17일
2면 「납량음악회 16일 장춘단」

107) 『조선신문』 1926년 8월 18일 2면 「부민위안음악 17일 저녁 부청 앞에(夕府廳前に)」; 『매일
신보』1926년 8월 18일 3면 「위안음악회 17일 석은 부청전」; 『조선일보』 1926년 8월 2
면 「납량음악회 17일 부청전」

6. 가보트 루이 13세ガボツテ曲 ルイスナ十三世

7. 하우타 하루사메端唄 春雨

8. 마취 승전マーチ 勝戰[108]

8월 24일 오후 8시 장충단(부민납량음악)

1. 행진곡 푸리쯔릭크 친왕 행진곡行進曲 フリドリック親王

2. 와쿄쿠 캄포례和曲 カツポレ

3. 원무곡 쌀테(Werther) 하반圓舞曲 ボルテー河畔

4. 서곡 군기야공序曲 軍器冶工

5. 소쿄쿠 로쿠단箏曲 六段

6. 카쌋테 루이스 13세カボツテ曲 ルイツ十三世

7. 싸쎅곡 헬민 양カデリ曲 ヘルミン嬢

8. 마취 골고란 해군학생マーチ曲 コルコラン海軍學生[109]

8월 25일 塔洞公園 부민위안납량음악대회

一. 고르고란 海軍學生 마―취(The Corcoran Cadets)

一. 劇曲 쏜우스트(Faust)

一. 圓舞曲 海浪

一. 카쌋테曲 루이스十三世(Gavotte. Louis XⅢ)

一. 短唄 春雨(하우타 하루사메)

一. 中國曲 太湖船(중국곡 타이후추안)

---

108) 『조선신문』 1926년 8월 21일 2면 「납량음악대회」; 『조선일보』 1926년 8월 21일 2면 「납량음악회」

109) 『조선신문』 1926년 8월 24일 2면 「부민납량음악」; 『조선일보』 1926년 8월 24일 2면 「납량음악회 24일 장춘단」

一. 綜合曲 梁山道見杵打令(종합곡 양산도 저타령)

一. 쌘르노 도우스텀푸110)

8월 26일 남산공원

1. 행진곡 펜실베니아 대학생マーチ曲 ペンシルバニヤ大學

2. 소쿄쿠 로쿠단箏曲 六段

3. 서악 오를레앙의 처녀序樂 オルレアンス少婦

4. 와쿄쿠 캇포레和曲 カツポレ

5. 왈츠 봄 파도 위ワルツ 春波の上

6. 와쿄쿠 에치고지시和曲 越後獅子

7. 가보트 루이 13세カボツテ ルイス十三世

8. 군칸 마치軍艦 マーチ

8월 28일 밤 광화문(부민위안악회)

1. 마지곡 스미마루ㅅ자 장군マーチ曲 スミマルツチヤ將軍

2. 원무곡 다이 데로-ㄴ圓舞曲 タイクローン

3. 서악 잠바序樂 ザムバ

4. 와쿄쿠 구로카미長唄 黑髮

5. 가데리곡 학생가カテリ曲 學生歌

6. 조선속요朝鮮俗謠

7. 가보즈데 비밀연애ガボット曲 秘密戀愛

8. 마지 유야납(Wien)의 영구マーチ 維耶納の永久111)

---

110) 『조선일보』 1926년 8월 26일 「납량음악대회」

111) 『조선신문』 1926년 8월 29일 2면 「부민위안악회」; 『조선일보』 1926년 8월 29일 2면 「납량
음악대회」

8월 29일 밤 부청 앞 광장

1. 마지 성기マーチ曲 星旗

2. 서악 토공 급 철공序樂 土工及鐵工

3. 와루즈곡 칼멘ワルツ曲 カルメン

4. 소쿄쿠 로쿠단箏曲 六段

5. 가보트 루이즈 황후カボツテ曲 ルイツ皇后

6. 와쿄쿠 오키나카 시라호和曲 沖中白帆

7. 서곡 세미라미스序曲 セミラミス

8. 행진곡 코코란 사관생도(The Corcoran Cadets)マーチ コルコ
   ク大學生

9월 1일 밤 용산 삼각지

1. 행진곡 펜실베니아 대학생マーチ曲 ペンシルバニア大學

2. 소쿄쿠 로쿠단箏曲 六段

3. 양악 오를레앙의 처녀洋樂 オルレアンス少女

4. 와쿄쿠 캇포레和曲 カツポレ

5. 왈츠 봄 파도 위ワルツ 春波の上

6. 와쿄쿠 에치고지시和曲 越後獅子

7. 가보트 루이 13세カボツテ曲 ルイス十三世

8. 군칸 마치軍艦 マーチ112)

9월 3일 마포공립학교 교정

1. 군칸 마치軍艦 マーチ

---

112) 『조선신문』 1926년 9월 2일 2면 「부민위안음악」

2. 종합곡 영국 국민가綜合曲 英國々民歌

3. 와쿄쿠 오키나카 시라호和曲 沖中白帆

4. 가보트 루이즈 황후カボツテ曲 ルリス皇后

5. 중국곡 타이후추안中國曲 太湖船

6. 와쿄쿠 하루사메和曲 春雨

7. 조선곡 저타령朝鮮曲 杵打令

8. 서반아 무답 행진곡西班牙 舞踏 マーチ113)

9월 4일 파고다공원

1. 행진곡 성기マーチ 星旗

2. 서곡 군기야공序曲 軍器冶工

3. 왈츠 파도를 넘어圓舞曲 波の上

4. 극곡 마르다劇曲 マルタ

5. 가보트 비밀연애ガボット曲 秘密+戀愛

6. 서곡 세미라미스序曲 セミラミス

7. 폴카 가인의 취미ポルカ 歌人の趣味

8. 서반아인의 유희西班牙人 遊戲曲

9월 5일 남산공원

1. 토르가라 행진곡トルガラ マーチ

2. 나가우타 구로카미長唄 黑髪

3. 왈츠 푸른 하늘ワルツ 蒼天

4. 하우타 산사가쿄쿠端唄 三下曲

---

113) op. cit. 1926년 9월 3일 2면 「납량음악회」2일은 비가와 순연됨(二日は降雨につき順延)

5. 서반아인의 유희西班牙人の遊戯曲

6. 소쿄쿠 로쿠단筝曲 六段

7. 보츠스토ボツスト

8. 폴카곡 ポルカ曲[114]

9월 6일 밤 사직단공원

1. 행진곡 칼베르트 세자マーチ曲 カルベルト世子

2. 와쿄쿠 캇포레和曲 カツポレ

3. 왈츠 구애의 혼圓舞曲 求愛の魂

4. 서곡 슈트라우스序曲 ステラウス

5. 와쿄쿠 에치고지시和曲 越後獅子

6. 극곡 앙고 부인劇曲 マンゴット夫人

7. 폴카곡 밴의 냄새ポルカ曲 バンノ臭

8. 토우스테츠부곡 호놀루루 풍경トウステツブ曲 ホノル´ 風景[115]

9월 7일 밤 장충단

1. 행진곡 프레더릭 대제マーチ曲 フリトリック王

2. 극곡 탄호이저劇曲 タンホイセー

3. 왈츠 칼리오스트로의 마술사圓舞曲 カグリオの手品師

4. 하우타 오츠에端唄 大津繪

5. 서곡 이공 급 철공序曲 泥工及ぴ鐵工

---

114) op. cit. 1926년 9월 5일 2면 「부민위안음악, 4일 어파고다공원(於パコタ公園)」

115) op. cit. 1926년 9월 7일 2면 「부민위안음악」

6. 하우타 하루사메端唄 春雨

7. 가보트 시유베시야カボツテ曲 シユベシヤ

8. 행진곡 육군분열식マーチ曲 陸軍分列式[116)

9월 8일 파고다공원

1. 행진곡 칼베르트 친왕行進曲 カルベルト親王

2. 서곡 오를레앙의 처녀序曲 オルレアニス少女

3. 왈츠 도나우강의 잔물결ワルツ曲 ドナーヴ河の波

4. 종합곡 영국 국민가綜合曲 英國々民歌

5. 카발레리아 루스티카나カバレリア ルステルナ

6. 나가우타 에치고지시長唄 越后獅子

7. 조선곡 타령朝鮮曲 打鈴

8. 행진곡 군기의 비번マーチ曲 軍旗の飛翻[117)

9월 10일 밤 부청전 광장

1. 행진곡 펜실베니아 대학생行進曲 ペンシルバニオ大學生

2. 소쿄쿠 로쿠단箏曲 六段

3. 속곡 영국의 국민가ポツポリ曲 英國の國民歌

4. 하우타 유메바사이타야短唄 ユメバサイタヤ

5. 왈츠 도나우강의 잔물결ワルツ曲 ドナヴ河の波

6. 나가우타 에치고지시長唄 越后獅子

7. 서곡 군기야공序曲 軍器冶工

---

116) op. cit. 1926년 9월 8일 2면 「부민위안음악, 7일 야어장충단(夜於獎忠壇)」

117) op. cit. 1926년 9월 9일 2면 「부민위안음악」

8. 무곡 서반아인의 유희舞曲 西班牙人の遊戲[118]

9월 11일 塔洞公園 慰安音樂會

一. 코코란 海軍學生 行進曲

二. 序曲 세미라미스

三. 왈쓰曲 따○江

四. 短唄 春雨

五. 劇曲 호ー스트

六. 中國曲 太湖船

七. 選曲 靈山會像曲의 打鈴

八. 스미말자將軍 行進曲[119]

11월 20일 종로 청년회관에서 철원군 동송면 사립동광학원 주최
자선음악대회

第一部

開會 토루카우 勝戰曲 - 京城樂隊

피아노 獨奏 銀星 칼봄作 - 朴慶浩

泥工及鎖匠 - 京城樂隊

바이올링 獨奏 - 洪松軒

바이올링 合奏 - 洪松軒 朴慶浩

도나우河의 波浪 - 崔虎永 京城樂隊

118) op. cit. 1926년 9월 11일 2면 「부민위안음악, 10일야 부청전 광장」
119) 『조선일보』 1926년 9월 12일 2면 「위안음악회 11일 탑동공원」

- 休憩 -

第二部

劇曲 마르타 孃 - 京城樂隊

만도링 合奏 - 洪松軒 崔竹南

獨唱 파우스트의 세레다 꾸노作 - 李寅善

카부트曲 두아스十三世 - 京城樂隊

바이올 合奏 - 朴慶浩 洪松軒

풀카曲 - 崔虎永

歌客의 興味 - 京城樂隊

방아타령 朝鮮曲 - 京城樂隊[120]

1927년 3월 21일 7시 반부터 3일간 대구 경정(京町)의 만경관에
서 특별대음악회 곡목

1. 나폴레옹 행진곡 파를로목 작

2. 서곡 세미라미스 왕후(Overture Semiramis) 롯신(G. A.
   Rossini) 작

3. 고대무古代舞 가보트곡 루이스 13세(Gavotte. Louis ⅩⅢ) 작곡
   자 실명

3월 22일

1. 용왕행진곡 왝너(W. R. Wagner) 작

2. 서곡 이공泥工 급 철공 아우버(D. Auber) 작

3. 원무곡 도나우하의 파波(Donauwellen Walzer) 이바노부이치

---

120) op. cit. 1926년 11월 18일 2면 「연기된 자선음악회 내 이십일에 개최」

(I. Ivanovich) 작

3월 23일

1. 행진곡 성기星旗(Stars And Stripes Forever) 소우사(J. P. Sousa) 작

2. 극곡 ㅤ우트(Faust) 고우노드(C. Gounod) 작

3. 서반아인의 영가詠歌 무도곡 소우페(Franz von Suppe) 작[121]

8월 12일 오후 8시 남산공원 음악당 시민위안납량음악회

1. 속곡 핀란드의 속요ポツポリ曲 フイルランドの俗謡

2. 와쿄쿠 로쿠단和曲 六段

3. 왈츠 부에테(Werther) 강가ワルツ曲 ヴエーテー河畔

4. 와쿄쿠 오키노 시라호和曲 沖の白帆

5. 행진곡 펜실베니아 대학생マーチ曲 ペンシルバニア大學

6. 샤쿠하치 기미가요尺八 君が代, 로쿠단노초六段の調, 아토리노 쿄쿠天鳥の曲 혼쿄쿠 야치요本曲 八千代[122]

1928년 4월 22일 오후 1시 장충단공원 경성부 주최 시민위안음악 프로그램(ブログラム)

1. 경성부가京城府歌

2. 행진곡 펜실베니아 대학생ペンシルヴアニア大學生

3. 서곡 세미라미스序曲 セミラミス

121) 『중외일보』 1927년 3월 20일 2면 「대구 음악회에 출연할 경성악대의 곡목 사흘 동안에 연주할 곡목」

122) 『조선신문』 1927년 8월 13일 6면 「시민위안납량음악회, 번화한 첫날(賑やかな初日)」

4. 와쿄쿠 오키노 시라호和曲 沖の白帆

5. 왈츠 카르멘圓舞曲 カルメン

6. 와쿄쿠 에치고지시和曲 越後獅子

7. 중국곡 타이후추안支那曲 太湖船

8. 카드리유 학생가カデリレ曲 學生歌

9. 군칸 마치軍艦 マーチ

4월 23일 오후 7시 반 미동보교渼洞普校

1. 경성부가京城府歌

2. 토르가우인 창가행진(Torgauer Marsch)トルガウエー人 唱歌
   行進

3. 서곡 오를레앙의 처녀序曲 オルレアンス少女

4. 와쿄쿠 하루사메和曲 春雨

5. 왈츠 타이아론ワルツ曲 タイアロン

6. 조선속곡 저타령朝鮮俗曲 杵打令

7. 와쿄쿠 산사가쿄쿠和曲 三下曲

8. 칼왕 행진곡カール王 マーチ曲

4월 24일 오후 7시 반 남산공원 음악당

1. 경성부가京城府歌

2. 행진곡 쌍두취マーチ曲 兩頭鷲

3. 영국의 속요 종합곡英語ノ俗謠 綜合曲

4. 와쿄쿠 에치고지시和曲 越後獅子

5. 왈츠 부오에테루(Werther) 강가ワルツ曲 ヴォェテル河漣

6. 와쿄쿠 오츠에和曲 大津繪

7. 가보트 비밀연애ガボット曲 秘密戀愛

8. 마르다 극곡マルタ劇曲

9. 서반아인의 창가 행진곡西班人ノ唱歌 マーチ曲

4월 25일 오후 7시 반 파고다공원 음악당

1. 경성부가京城府歌

2. 돌격 행진곡突擊 マーチ曲

3. 극곡 마르다劇曲 マルタ

4. 왈츠 카르멘圓舞曲 カルメン

5. 서곡 오를레앙의 처녀序曲 オルレアンス少女

6. 헝가리 무곡 5번フンガリエンダンス第五

7. 스타바트 마테르(Stabat Mater)의 영가スタバート・マテノ咏歌

8. 행진곡 성기マーチ曲 星旗

4월 26일 오후 7시 반 사직단공원

1. 경성부가京城府歌

2. 발췌곡 영국의 민요拔萃曲 英國ノ民謠

3. 와쿄쿠 우메니모 하루和曲 梅ニモ春

4. 왈츠 도나우강의 잔물결ワルツ曲 ドナーヴ河漣

5. 조선속곡朝鮮俗曲

6. 카드리유 학생가カデリレ曲 學生歌

7. 와쿄쿠 구로카미和曲 黑髪

8. 서반아인의 무용 행진곡西班牙人ノ舞踊 マーチ曲[123]

4월 30일 오후 7시 반 용산 경정(京町) 경교위에서(京橋上二於テ)

1. 부가府歌

2. 군칸 마치軍艦 マーチ

3. 서곡 세미라미스序曲 セミラミス

4. 와쿄쿠 오키노 시라호和曲 沖の白帆

5. 영국의 속요 종합곡英國ノ俗謠 綜合曲

6. 극곡 마르다劇曲 マルタ

7. 와쿄쿠 우메니모 하루和曲 梅二モ春

8. 카드리유 학생가カデリレ曲 學生歌

9. 행진곡 서반아マーチ曲 西班牙124)

1928년 8월 14일 금일 납량음악 장충단공원 곡목

1. 부가府歌

2. 서곡 스틔텔라序曲 ステデラ

3. 나가우타 에치고지시長唄 越后獅子

4. 월스곡 도나우 하련ワルツ曲 ドナウ河漣(Donauwellen Walzer)

5. 하우타 오키나카 시라호端唄 沖中白帆

6. 극곡 베벨로(Bedřich Diviš Weber) 가극劇曲 ヴェベルノ歌劇

7. 행진곡 펜셀베니아 대학생マーチ曲 ペンセルバニア大學生125)

8월 15일 교동보통학교

1. 부가府歌

---

123) op. cit. 1928년 4월 26일 2면 「관앵음악대회 25일부터(二十五日から)」

124) 『경성휘보』 제80호 경성부 편 경성부 1928(소화 3) p30, 31

125) 『동아일보』 1928년 8월 14일 5면 「금일 납량음악」

2. 종합곡 베버 오페라綜合曲 ヴエベル オペラ

3. 왈츠 칼리오스트로의 마술사ワルツ曲 カグリオストロの手品師

4. 가곡 스타바트(Stabat Mater) 마치歌曲 スダベト マーチ

5. 헝가리 무곡 5번匈牙利ダンス曲第5

6. 서곡 스트라델라序曲 ステラデラ

7. 행진곡 진정한 빈(Wien)인의 피マーチ曲 眞正ナル維耶納人ノ
血

8월 16일 어의동보통학교

1. 부가府歌

2. 서곡 세미라미스序曲 セミラミス

3. 소쿄쿠 로쿠단箏曲 六段

4. 학생가의 카드리유學生歌ノカデリ曲

5. 조선속요 저타령朝鮮俗謠 杵歌

6. 나가우타 구로카미長唄 黑髮

7. 행진곡 쌍두취マーチ曲 兩頭鷲

8월 17일 사직공원

1. 부가府歌

2. 극곡 마르다劇曲 マルタ

3. 와쿄쿠 우메니모 하루和曲 梅ニモ春

4. 왈츠 파도 위圓舞 波ノ上二

5. 조선가요 종합곡朝鮮歌謠 綜合曲

6. 중국곡 타이후추안支那曲 太湖船

7. 스페인인의 창가 행진곡スペイン人ノ唱歌 マーチ曲[126]

8월 18일 8시 용산 경정
1. 부가府歌
2. 서곡 오를레앙의 처녀序曲 オーレアンス少女
3. 와쿄쿠 에치고지시和曲 越后獅子
4. 왈츠 카르멘ワルツ曲 カルメン
5. 와쿄쿠 산사가쿄쿠和曲 三下曲
6. 극곡 호우스트劇曲 ホウスト
7. 행진곡 성기マーチ 星旗

8월 20일 마포공립보통학교
1. 부가府歌
2. 서곡 세미라미스序曲 セミラミス
3. 와쿄쿠 오츠에和曲 大津繪
4. 왈츠 나의 정?圓舞曲 我が正?
5. 소쿄쿠 로쿠단箏曲 六段
6. 베벨 민가극ベーベル民歌劇
7. 군칸 마치軍艦 マーチ[127]

경성부 주최 관앵음악회
1929년 4월 21일 오후 2시 장충단

---

126) 『조선신문』 1928년 8월 15일 2면 「시민납량음악, 오늘 밤부터 연다(今晩から開く)」
127) op. cit. 1928년 8월 18일 2면 「시민납량음악, 18일은 경정(十八日は京町)」

1. 부가府歌

2. 군칸 마치軍艦 マーチ

3. 호우스트 극곡ホウスト 劇曲

4. 구로카미 와쿄쿠黑髮 和曲

5. 도나우강의 잔물결 왈츠ドナウ河漣 ワルツ曲

6. 세미라미스 서곡セミラミス 序曲

7. 에치고지시 와쿄쿠越后獅子 和曲

8. 쌍두 독수리 깃발 아래 행진곡兩頭鷲 マーチ

4월 22일 오후 7시 반 어의동공보교

1. 부가府歌

2. 오키나카 시라호 와쿄쿠沖中白帆 和曲

3. 영국속요 종합곡英國俗謠 綜合曲

4. 하루사메 와쿄쿠春雨 和曲

5. 카르멘 왈츠カルメン 圓舞曲

6. 저타령 조선속요杵の打令 朝鮮俗謠

7. 산사가쿄쿠 와쿄쿠三下曲 和曲

8. 서반아 행진곡西班牙 マーチ128)

4월 23일 오후 7시 반 사직단공원

1. 부가府歌

2. 성기 행진곡星旗 マーチ曲

3. 스트라델라 서곡ステラデラ オベッチヤ曲

---

128) op. cit. 1929년 4월 21일 2면 「관앵음악회 연주곡목 결정」

4. 오츠에 와쿄쿠大津繪 和曲

5. 웨루테루(Werther) 강가 왈츠ウェルテル河漣 圓舞曲

6. 우메니모 하루 와쿄쿠梅にも春 和曲

7. 학생가 카드리유學生歌 カテリ曲

8. 칼왕 행진곡カール王 マーチ曲

4월 25일 오후 7시 반 미동보교정

1. 부가府歌

2. 스미마르치치타 장군 행진곡スミマルツチタ將軍 マーチ曲

3. 마르타 극곡マルタ 劇曲

4. 로쿠단 소쿄쿠六段 箏曲

5. 타이후추안 중국곡太湖船 支那曲

6. 저타령 조선곡杵の歌 朝鮮曲

7. 우리 왕후 왈츠我が王后 ワルツ曲

8. 펜실베이니아 학생 행진곡ペンシルバニイカ學生 マーチ曲[129]

---

129) op. cit. 1929년 4월 24일 2면 「관앵음악회」

부록 Ⅱ

1. 합동 초안

○ 「大韓國軍部外部爲訂立合」MF NO MF35-004655, 한국정신문
화연구원, 청구기호 S03^14^0461. 한국학중앙연구원, 고도서〉 史
部〉 朝鮮王室所藏文書〉 1610.

　　　　軍部

大韓國 外部 爲訂立合同事

軍部에서 德國人 布國樂師 에케트를 延聘ᄒᆞ야 侍衛聯隊 所管 軍
樂隊의 敎師에 充ᄒᆞ야 軍樂을 敎導케 홀 事로 訂定合同 開列如左

第一條 該敎師의 雇聘年限은 光武 五年 二月 一日로 起ᄒᆞ야 三個
年으로 定홀 事

第二條 該敎師의 薪金은 日本 金錢 或 紙幣 三百元을 海關으로
由ᄒᆞ야 按月 支給홀 事

第三條 軍部에서 該敎師의 居接홀 房屋을 借與ᄒᆞ되 房屋을 借與
치 못ᄒᆞᄂᆞ 境遇에ᄂᆞ 居接費 日本 金錢 或 紙幣 三十元을 按月 支給
홀 事

第四條 軍部에서 該敎師의 德國셔 漢城에 到ᄒᆞ 旅費金을 該員 二
個月 薪金을 准ᄒᆞ야 六百元을 海關으로 由ᄒᆞ야 支給ᄒᆞ고 該員의 家
屬을 率來ᄒᆞᄂᆞ 時ᄂᆞ 三百元을 加給ᄒᆞ야 該費用에 充케홀 事

第五條 該敎師 雇限滿後에 軍部에서 解雇ᄒᆞ던지 該敎師가 延雇
ᄒᆞᄂᆞ 境遇에ᄂᆞ 各히 六個月 前期에 預先通知홈이 可ᄒᆞ니 預先치 아

니하면 此 合同은 繼續홈으로 認홀 事

第六條 合同滿期ᄒ야 該敎師를 解雇ᄒᄂ 時ᄂ 該敎師의 二個月 薪金을 准ᄒ야 回國 旅費金 六百元을 給ᄒ고 該員의 家屬이 有하면 三百元을 加給홀 事

第七條 該敎師에게 每個年에 一個月식 平常 由暇을 給ᄒ고 該員이 有病홀 時ᄂ 一個月 給由ᄒ되 一個月 薪金을 准給ᄒ고 一個月이 過ᄒ야도 不愈ᄒᄂ 時ᄂ 又 一個月을 給由ᄒ고 半月 薪金을 給ᄒ고 又 一個月이 過ᄒ야도 不病(愈의 誤)ᄒᄂ 時ᄂ 又 一個月을 給由ᄒ되 薪金은 停撥ᄒ고 만일 三個月이 過ᄒ야도 病不痊愈ᄒ야 服務치 못ᄒᄂ 境에ᄂ 此 合同은 作爲銷廢홀 事

第八條 該敎師의 行爲가 不正ᄒ거나 職務에 怠慢ᄒᄂ 時에ᄂ 德國公使와 協議ᄒ야 解雇홀 事

第九條 此 合同은 漢文 德文으로 各 四件을 成ᄒ되 意義ᄂ 同ᄒ나 日後에 或 文辭分歧홀 處가 有하면

- 이하 누락 -

○ 「大韓軍部大臣과德國人布國合同議定」NO MF35-004656, 광무 5년, 한국정신문화연구원, 청구기호 S05^05^0703. 한국학중앙연구원; 고도서〉 史部〉 朝鮮王室所藏文書〉 1612.

合同

大韓 軍部大臣과 德國人 布國樂師 에커트가 合同을 互相 訂定ᄒ야 大韓 軍部에서 에커트를 雇聘ᄒ야 韓國 少年을 完備호 樂器로 敎導學習케 홀 事.

第一條 年限은 光武 五年 二月 一日노 起ᄒ야 三年으로 定홀 事.

第二條 에커트 所捧 辛金은 日本 金錢 或 紙幣 三百元을 每個月에 海關으로 由ᄒ야 交給홀 事.

第三條 軍部大臣은 에커트에게 住接홀 만흔 房屋을 給ᄒ야 居住케 ᄒ되 可合흔 房屋이 無흔 境遇에는 每個月에 日本 金錢 或 紙幣 三十元을 屋貰錢으로 代給홀 事.

第四條 에커트는 軍部大臣의 自德渡韓흔 旅費金을 該員의 辛金 二個月만큼 (六百元)을 海關으로 由하야 受홀 事.

第五條 限滿後에 解雇를 ᄒ던지 退雇를 ᄒ던지 彼此間 六個月 前期에 預先通知홈이 可ᄒ니 만일 預告치 아니ᄒ면 續約홈을 知홀 事.

第六條 合同滿期後에 軍部大臣은 에커트에게 二個月 辛金을 海關으로 由ᄒ야 加給ᄒ야 該員의 回國費에 充케 홀 事.

第七條 每年 一個月式 에커트에게 平常 休暇를 給ᄒ고 만일 該員이 有病흔 時는 一個月을 給由ᄒ되 滿月俸을 給ᄒ고 一個月이 過ᄒ여도 不愈ᄒ는 時는 一個月由를 加給ᄒ되 半月俸을 給ᄒ고 一個月이 又 過ᄒ여도 不愈ᄒ는 時는 又 一個月 由를 加給ᄒ되 月俸은 不給ᄒ고 만일 終乃 不愈ᄒ야 服務치 못홀 境遇에는 此 合同은 廢止홀 事.

第八條 該員이 行爲가 不正ᄒ거나 職務에 怠慢이 ᄒ는 境遇에는 德公使와 協議ᄒ야 解雇홀 事.

第九條 此 合同은 德文과 韓文으로 各 四件을 繕成ᄒ되 義意는 同ᄒ나 日後에 文辭分岐흔 處가 有흔 경우에는 德文으로 講解홀 事.

此 合同은 軍部大臣과 에커트가 簽名調印ᄒ고 外部大臣과 德國公使도 押印홀 事.

合同

此 合同은 大韓 軍部大臣과 大德國紳士 布國樂師 에커트와 互相
締約ᄒᆞ야 에커트를 大韓 軍部에셔 雇聘ᄒᆞ야 韓國 少年을 完備ᄒᆞᆫ 樂
器로 見習ᄒᆞ며 敎導케 홈이라

第一條 年限은 光武 五年 二月 一日노 起ᄒᆞ야 三個年으로 定ᄒᆞᆫ 事.

第二條 에커트의 所捧 月銀은 日本 金錢 或 紙幣 三百元으로 定
ᄒᆞ야 海關으로 由ᄒᆞ야 支發(撥의 誤)홀 事.

第三條 軍部大臣은 에커트의게 住接홀 만ᄒᆞᆫ 家屋을 給ᄒᆞ야 住居
케 ᄒᆞ디 만일 可合ᄒᆞᆫ 家屋을 得치 못ᄒᆞᄂᆞᆫ 境遇에ᄂᆞᆫ 每個月에 日本
金錢 或 紙幣 三十元을 屋貰錢으로 代給홀 事.

第四條 軍部大臣은 에커트에게 自德渡韓ᄒᆞᆫ 旅費金을 該員의 二
個月 俸給만콤 (六百元) 海關으로 由하야 給ᄒᆞ디 其 折半(三百元)은
該員이 家屬을 率來홀 터이면 該費用에 充케 홀 事.

第五條 三年限滿後에 解雇를 홀랴던지 退雇를 홀랴ᄂᆞᆫ 境遇에ᄂᆞᆫ
兩邊에셔 六個月 前期ᄒᆞ야 預先通知홈이 可ᄒᆞ니 만일 預告치 아니
ᄒᆞ면 此 合同을 繼續홈으로 知홀 事.

第六條 合同滿期後에 軍部大臣은 에커트에게 二個月俸을 海關으
로 由ᄒᆞ야 加給ᄒᆞ야 其 折半은 該員의 家屬이 有ᄒᆞ면 還國費에 充
用케 홀 事.

第七條 每年에 一個月식 에커트에게 平常 受由를 給ᄒᆞ며 만일 該
員이 有病ᄒᆞᆫ 時ᄂᆞᆫ 一個月을 給由ᄒᆞ디 滿月俸을 給ᄒᆞ고 一個月이 過
ᄒᆞ여도 不愈ᄒᆞᄂᆞᆫ 時ᄂᆞᆫ 又 一個月을 給由ᄒᆞ디 半個月俸을 給ᄒᆞ고 又
一個月이 過ᄒᆞ여도 不愈ᄒᆞᄂᆞᆫ 時ᄂᆞᆫ 又 一個月을 給由ᄒᆞ디 月俸은 不
給ᄒᆞ고 만일 終乃 服務치 못ᄒᆞᄂᆞᆫ 境遇에ᄂᆞᆫ 此 合同은 罷홀 事.

第八條 該員이 行爲가 不正ᄒᆞ던지 職務에 怠慢히 ᄒᆞᄂᆞᆫ 境遇에ᄂᆞᆫ 德國公使와 協議ᄒᆞ야 解雇ᄒᆞᆯ 事.

第九條 此 合同은 英文과 韓文으로 各 四件식을 繕成ᄒᆞ되 義意ᄂᆞᆫ 同ᄒᆞ나 日後에 文辭의 分歧ᄒᆞᆫ 處가 有ᄒᆞ면 英文으로 講解ᄒᆞ야 定ᄒᆞᆯ 事.

此 合同은 軍部大臣과 에커트가 簽名調印ᄒᆞ고 外部大臣과 德國公使도 押印ᄒᆞᆯ 事.

2. 가급합동 초안

○ 「大韓國軍部外部爲訂立合同事」*MF NO MF35-004656, 1902*, 한국정신문화연구원, 청구기호 *S05^06^0715*. 한국학중앙연구원, 고도서〉 *史部*〉 *朝鮮王室所藏文書*〉 *1611*.

　　　　　軍部

大韓國 外部 爲訂立合同事

現由軍部延聘 大德國紳士 普國樂師埃巨德 充當 軍樂二隊敎師 議定合同 開列于左

第一條 該敎師與大韓國軍部 一千九百二年四月五日 合同年限內 加設軍樂第二隊 義務增倡 故一千九百二年四月五日 自大韓國軍部的定支撥合同之薪金外 金貨 或 紙幣 一百五十元式 按月增給事

第二條 現今合同第二條 依一千九百二年四月五日 合同第七條襲行事

第三條 此合同德文漢文 各繕四件 捺大韓軍部與敎師印章事

　日後 遇有合同文辭分歧處 卽將德文講解事

西曆一千九百二年八月一日

○ 「侍衛軍樂隊教師結約」*MF NO MF35-004656*, 한국정신문화연
구원 청구기호 *S05^06^0711*, 한국학중앙연구원, 고도서〉 史部〉
朝鮮王室所藏文書〉 *2494*.

侍衛軍樂隊教師 續約請議書 第 號

右는 侍衛第一聯隊 所管 軍樂隊教師 에커트의 合同限期가 已過
ㅎ야 今當續約이오며 頃自軍樂第二隊 增設 以來로 該教師의 教習이
一倍爲勞 則此屬可念이기 該教師의 薪金을 由續約日 起ㅎ야 比前
加數支給ㅎ옵기로 合同書를 另附ㅎ야 會議에 提是事

　　　　　軍部

　大韓國 外部 爲訂立合同事

　現由軍部로 續約 大德國紳士 布國樂師 에커트 充當 侍衛第一聯
隊 所管 軍樂隊教師 議定合同 開列如左

　第一條 該教師의 雇聘年限은 由光武 八年 ○月 一日로 起ㅎ야 限
○個年으로 確定ᄒᆞᆯ 事

　第二條 該教師의 薪金은 金貨 或 紙貨 (四百五十)元을 按月 支給
ᄒᆞᆯ 事

　第三條 該教師의 居接費는 金貨 或 紙貨 三十元 按月 支給ᄒᆞᆯ 事

　第四條 該教師의 限滿解雇는 應於限滿 三個月 前에 預先聲明ᄒᆞ
되 倘不預先聲明ᄒᆞ면 卽作爲續聘ᄒᆞᆯ 事

　第五條 該教師가 限滿解雇ᄒᆞ는 時에는 該回國 旅費를 金貨 或 紙
貨 (六百元) 支給ᄒᆞᆯ 事

　第六條 該教師에게 每年 一個月 平常 休暇를 許ㅎ되 或 因病請由
ᄒᆞ는 時에는 初次 一個月에는 薪金을 准給ᄒᆞ고 再次 一個月에는 只

給 半個月 薪金ᄒ고 三次 一個月에ᄂ 薪金을 停撥ᄒ고 倘過三個月
終不痊愈ᄒ야 服務無望ᄒ면 此 合同을 作爲銷廢ᄒ고 仍行解退ᄒᆯ 事

第七條 該敎師가 倘有行爲不正 或 慢於職務ᄒ면 應由軍部(大臣)
聲明于外部ᄒ야 移照德國公使 協議ᄒ야 不以未滿限爲拘ᄒ고 卽行
解雇ᄒᆯ 事

照會度支

侍衛第一聯隊 所管 軍樂隊敎師 에커트의 合同限期가 已過ᄒ야
今當續約이온바 頃自軍樂第二隊 增設 以來로 該敎師의 敎習이 一倍
爲勞 則此屬可念이기 該敎師의 薪金을 由續約日 起ᄒ야 比前 加數
支給ᄒᆯ 事로 敝部에서 行將請議于政府하게기 玆庸仰俙

3. 대한군인 애국가

太極肇判ᄒ온 後에
海隅東方 싱겻셔라

아하 太祖創業ᄒᄉ
列聖至道 놀이셧네

天下萬國 너른 世界
光武日月 놉히 졋다

仁義禮智 天性이요
孝悌忠信 人道로다

皇室의 藩屛이오
國家의 干城이라

軍人덜아 ᄼᄼᄼᄼ
大韓帝國 軍人덜아

어하 우리 軍人덜아
忠君愛國 잇지마라
나아가세 ᄼᄼᄼᄼ

勝戰ᄒ로 나아가세
有進無退 구든 마음
山倒海變 不變일세

戰必勝 功必取난
大韓帝國 軍人일세

日出東方 月出垣은
大韓帝國 軍人資格

빗나도다 ᄼᄼᄼᄼ
우리 勳章 빗나도다

太極旗를 놉히 달어
億萬軍兵 凱歌로다

우리 皇上 聖壽無極
繼ᄼ承ᄼ ᄒ옵소서

萬歲 萬歲 萬ᄼ歲
大皇帝陛下 萬ᄼ歲

萬歲 萬歲 萬ᄼ歲
大韓帝國 萬ᄼ歲

千歲 ᄼᄼ 千ᄼ歲
皇太子殿下 千ᄼ歲[130]

---

130)『어문학』제77집 한국어문학회 2002. 9
「최초로 발견된 '대한군인애국가'에 대
하여」백두현 p432

4. 군가

太極肇判ᄒᆞ온 後에 我太祖昌(創의 誤)業ᄒᆞ사
國于東方 生계셔라 烈(列의 誤)聖之德 누리셨다

天下萬國 너른 世界 우리 皇上 聖德으로
光武日月 놉피 떳다 與民同樂 ᄒᆞ여셰라

仁義禮智 天性이요 英俊을 拜向ᄒᆞ미
孝悌忠信 人道로다 富國强兵 起抄로다

軍人들라 軍人들라 皇室에는 藩屛이요
大韓帝國 軍人들라 國家에는 干城이라

잇지마라 잇지마라   留(有의 誤)進無退 구든 마음
× × 愛國 잇지마라 山倒海飜 不變일셰

× × 不當 우리勇猛 一張勝敗 瞬식間에
鷹視天下 ᄒᆞ여보셰 彼死我生ᄒᆞ는 마음

彈丸雨飛헐지라도 나아가셰 나아가셰
攻擊時勢失치마라 勝戰ᄒᆞ라 나아가셰

百發百中 우리射擊 釖光如雷 빗난 곳에
國擊軍器 分明ᄒ다 秋風落葉 敵兵일세

×× 突入 나아가니 大韓國旗 놉피 다라
無人之境이 이인가 億萬軍兵 凱歌로다

父母姑舅 너를 마져 戰必勝 攻必取는
國謝榜名 치하로다 우리 皇上 洪福일세

國罪必國如天地에 빗나도다 빗나도다
國公事向禮義로다 우리 勳章 빗나도다

잇지마라 잇지마라 南山高漢江深에
忠君愛國 잇지마라 帝國起業이 장헐시구

日之盛兮 月之亢에 千歲 千歲 千千歲요
皇上聖壽無極ᄒ사 萬歲 萬歲 萬萬歲라[131]

---

131) 『독립운동사연구』 박성수 저 창작과비평사 1980 p77, 78.

5. 軍歌

太極はじめて開けて後´ 海の隅なる東方に´ 太祖創業し賜ひて´ 烈
聖至德におはしけり｡ 天下萬國廣世界´ 光武の日月高く飛ぶ´ 我王聖
德にて´ 民と樂しみを同じうし´ 仁義禮智は天性にして´ 孝悌忠信を
以て導き´ 雄俊を培養し´ 富國强兵の基礎を立つ´ 軍人等よ～´ 大韓
國の軍人等よ´ 王家の藩屛なり´ 國家の干城なり´ 忘るゝ勿れ～´ 忠
君愛國を忘るゝ勿れ´ 有進無退の堅き心は´ 山河の變らざるが如く´
万夫不當の我勇猛´ 時に應じて天下に施すべし｡ 振へ～´ 掀天動地の
威´ 斥候伏哨の奇正は´ 堂々の進退にあらずや´ 一爭勝敗は瞬時の間
なり´ 彼死我生を心とし´ 彈丸雨と注ぐも´ 攻擊の勢を失する勿れ´
進め～´ 勝戰を期して進め´ 百發百中我射擊´ 射擊の軍器分明なり´
劒光矢の如く光を生ずる處´ 秋風落葉これ敵兵なり´ 速步突入して進
む´ 無人の境之なり｡ 大韓國旗高く懸り´ 億萬の軍兵凱歌するとき´
父母古舊汝を迎へ´ 陸續として賀を致さむ｡ 戰へば必ず勝ち攻むれば
必ず取る｡ 我が王洪福なり´ 賞罰必ず天地の如く戰功讓ねども輝か
む｡ 光を生ず～´ 我が勳章光を生ず´ 忘るゝ勿れ～´ 忠君愛國忘るゝ
勿れ´ 南山高く漢江深し´ 王國の起業壯なり´ 日の昇り月の照る如
く´ 王家聖壽無窮なり´ 千歲～´ 萬歲～｡ 132)

---

132) 『암흑의 조선(暗黑なる朝鮮)』 우스다 잔운(薄田斬雲) 저 일한서방 1908 p239

6. 광무 6년(1902년) 7월 4일 주한독일영사 하인리히 바이퍼트 (H. Weipert)가 주한미국 총영사 고든 패독(Gordon Paddock 파덕 巴德)에게 대한제국 애국가 악보를 보내면서 가사를 설명한 편지.

German Consulate Seoul July 4th 1902

Dear Mr. Paddock,

The following is a translation of the German translation of the Corean National Hymne:

"God save our Emperor,
That his years may increase
Numberless like the sand which on the beach
Forms itself into downs,
That his glory brightly shinning
May spread far over all the worlds,
and the prosperity of the reigning house
Through thousand Times ten thousand years
May every day be renewed.
God save our Emperor."

I understand it is a close translation of the Corean original except the words "like the sand which on the beach forms itself into downs". Here the original has another metaphor saying "like the counting-sticks accumulating into a mountain in the house on the sea shore". This refers to a story according to which at some mythical occasion in order to count a long period of time one counting-stick had to be thrown into a certain house on the shore every ten thousand years and the time was so long that the house became filled with counting-sticks up to the roof. This fine allusion, being to complicated to allow a short and intelligible rendering, had unfortunately to be dropped.

Yours sincerely
H. Weipert.

Please let me see the verses you make out of this new material.[133]

---

133) 국립중앙도서관〉 해외수집기록물〉 문서군 검색〉 RG84 Records of the Foreign Service Posts of the Department of States, 1788-1964〉 4 United Sates Legation in Korea, Miscellaneous Papers 1882-1905〉 14 Miscellaneous Papers, 1902〉 p142-145 letter to Paddock 1902. 7. 4

최창언(崔昌彦)

경북 달성 출생. 경기공업전문(현 서울과학기술대)학교와 동국대학교 산업기술환경대학원에서 건축공학을 전공하고 중동과 국내 건설현장에서 30여 년을 근무했으며 현재 한림이앤씨건축사사무소 이사로 재직하고 있다. 1997년 봄 운현궁 앞 회사 창문 너머로 본 고종·명성황후 국혼례의 장엄하고 격조 높은 의례에 매료되어 대한제국에 빠져 가고 없는 제국에 관한 연구를 이어오고 있다. 한번 가버린 것은 돌이킬 수가 없고 연구는 가고 없는 것에 대한 그리움이었다.

발표논문
「소민과 군주의 나라에서 부른 대한제국 애국가」『황실학논총』 제8호 한국황실학회 2007
「대한제국 애국가와 시위군악대의 변천」『황실학논총』 제9호 한국황실학회 2007
「광무황제의 위민의 의지가 서려 있는 탑골공원」『황실학논총』 제10호 한국황실학회 2008
「대한제국의 어기(御旗)와 군기」『황실학논총』 제13호 한국황실학회 2012
「대한제국의 시위군악대와 대한제국 애국가에 관한 연구」『대한제국 애국가 및 근대음악 역사자료 발굴, 복원사업 연구논문집』(사)대한황실문화원 2018 서울특별시 역사문화재과 근대역사 자료수집 지원 사업

수상 및 활동 사항
황실문화재단 제1회 학술상 수상 논문명 「대한제국 애국가와 시위군악대의 변천」 2010.5.15.
KBS 1TV 역사스페셜 「우리나라 최초의 국가는 금지곡이었다.」 편 임현진 PD께 소재 제공 및 인터뷰 2011년 9월 22일(목) 방영
CJ E&M 김현정 PD, 작가들에게 시나리오를 위한 시위군악대 관련 소재 제공 및 강의 2012.5.
대한제국 양악대 창설 117주년 기념 '탑골공원 대음악축제' 자문위원 2018.9.7.
제2회 탑골공원 대음악축제 시위군악대 복식 등 자문 2019
대한민국역사박물관 소장 '대한제국 애국가' 악보 등록문화재 지정 조사 2020.2.13.
(이상만 최창언 오용섭 안형욱)
대한제국 장례원 악사장 백우용 묘비명 찬 2020.5.22.

대한제국의
양악 도입과 그 발자취

초판인쇄　2020년 9월 30일
초판발행　2020년 9월 30일

지은이　최창언
펴낸이　채종준
펴낸곳　한국학술정보㈜
주소　경기도 파주시 회동길 230(문발동)
전화　031) 908-3181(대표)
팩스　031) 908-3189
홈페이지　http://ebook.kstudy.com
전자우편　출판사업부　publish@kstudy.com
등록　제일산-115호(2000. 6. 19)

ISBN　979-11-6603-104-5 93910